劳动和
社会保障
研究丛书

刘永魁◎著

退捕渔民跨区域协同保障研究

中国出版集团
研究出版社

图书在版编目（CIP）数据

退捕渔民跨区域协同保障研究／刘永魁著. — 北京：
研究出版社，2024.7
ISBN 978-7-5199-1661-9

Ⅰ.①退… Ⅱ.①刘… Ⅲ.①长江流域－渔民－劳动
就业－社会保障－研究 Ⅳ.①D669.2

中国国家版本馆 CIP 数据核字（2024）第 067863 号

出 品 人：陈建军
出版统筹：丁　波
责任编辑：朱唯唯

退捕渔民跨区域协同保障研究

TUIBU YUMIN KUA QUYU XIETONG BAOZHANG YANJIU

刘永魁　著

研究出版社 出版发行

（100006 北京市东城区灯市口大街 100 号华腾商务楼）
北京建宏印刷有限公司　新华书店经销
2024 年 7 月第 1 版　2024 年 7 月第 1 次印刷
开本：710 毫米×1000 毫米　1/16　印张：16.5
字数：224 千字
ISBN 978-7-5199-1661-9　定价：68.00 元
电话（010）64217619　64217652（发行部）

前　言

　　经济发展离不开能源消耗，气候变化成为当前及今后一段时期人类面临的重大全球性挑战。我国作为世界第二大经济体，积极承担推动构建人类命运共同体的责任，提出实现"碳达峰""碳中和"的重大战略决策。完成这一目标的重要途径是要提高资源利用率，完善生态环境治理。中央全面深化改革委员会第二十七次会议提出，节约资源是我国的基本国策，是维护国家资源安全、推进生态文明建设、推动高质量发展的一项重大任务。党的十八大以来，我们部署实施全面节约战略，大幅降低能源、水、土地利用强度，大力发展循环经济，推动资源节约集约高效利用，取得积极成效。《中共中央 国务院关于完整准确全面贯彻新发展理念做好碳达峰碳中和工作的意见》进一步强调，持续优化重大基础设施、重大生产力和公共资源布局，构建有利于碳达峰、碳中和的国土空间开发保护新格局。在京津冀协同发展、长江经济带发展、粤港澳大湾区建设、长三角一体化发展、黄河流域生态保护和高质量发展等区域重大战略实施中，强化绿色低碳发展导向和任务要求。党的二十大报告更是对"推动绿色发展，促进人与自然和谐共生"进行专章部署。为支持长江经济带发展重大战略实施，保护长江流域水生生物资源，党中央、国务院从为全局计、为子孙谋的长远角度出发，决定自 2021 年 1 月 1 日起，对长江流域重点水域实施"十年禁渔"计划。

为贯彻落实中共中央、国务院关于长江流域重点水域禁捕退捕工作的决策部署，农业农村部牵头，会同发改、财政、市场监管、公安、人社等部门组成长江禁捕退捕工作专班，开展了为期 180 天的攻坚行动。人力资源和社会保障部作为退捕渔民安置保障工作的主要负责部门，立足职责、完善政策、狠抓部署、聚力攻坚，会同有关部门为涉及安置保障任务的上海、江苏、安徽、江西、湖北、湖南、重庆、四川、贵州、云南 10 省市共计 17.97 万退捕渔民持续提供人社服务，在压实责任清底数、多措并举促就业、分类培训提能力、精准施策保权益的协同作用下，基本实现退捕渔民养老保险应保尽保、就业服务应帮尽帮。

改革开放以来，我国积极应对失地农民安置、下岗职工安置、去产能职工安置等民生保障重要任务，专家学者们都留下了具有很高参考价值的著作，已成为我国民生保障史研究的核心文献。为了记录长江流域重点水域退捕渔民安置保障情况，在我国经济社会发展及民生保障研究长河里留下一抹浅印的同时，以期从方法论层面抽象出退捕渔民安置保障的核心模式，并用以指导其他重大安置活动，本人编著了这本《退捕渔民跨区域协同保障研究》。本书共分为七章，第一章阐述了退捕渔民安置保障的时代背景，推动退捕渔民安置保障工作的相关情况，以及开展此项研究的必要性；第二章对协同、安置保障、组织效率等问题进行了综述，界定了跨区域协同安置保障网络的定义和类型；第三章引入协同学理论，构建了跨区域协同安置保障运行机制；第四章对跨区域协同安置保障序参量及协同度进行分析，并将协同度设定为影响组织效率的内因；第五章探索跨区域协同安置保障网络形成机理，并将网络鲁棒性设定为影响组织效率的外因；第六章运用 Simulink 仿真软件对不同模式的跨区域协同安置保障组织效率进行仿真分析，并结合江苏、江西、安徽三省退捕渔民安置保障的实际情况，分析其组织效率；第七章总结本书的研究结论，研究价值和创新点，对研究的局限性进行说明，并提出下一步开展退捕渔民安置保障工作的意见建议，以及归纳出"七步保障法"供其他群体安置保障工作借鉴。

刘永魁

2023 年 11 月

目 录 Contents

第一章

退捕渔民安置保障工作现状

一、退捕渔民安置保障的时代背景

长江是我国第一大河，拥有独特的生态系统，孕育了丰富的生物资源，是我国生物多样性最为典型的区域。近年来，受各种高强度人类活动的影响，长江水域的生态功能显著退化，珍稀特有鱼类全面衰退，经济鱼类资源量接近枯竭，保护形势十分严峻。农业农村部相关数据显示，长江流域渔业资源曾经极为丰富，历来盛产多种经济鱼类，最高的时候曾经占到当时全国淡水捕捞总产量的60%。近年来，长江水域生态环境持续恶化，已经基本丧失捕捞生产价值。现在全国每年水产品总量是6300多万吨，其中长江不到10万吨。资源越捕越少、生态越捕越糟、渔民越捕越穷，已经成为社会共识。实施长江禁捕退捕，既是破解长江流域水生生物资源严重衰退、生物多样性不断减少的生态困境的客观要求，也是打破原来"一家一户"分散的竞争式捕捞导致"公地悲剧"，改变渔民"下水无鱼、上岸无地"生计困境的有效途径，这也是为了渔民的长远利益考虑。[1] 当前，受经济科技水平和社会发展阶段的限制，许多影响长江生态环境的因素在短期内还难以彻底消除，有的还将长期存在。

党中央、国务院从为全局计、为子孙谋的长远角度出发，决定实施长江"十年禁渔"计划。习近平总书记先后作出多次重要指示批示，要求共抓大保护、不搞大开发，全面做好长江禁捕退捕工作。他指出，人与自然是生命共同体，人类必须尊重自然、顺应自然、保护自然。人类对大自然的伤害最终会伤及人类自身，这是无法抗拒的规律，告诫人们"吃祖宗饭砸子孙碗的事，绝对不能再干，绝对不允许再干"，指出

---

① 国务院新闻办公室：《切实做好长江流域禁捕工作国务院政策例行吹风会》，http://www.scio.gov.cn/gwyzclxcfh/cfh/2020n_15720/2020n07y15r/tw_15811/202208/t20220808_304672.html,2022 – 08 – 09。

发展经济不能对资源和生态环境竭泽而渔，必须继承和发扬先人们对自然要取之以时、取之有度的思想。习近平总书记高度重视长江流域生态安全与禁渔禁捕退捕，特别强调，生物安全问题已经成为全世界、全人类面临的重大生存和发展威胁之一，必须从保护人民健康、保障国家安全、维护国家长治久安的高度，把生物安全纳入国家安全体系。2020年7月30日，习近平总书记在主持召开的中共中央政治局会议上，进一步明确要"推动实施一批长江、黄河生态保护重大工程，落实好长江十年禁渔"。2020年8月19日，习近平总书记在安徽马鞍山市考察调研时又明确指示："实施长江十年禁渔计划，要把相关工作做到位，让广大渔民愿意上岸、上得了岸、上岸后能够稳得住、能致富。"2020年8月20日，习近平总书记在扎实推进长三角一体化发展座谈会上再一次强调，"长江禁渔是为全局计、为子孙谋的重要决策"，要求沿江各省市和有关部门要加强统筹协调，细化政策措施，压实主体责任，保障退捕渔民就业和生活。要强化执法监管，严厉打击非法捕捞行为，务求禁渔工作取得扎实成效。

二、多部门多层级协同推进退捕渔民安置保障工作

长江流域重点水域退捕渔民安置保障工作主要涉及10个省份，涵括"一江两湖七河"，即长江干流，洞庭湖、鄱阳湖，岷江、沱江、赤水河、嘉陵江、乌江、汉江、大渡河，共有332个水生生物保护区，需要安置退捕渔民17.97万人。

从各省退捕渔民占比情况看，退捕渔民人数最多的省份分别是江西、湖北、湖南、安徽、江苏、四川，6个省份退捕渔民占总数的比例接近95%，尤以江西省最多，达6.58万人。

2020年，相关各部门积极落实党中央、国务院决策部署，及时成立长江禁捕退捕工作专班，明确各部门职责任务，各部门倒排工期、挂

图作战，积极出台各项政策，为打赢长江流域重点水域禁捕退捕攻坚战提供坚实的制度保障。人力资源和社会保障部作为重要的民生部门，充分发挥退捕渔民安置保障的牵头作用，成立长江禁捕退捕安置保障工作专班，会同发展改革委、财政部、农业农村部等出台了涉及就业、职业培训、社会保障等多项政策。

（一）中央有关部门统筹推进退捕渔民安置保障工作

1. 组建工作专班

按照《国务院办公厅关于切实做好长江流域禁捕有关工作的通知》（国办发明电〔2020〕21号）要求，农业农村部在长江水生生物保护暨长江禁捕工作协调机制框架下，组建了长江禁捕退捕工作专班。2020年6月29日，农业农村部印发《长江禁捕退捕工作专班方案》。工作专班下设综合协调组、安置保障组、执法监督组和3个巡查组。其中，安置保障组由人力资源和社会保障部、农业农村部双牵头，主要负责指导和推动退捕渔民转产就业安置及社会保障各项政策的落实，财政资金的统筹安排和监管；完成转办交办的其他任务。安置保障组组长由人力资源和社会保障部就业司、农业农村部长江办相关负责同志担任，成员由发展改革委就业司，财政部社会保障司，人力资源和社会保障部就业司、职业能力司、农保司，农业农村部全国水产技术推广总站、长江办有关处室同志组成。工作人员相对集中办公，安置保障组在人力资源和社会保障部机关集中办公。

2. 召开专题会议

• 2020年7月1日上午，人力资源和社会保障部召开推进长江禁捕退捕渔民安置保障工作电视电话会议暨工作专班安置保障组第一次会议，传达学习近期党中央关于做好长江流域禁捕和渔民安置保障工作重要批示精神，对做好下一步安置保障工作进行部署。

• 2020年7月3日上午，人力资源和社会保障部召开部党组会，传达学习习近平总书记关于长江"十年禁渔"工作的重要批示精神，研究贯彻落实举措。会议指出,要高度重视生态环境保护问题,长江是中华民族的母亲河,实施长江流域重点水域禁捕是为全局计、为子孙谋的重大决策。要提高政治站位,切实把思想和行动统一到习近平总书记重要指示精神上来,把退捕渔民安置保障作为当前重大政治任务,立足职责抓好落实。要确保责任到位、人员到位,组建工作专班,及时摸清底数,协调研究有针对性的政策办法,充分调动地方积极性,压实地方责任。部门有关司局要密切配合,主动担当,伸手揽活,做到工作到位、配合到位、落实到位,切实形成工作合力。

• 2020 年 7 月 8 日,人力资源和社会保障部召开专题会,听取二季度长江退捕渔民落实城乡居保补贴情况汇报,研究长江退捕渔民参加基本养老保险补贴政策,并就下一步工作作出部署。

• 2020 年 7 月 17 日上午,安置保障组召开会议,传达学习近期党中央关于长江退捕禁捕工作的重要批示精神,研究信息数据共享、就业帮扶、职业培训、社会保险等工作,并明确下一步重点推进的相关事项。

• 2020 年 8 月 18 日,人力资源和社会保障部召开专题会,研究部署落实长江流域退捕渔民社会保险工作。

• 2020 年 8 月 16 日至 9 月 21 日,人力资源和社会保障部面向省、市、县 3 级人社系统职业培训业务骨干,举办 7 期职业技能提升行动专题培训班,每期 100 人。培训班将退捕渔民职业技能培训相关政策作为重要学习内容,并对开展退捕渔民职业技能培训工作再动员、再部署。

• 2020 年 9 月 10 日,人力资源和社会保障部在湖北省武汉市召开稳就业相关工作座谈会。会议强调,要把做好长江禁捕退捕渔民安置保障工作作为重大政治责任,加大力度、加快进度,做到责任实、摸排准、措施细、保障足,确保能就业的全帮扶、该参保的全参保、社保待遇全兑现。

• 2020 年 9 月 11 日,人力资源和社会保障部在安徽省合肥市召开长江流域退捕渔民养老保险工作推进会。会议强调，要进一步提高政治站位，把做好建档立卡退捕渔民养老保险工作作为重大政治任务，明确任务目标，加强部门协调，精准核实对象，完善并落实参保补贴政策和资金，尽快做到符合条件的退捕渔民基本养老保险应保尽保、应发尽发。

• 2020 年 9 月 25 日，人力资源和社会保障部召开稳就业相关重点工作推进电视电话会议。会议部署实施就业创业服务攻坚季行动，以"集中攻坚稳就业 精准服务保民生"为主题，将长江禁捕退捕渔民纳入服务对象，为长江禁捕退捕渔民实施全覆盖就业服务。

• 2020 年 10 月 10 日，人力资源和社会保障部召开推进 2020 年职业技能提升和技能扶贫攻坚行动电视电话会议。会议强调，要把退捕渔民职业培训工作作为一项政治任务，按照"应培尽培、应补尽补"的原则，将退捕渔民纳入职业技能提升行动免费培训范围，动态跟踪退捕渔民培训需求，充实培训课程，创新培训方式，分类施策开展培训，帮助退捕渔民掌握一门实用技能。

• 2020 年 11 月 11 日，人力资源和社会保障部在江西省上饶市鄱阳县召开长江禁捕退捕渔民安置保障工作现场推进会。会议强调，要切实提高政治站位，进一步认识做好退捕渔民安置保障工作的重要性。要进一步聚焦重点，盯住难点，采取超常规的举措，做到责任到位、服务到位、经费到位，扎实推动各项工作落实落地。要坚持实事求是，力戒形式主义、官僚主义，绝不能弄虚作假、搞"数字安置"。

• 2020 年 11 月 13 日，人力资源和社会保障部在湖南省岳阳市召开长江禁捕退捕渔民职业培训现场推进会。会议强调，开展退捕渔民职业技能培训是贯彻落实习近平总书记重要指示批示精神的政治要求，是践行以人民为中心思想的根本要求，是推动落实职业技能提升行动的重要举措。要进一步提高政治站位、明确培训重点对象、强化培训重点环节、加强政策和典型宣传，确保退捕渔民职业技能培训工作圆满收官。

3. 上线实名系统

• 2020 年 8 月 10 日下午，安置保障组召开调度会，研究退捕渔民安置保障实名制动态帮扶信息系统上线前准备工作。

• 2020 年 8 月 20 日，人力资源和社会保障部与农业农村部完成数据交接，并将数据及时转送部信息中心，请部信息中心开展数据比对工作。

• 2020 年 8 月 27 日，人力资源和社会保障部上线退捕渔民安置保障实名制动态帮扶信息系统，部署各地根据锁定的渔民信息，开展好安置保障工作，及时动态更新安置进展。

• 2020 年 9 月 17 日，人力资源和社会保障部相关负责同志主持召开长江禁捕退捕工作专班安置保障组座谈会，调度退捕渔民安置保障工作进展，察看实名制动态帮扶系统运行情况，对下一阶段工作进行部署。

4. 印发专项文件

• 2020 年 7 月 8 日，财政部办公厅印发通知，要求进一步加强资金统筹安排，切实用好今年新增的财政赤字规模和抗疫特别国债，统筹用好渔业油补、资源养护、就业帮扶、执法监管等相关一般性转移支付资金，按规定支持长江禁捕和退捕渔民安置保障工作。

• 2020 年 7 月 10 日，推动长江经济带发展领导小组办公室印发《关于加强长江流域禁捕工作督办的通知》，明确将渔民退捕和转产安置、生计保障情况作为督办事项，重点督办沿江 10 省市制定有针对性的转产转业安置方案，分类施策、精准帮扶，保障渔民转产转业；切实维护退捕渔民的社会保障权益，将符合条件的退捕渔民按规定纳入相应的社会保障制度，做到应保尽保；落实生活困难渔民的基本生活保障等情况。

• 2020 年 7 月 17 日，人力资源和社会保障部办公厅会同发展改革委办公厅、财政部办公厅、农业农村部办公厅联合印发《关于做好长江禁捕退捕渔民安置保障集中攻坚专项工作的通知》。

• 2020 年 7 月 21 日，人力资源和社会保障部办公厅印发《关于做好长江流域禁捕退捕渔民职业技能培训工作的通知》（人社厅发〔2020〕81 号）。

• 2020 年 9 月 21 日，人力资源和社会保障部办公厅印发《关于加快做实长江禁捕退捕渔民安置保障有关帮扶工作的函》。

• 2020 年 11 月 5 日，人力资源和社会保障部会同财政部、农业农村部联合印发《关于切实做好长江流域退捕渔民养老保险工作的通知》（人社部发〔2020〕82 号）。

• 2020 年 11 月 23 日，农业农村部办公厅、人力资源和社会保障部办公厅、财政部办公厅印发《关于推动建立长江流域渔政协助巡护队伍的意见》（农办长渔〔2020〕7 号）。

• 2020 年 12 月 2 日，人力资源和社会保障部办公厅、财政部办公厅、农业农村部办公厅印发《关于进一步加强长江禁捕退捕渔民转产就业重点帮扶工作的通知》（人社厅发〔2020〕109 号）。

（二）地方相关部门系统落实退捕渔民安置保障情况

1. 上海市：实现"能就业的全帮扶、该参保的全参保、社保待遇全兑现"

一是切实提高思想认识，加强组织领导。上海市人社局与农业部门密切协作，在市、区层面均建立了安置保障专项工作组，在人社部门内部建立了就业、培训、养保、居保、信息等相关业务领域参与的工作机制。

二是做好信息衔接，建档立卡排摸到人。全市 194 名退捕渔民均实名纳入人力资源和社会保障信息系统，通过就业登记、社保参保、调查摸底等实时数据比对分析，实现了"渔民总量清、人员状态清"。

三是明确重点帮扶对象，分类施策精准服务。上海市人社部门已将有就业意愿且未就业的退捕渔民作为重点帮扶对象，根据其年龄、学历、技能等个人条件，采取针对性、细分化服务举措，落实就业扶持政策，并加强动态跟踪，努力帮助退捕渔民稳定就业。

2. 江苏省："十应十尽"政策举措推进安置工作

一是聚焦"应查尽查、应识尽识"，准确摸清底数。江苏省坚持渔船渔民基本信息和安置保障情况同步调查、同步交换、同步核实，按照精准识别、动态管理、公开透明的要求，加快建档立卡，实现实名制管理，对退捕渔民做到基本情况清、技能水平清、就业意愿清、培训需求清、参保情况清。

二是聚焦"应转尽转、应帮尽帮"，促进就业创业。制定有针对性的转产转业安置方案，分类施策、精准帮扶。通过发展产业安置一批、务工就业安置一批、支持创业安置一批、公益性岗位安置一批，促进退捕渔民转产就业。

三是聚焦"应培尽培、应补尽补"，加强职业培训。鼓励退捕渔民参加新型职业农民培训，重点培训水产养殖、水产品加工等实用技术，确保他们都能掌握一门实用技能，实现转产上岸。

四是聚焦"应保尽保、应发尽发"，维护社保权益。鼓励灵活就业退捕渔民自主选择参加城镇职工养老保险，进一步优化经办服务，确保符合参保条件的百分之百参保登记、百分之百参保缴费、百分之百落实社保待遇。

五是聚焦"应救尽救、应助尽助"，保障基本生活。对符合条件的退捕渔民，分别按规定给予急难型或支出型临时救助、纳入最低生活保障范围、纳入特困人员救助供养范围、纳入医疗救助范围。

3. 安徽省：建立"1713"工作机制，全力做好安置工作

一是打造 1 个信息化平台，全流程智慧管理服务。依托安徽省智慧就业信息化平台，建立退捕渔民安置保障实名制清单，并将帮扶联系工作全流程录入系统，实现退捕渔民一人一卡。通过大数据比对甄选，面向符合条件的退捕渔民主动推送相应的政策服务，经营主体吸纳就业补

贴、一次性就业补贴等网上办理，求职创业补贴等免报直发。退捕渔民建档立卡、帮扶联系、享受政策、跟踪回访全流程信息化管理服务。

二是畅通"7个一批"，全方位拓宽转产渠道。在充分调研的基础上，会同多部门联合出台安置保障集中攻坚专项工作方案，明确了发展产业扶持一批、务工就业安置一批、支持创业带动一批、技能培训提升一批、就业服务助力一批、公益性岗位保障一批、社会保障兜底一批等"7个一批"安置渠道。

三是创新13项补贴，高标准落实安置保障。创新制定经营主体吸纳就业补贴、一次性就业补贴等13项含金量高的扶持政策。专门印发通知，明确退捕渔民参加基本养老保险的补贴标准，安徽省退捕渔民待遇水平均高于被征地农民保障平均水平。

四是强化督导，开展第三方电话调查。建立厅领导包保重点地区安置保障工作制度，采取"四不两直"形式进行两轮督查，对各地落实情况进行周调度、周通报，对工作进展慢的适时约谈县区政府负责人。委托第三方开展电话回访，并根据回访情况有针对性地指导各地对标对表，及时解决退捕渔民生产生活上的困难和问题。

4. 江西省：安置保障政策先试先行

江西省退捕渔民人数最多，安置任务最重、压力最大。江西省紧盯目标任务，积极出台安置保障政策，在全国范围内先试先行。

2020年初，江西省在全国率先出台重点水域退捕渔民养老保障及转产就业指导意见，区分渔民专业和兼业"两种身份"，规定了补助标准和补助年限。参照农村建档立卡贫困户相关帮扶政策，印发了《关于进一步做好退捕渔民转产转业和生活保障相关工作的通知》，明确了退捕渔民一次性吸纳就业补贴、外出务工交通费补贴等标准；结合推进职业技能提升行动，将退捕渔民纳入重点群体免费职业技能培训范围，出台《关于做好重点水域禁捕退捕渔民职业技能培训工作的通知》，按照退捕渔民技能培训需求做到"应培尽培"；印发《关于优化简化全省重点水域退捕渔民养老保险经办服务和补助发放流程的通知》，退捕渔民"只跑一次"或"一次不跑"就可以方便、安全地领取养老保险政府补助。

5. 湖北省："五抓"行动确保安置到位

一是抓工作责任压实。2020年，湖北省、市、县人社部门全部建立协调机制和工作专班，省人社厅党组3次召开会议专题研究，4次在全系统专门部署。坚持按周调度转产就业、培训服务、社保参保等40余项指标。

二是抓帮扶政策细化。先后印发《省人社厅关于切实做好长江流域重点水域退捕渔民就业和社会保障工作的通知》等8个文件，细化退捕渔民就业帮扶、参保补贴、职业技能培训政策举措。

三是抓帮扶对象精准。组织进村入户"一对一、面对面"了解建档立卡退捕渔民的劳动能力、就业和培训意愿、参保状况等，全面建立工作台账；及时掌握16岁以下人员，16岁以上在校生、参军、服刑、死亡等特殊情形，锁定就业帮扶和应保尽保工作对象。

四是抓政策宣传到人。制作政策宣传明白卡（纸），张贴到退捕渔民家门口、送到每位退捕渔民手中。通过上门走访、交谈的形式面对面宣传政策，指导各地通过政策宣讲会、电视、"村村响"广播、微信公众号、微信群等符合基层特点的形式广泛宣传安置保障政策，切实提高退捕渔民对政策的知晓度，做到政策宣传全覆盖。

五是抓就业帮扶落细。开展"送服务上门、帮渔民上岗"专项活动，给退捕渔民送政策、送培训、送岗位、送信息，在退捕渔民集中地举办专场招聘活动，结合"就业大篷车"、招聘夜市等多种形式开展招聘活动，把就业岗位送到退捕渔民家门口，帮助他们就近就地就业。制定多专业的培训菜单供退捕渔民选择，开展种养殖技术等实用技术培训，满足多样化培训需求。

6. 湖南省："点亮万家灯火"实现就业全帮扶

湖南省各级人社部门将退捕渔民安置保障作为重大政治任务，攻坚克难，狠抓落实，取得了明显成效。

一是高位推动，压实责任。省政府和省禁捕退捕工作领导小组多次召开专题会议研究退捕渔民就业和社会保险工作。省纪委监委部署开展"洞庭清波"专项整治行动，省人社厅及时制定专项整治工作实施方案，成立以厅主要负责人任组长的专项整治工作领导小组和工作专班。

二是完善政策，强化保障。湖南省财政厅、农业农村厅、人社厅多次印发文件，明确退捕专业渔民参加社会保险、就业补贴等政策要求，参加基本养老保险经办程序和部门职责分工。将退捕渔民等就业困难人员纳入就业资金分配范围，特别对 18 个退捕任务重的县，每个县再单独安排就业资金 50 万元，为退捕渔民转产就业工作提供资金支持。

三是精准比对，优化服务。依托湖南省公共就业服务信息平台，建立了退捕渔民实名制信息库。结合开展"点亮万家灯火"专项活动，全面开展"1131"就业帮扶。为退捕渔民开辟就业帮扶和参保绿色通道，通过上门开展就业帮扶和参保服务、激发就业和参保意愿、核实参保信息、落实参保待遇，将退捕渔民全部纳入全省就业帮扶和社会保障范围。

四是强化督办，着眼长远。建立一周一调度工作制度，定期编印全省退捕渔民就业和社会保障工作通报，通报各地工作进展情况，推动工作落细落实。将退捕渔民就业纳入经常化就业帮扶机制，对已就业渔民在落实就业创业补贴等方面继续给予政策支持，对有新就业意愿的渔民，重新纳入帮扶范围，及时推送岗位信息、组织开展技能培训，促进尽快就业。

7. 重庆市："三个全面""五心行动"协同推进安置保障工作

重庆市以工作全协同、政策全覆盖、服务全方位"三个全面"为思路，以宣传入心、就业舒心、培训贴心、社保安心、兜底暖心"五心行动"为措施，全力以赴做好退捕渔民安置保障工作。

一是找准"发力点"，力求工作全协同。市和区县两级政府成立了由政府主要负责同志任组长的安置保障工作领导小组，在领导小组下，同步成立了由人社部门主要负责同志任组长，农业农村、财政、民政等部门负责同志为成员的工作专班，市级专班抽调 5 名业务骨干脱产集中办公。建立"周调度、旬通报、月约谈"和机关处室"一对一"对口指导区县工作机制，将"四个100%"纳入区县政府实绩考核，压紧压实区县责任。

二是织牢"保障网"，实现政策全覆盖。将退捕渔民纳入重点就业群体，制定出台退捕渔民安置保障百日攻坚计划和做好退捕渔民就业帮扶、养老保险参保、职业技能培训工作等配套政策文件，从就业服务、职业培训、社会保障等方面做好退捕渔民安置保障工作。全面落实社保补贴、公岗补贴、交通补贴、创业担保贷款贴息、养老保险代缴等帮扶政策。

三是铺好"就业路"，突出服务全方位。实施"百日攻坚计划"，开展"五心行动"。成立宣讲小分队，深入渔民家庭走访，面对面宣讲安置保障政策，摸清摸准退捕渔民就业、社保状态和就业创业、培训意愿。设立退捕渔民帮扶专员，根据渔民年龄结构、就业意愿，针对性制定"一对一"帮扶方案。

8. 四川省："五个精准到位"推进退捕渔民安置保障工作

一是加强组织领导。四川省人社厅成立了主要领导任组长的安置保障工作专班，定期召开协调会，统筹推进工作。不定期召开全省工作会，开展全域走访调研，坚持周调度、周通报，压实地方责任、指导各地开展工作。

二是强化政策保障。制定安置保障工作方案、突发事件应急处置预案，以及《关于进一步做实长江禁捕退捕渔民安置保障工作的通知》等一揽子政策文件。

三是做实摸底登记。在分片包干、走村到户、摸清底数的基础上，建立退捕渔民信息台账，并依托就业、社保经办系统实时比对渔民基本信息和就业培训社保情况。

四是狠抓转产就业。结合退捕渔民需求和地方产业特色，开展竹编工艺、白酒酿造等"菜单式""定制式"技能培训，提升退捕渔民就业匹配度和适应性。逐户细化转产转业计划，实现"一对一"精准服务，扶持退捕渔民通过开展规模化种植养殖、创办特色民宿、成立长江"清道夫"打捞队伍等方式，真正实现上岸致富。

五是落实社会保障。通过压实工作目标时间节点、加大政策宣传力度、优化社保经办服务等措施促进工作落实，将各级配套资金主要用于退捕渔民参加养老保险缴费补贴，激励引导退捕渔民参保缴费。

9. 贵州省黔东南州："1个数据库""5个全覆盖"切实开展安置保障工作

贵州省黔东南州利用劳务就业组织员、驻村干部、村组干部等基层力量，通过入户核查、电话调查等方式，精准掌握本地区退捕渔民信息，做到了全州渔民信息"1个库"，安置保障"1本账"，确保基本情况清、技能水平清、就业意愿清、培训需求清，精准制定"一人一策"转产就业方案。

推行"5个全覆盖"促进渔民安置保障。一是促进就业全覆盖。对无意愿外出的，引导其到园区、坝区、州内企业、重点项目等实现就近就业；对有意愿外出的，积极对接对口帮扶城市、务工集中城市。二是就业援助全覆盖。及时将符合条件的退捕渔民纳入就业援助范围，提供有针对性的就业援助，落实就业服务政策。三是创业扶持全覆盖。对有创业意愿的退捕渔民，开展创业培训、创业指导等服务，落实创业担保贷款、一次性创业补贴、场地租赁补贴等政策。四是社会保障全覆盖。对符合条件的，全部纳入参保范围，并按规定为低保、特困人员等困难群体代缴部分或全部最低标准养老保险费。五是技能培训全覆盖。将退捕渔民纳入农民全员培训、贫困劳动力全员培训、职业技能提升行动范畴，组织开展种植养殖培训、新型职业农民培训、农业技能培训和实用技术培训，提高渔民转产就业能力。

10. 云南省："应转尽转、应培尽培、应享尽享"全面安置

云南省各级人力资源和社会保障部门高度重视长江流域重点水域禁捕和退捕渔民安置保障工作，全面压实各级责任，拿出绣花功夫，把工作往实里做、往深里做，持续推进各项工作。

一是帮助有就业意愿的退捕渔民"应转尽转"。为退捕渔民"一人一档"制定帮扶措施，上门服务，一对一推荐不少于 3 个就业岗位，全流程搞好服务保障。

二是对有培训意愿的退捕渔民"应培尽培"。积极动员组织退捕渔民参加就业技能培训，确保有培训意愿的退捕渔民及其未就业子女接受至少 1 次免费职业培训，至少掌握 1 门就业技能。

三是对符合参保的退捕渔民"应保尽保"。积极配合农业农村部门开展退捕渔民身份认定，逐人核查养老保险参保情况，及时做好参保登记工作。

11. 各地政策实践述评

从各省落实退捕渔民安置保障政策实践来看，基本做到因地施策，在转产就业、技能培训、参保缴费方面，结合各地退捕渔民数量、结构及财政水平，制定了符合退捕渔民安置保障实际的针对性政策。经过各方共同努力，截至 2020 年 12 月 31 日，长江流域重点水域核定的17.97 万退捕渔民，基本实现愿培训的全培训、能就业的全帮扶、应参保的全参保、该补贴的全兑现，完成了预期目标任务，为实施长江流域重点水域全面禁捕创造了良好条件。这些成绩的取得，根本在于以习近平同志为核心的党中央坚强领导，同时，也离不开各地各部门上下一盘棋系统推进，更离不开退捕渔民觉悟的不断提高、服从党和国家安排的自觉。

(三) 各地人社部门扎实做好安置保障工作特色经验做法

1. 江苏省南京市：建立健全禁捕退捕工作体制，切实保障退捕渔民就业和生活

一是压实政府主体责任。成立以市长为组长、4 名分管副市长为副组长，23 个部门主要领导为成员的领导小组，统一负责牵头组织、政策指导、协调推进、考核监督等工作，各区政府也建立了相应机构，形成政府主导、部门协同、属地负责的工作责任体系和推进机制。二是组建专班协调推进。抽调农业农村、人社、公安、市场监管等部门人员组建工作专班，实体化运作，全市上下建立了协调配合、协同贯通的工作机制。分管市长每周调度会商，召开专题调度会 17 次，推动工作落实。三是建立禁捕退捕工作督查考核机制。将长江禁捕退捕工作列入全市高质量发展和河长制工作目标考核，制定考核细则，纳入长江大保护督查重点。组成督导组开展督查指导，对有退捕任务的 3 个区重点推动、重点督导；同步对长江干流南京段已退捕的其他区开展"回头看"，确保国家和省各项政策落实到位。

2. 江苏省南通市：扎实推进退捕渔民再就业

一是加强组织领导，做好政策宣传。成立专项工作小组，建立周调度跟踪机制；协调好就业与社保部门，实现数据互通共享；借助新闻媒体平台广泛宣传，提高社会公众知晓率和参与度，及时回应群众关切问题，营造良好的社会环境。二是注重联系配合，准确摸清底数。积极对接区农业农村局、退捕渔民户籍所在乡镇，用好"长江流域重点水域退捕渔船管理信息系统"，导出数据建立信息表，联合社保部门共同更新维护信息，坚持每周对退捕渔民的信息做到基本情况清、就业意愿清、培训需求清、参保情况清"四清"。三是结合渔民实际，促进就业创业。依托人社基层平台，动员乡镇协理员对有就业意愿的退捕渔民分类提供岗位信息、政策咨询等有针对性的公共就业服务，将有培训意愿的退捕渔民纳入职业技能提升行动范畴；加强职业介绍，并鼓励企业带动退捕渔民就近就业；支持自主创业，落实创业担保贷款及贴息等政策；积极开发公益性岗位，面向退捕渔民按程序定向招聘。

3. 江苏省镇江市：积极推进持证退捕渔民就业帮扶工作

一是深入开展入户调查。通过大数据比对，复核就业创业状况，同时依托镇村组织和人社基层平台，对尚未就业创业的开展入户调查，摸清其基本情况、就业意愿、培训需求等情况，并统计造册。二是精准做好对接帮扶。建立"一对一"结对挂钩制度，明确专人、包干到人，对有劳动能力和就业愿望、处于失业状态的进行全程跟踪，至少提供1次政策宣讲、3次职业介绍和1次就业指导，并做好服务记录。三是全力开展就业帮扶。从组织职业技能培训、鼓励企业吸纳就业、有序引导外出务工、支持自主创新创业、开发岗位托底安置等方面，明确就业帮扶举措。四是及时总结宣传帮扶成果。通过组织"回头看"，做到人员识别更精确、政策落实更有效、就业帮扶更得力。

4. 江苏省扬州市：加快推动退捕渔民安置保障工作

一是围绕目标任务，推动退捕渔民应保尽保。坚持把省委、省政府高质量考核指标退捕渔民"转产就业率"和"基本养老保险参保率"作为重中之重，提请市政府办公室下发《退捕渔民社会保障专项方案》，细化每一阶段的目标任务，明确各成员单位的具体分工，强化责任落实、积极协调推进。二是坚持完善机制，协调各方力量齐抓共管。强化市和6个县（市、区）、1个功能区两级人社部门的上下联动，先后3次召开全市人社系统退捕渔民社会保障工作推进会，围绕就业安置、技能培训、社保参保等方面工作，逐项部署安排，明确责任人、工作要求和完成时限。三是立足公共服务，强化惠民政策应知尽享。开展退捕渔民转产转业就业服务需求调查，建立健全服务台账。广泛收集整理退捕渔民普遍关心的就业、培训、社保、住房、救助等焦点热点问题37条，形成政策问答，编印《退捕渔民社会保障政策汇编》。有序组织镇村人社平台，逐户对劳动年龄段退捕渔民开展不少于1次政策宣讲、

3 次职业介绍和 1 次就业指导。同时，要求有条件的渔业村加设 LED 电子屏，每天滚动推送各类招聘信息，形成"村级就业供需对接平台"，让退捕渔民零距离接收就业信息，努力做到就业有门路、生计有保障。

5. 江苏省泰兴市："三项行动"帮扶退捕渔民上岸就业

一是就业创业提升行动。加强"岗位供给清单"和"就业需求清单"精准匹配，按照就近就地、人岗相适、双向选择的原则，开展"送岗上门，情暖渔家"退捕渔民专场招聘活动，对有培训意愿的退捕渔民开展就业技能培训、岗位技能提升培训和创业培训；帮助有创业意愿的退捕渔民联系创业导师开展专业辅导，指导他们创业。二是退捕护渔转岗行动。针对大部分渔民实际和特点，联合农业农村局开发陆上护渔巡逻、河道管护、物业管护等护渔人员岗位，按照一人一策，自主选择、精准帮扶的原则提供就业服务。三是"脚印渔家"宣传走访行动。采取"送服务、送培训、送政策、送岗位"等措施，引导退捕渔民转产安置。编制渔民保障政策问答，发放到渔民手中，并通过多种途径宣讲禁捕补偿制度和社会保障、就业安置等政策，提高渔民对政策的知晓度。

6. 安徽省马鞍山市：全面推进退捕渔民社会保障和就业安置工作

一是敢为人先出台政策。在无先例可循的情况下，精心组织调研，多方征求意见，在全国率先出台《马鞍山市退捕转产渔民养老保障办法》，通过政府代缴或补贴保费形式，将所有符合条件的退捕渔民，全部纳入城乡居民养老保险保障范围，切实解决退捕渔民老有所养问题，让退捕渔民愿意上岸、上得了岸。二是实事求是设定标准。充分考虑渔民状况和政府财力，借鉴被征地农民社会保障办法，明确退捕渔民养老保障覆盖范围、缴费标准、档次及政府代缴保费标准和年限。三是强化宣传引导参保。成立政策业务指导小组，深入渔民家庭和渔船拆解现场，广泛宣讲社保补贴优惠政策，"一对一"答疑解惑，"手把手"帮助算账，让退捕渔民心中有数、放心参保。四是优化业务经办服务。举办政策业务培训班，对基层经办人员进行政策培训，统一政策解释口径，规范具体经办流程。设立专门窗口，开辟绿色通道，安排专人负责推进实施。建立专门台账，及时拨付补贴资金，实现应保尽保、应发尽发、应代尽代。五是创新推进结对帮联。借鉴扶贫帮扶经验，创新建立结对帮联工作制度，出台《马鞍山市"1＋2"帮联退捕渔民工作方案》，即每1户退捕渔民由2名帮扶干部联系帮扶，确保有劳动能力和就业意愿的退捕渔民都能实现稳定就业。六是创新建立退捕渔民帮扶驿站。在退捕渔民集中的社区、街道，建立退捕渔民帮扶驿站，落实退捕渔民安置保障工作，精准建立人员台账。会同农业农村等部门实行拉网式摸排，安排专人集中登记、逐户登门走访，全面准确掌握退捕渔民信息，实现信息共享共用。建立基础信息库，实行台账管理，实时动态更新。七是分类开展技能培训。充分尊重渔民意愿，按照"应培尽培"原则，制定培训计划，实行分类培训，争取让每一位有培训意愿的退捕渔民都能掌握一门实用技能。八是强化就业服务保障。开展"送政策、送岗位、送服务"进渔民社区活动，通过举办现场招聘、组织到企业实地参观体验等方式，实现"送岗位到人、送人到岗位"，引导退捕渔民到企业务工就业。加大托底安置力度，开发护渔员、保洁员等公益性岗位，实现转捕为护。九是指导渔民自主创业。发掘打造快艇制造、休闲渔业等创业品牌，支持退捕渔民开设快递代收代寄点、水产贩卖等小店经济项目，推动退捕渔民自主创业。开展退捕渔民自主创业示范企业和示范户、"捕转养"创业示范基地认定，给予创业政策扶持。

7. 江西省上饶市：建立三重机制，养老"应保尽保"

一是建立"宣传引导"机制。宣传引导"广泛"，鄱阳县、余干县人社局印发了《禁捕退捕渔民养老保险政策问答》《就业创业手册》，弋阳县人社局印制了参保缴费流程图，发放到每一位渔民手中。二是建立"大数据比对"机制。大数据比对"精准"，市局大数据筛选"未参保"人员名单，县局按照下派任务清单，组织"业务精兵"进村入户，

"地毯式"清零。三是建立"特事快办"机制。特事快办"暖心"，鄱阳县为缓解渔民缴费压力大，采用"政府直补、缴补同步、代收代办"的办法，即对渔民的参保补贴预拨直达乡镇，由乡镇指派代办员现场将财政补贴部分与渔民个人缴费部分同步缴入渔民账户完成参保缴费。万年县则采取"分组到村、现场办公、乡镇垫资、缴费补贴直接到位"的办法，每个参保渔民只需缴纳个人缴费部分，当年补贴暂由乡镇垫资。这些创新举措得到了全体参保渔民的支持与认可。

8. 湖北省黄冈市：提供高效便捷的技能培训服务

一是充分考虑退捕渔民现有技能水平，依托沿江沿湖资源生态优势，重点组织开展适合渔民特点的水产养殖、水产加工等实用技术培训。二是充分考虑退捕渔民沿江分散居住、不习惯固定时间工作等现实因素，结合实施"互联网＋职业技能培训计划"，为退捕渔民提供全天候、可居家的线上就业创业培训。三是充分考虑退捕渔民自身素质和个人意愿，依托当地职业技能培训资源，因地制宜开展电子商务、汽车驾驶和计算机应用等职业技能培训，拓宽渔民转产转业渠道。

9. 湖北省宜昌市：建机制、强基础、精准施策安置退捕渔民就业参保

一是建机制抓落实。全市建立市县两级禁捕退捕工作领导机制，人力资源和社会保障部门牵头成立退捕渔民就业帮扶和参保工作专班，建立一日一调度、一周一研判工作机制，实施全程督办、倒排时间、挂图作战。二是强基础破难题。市人力资源和社会保障系统集中县、乡镇、社区网格员、村组干部等力量，开展入户核查，建立就业帮扶卡及就业情况表、就业培训情况表、就业政策落实情况表、养老保险政策落实情况表"一卡四表"，一对一了解退捕渔民劳动能力、就业和培训意愿、就业失业状态、社保参保及政策享受等情况，并建立就业帮扶信息台账和常态化联络、动态化跟踪服务机制。三是精准施策好成效。通过"村村响"广播、村组微信群等传播渠道，结合就业援助月、全民参保

计划等工作，广泛宣传退捕安置保障政策。依托全市 44 家就业培训定点机构，制定了 50 多个免费专业培训菜单。在退捕渔民集中的地方，分片区就近就地举办退捕渔民专场招聘会、招聘夜市，采取"云招聘""VR 云人力资源市场"开展职业介绍。对就业困难的退捕渔民，利用生态护林、供水、护河、保洁、护路、保安等公益性岗位进行安置。对专业渔民，全部按被征地农民养老保险补偿的最高标准执行；对于兼业渔民，严格按照全省规定标准实施养老保险补偿。

10. 湖南省岳阳市："三个到人"保障渔民充分转产就业

一是责任落实到人。市人社局制定下发就业帮扶、社会保障等文件，组建工作专班，明确专人专责，强化目标管理，层层压实责任，形成市县乡村四级联动、人社部门和农业农村部门紧密协作的工作格局。二是帮扶服务到人。组织全市多名劳动保障协理员和农村劳务经纪人开展"走千家进万户"专项行动，输送有需求退捕渔民外出应聘。三是精准培训到人。大力推行"输出有订单、计划到名单、培训列菜单、政府来买单"的"四单"培训就业模式，鼓励渔民因地制宜创业，聚焦水产养殖、水面清洁、水下打捞等领域。

11. 湖南省益阳市：多措并举帮扶退捕渔民转产就业

一是建机制，把工作责任压实。市人社局将做好退捕渔民转产就业和社会保障工作作为"一把手"工程，成立禁捕退捕渔民安置保障工作领导小组，下设就业、社保两个工作专班。建立日报告、周调度、半月通报制度，各区县（市）主动对照短板想办法、找措施。二是重调查，将底数识别精准。按照市级统筹、县区实施、乡镇落实原则，由县级人社部门组织人社服务专员和街道（乡镇）、社区（村）熟悉就业政策的工作人员，会同驻村干部、社区楼栋长、网格员、村（居）民小组长、志愿者等，深入村、户摸排走访，全面掌握退捕渔民想法，实行实名制管理，夯实转产就业工作基础。三是强宣传，让政策深入人心。市人社部门通过官网、微信推送，印送政策汇编本等各种形式开展精准宣传。对部分大龄、长期未就业的退捕渔民，提供"一对一"的援助服务和针对性政策帮扶，促进渔民转岗就业。四是多举措，促渔民顺利转产。在全省率先启动"点亮万家灯火"禁捕退捕渔民就业帮扶服务和"1131"就业服务。

12. 重庆市万州区：充分发动社会力量，助力退捕渔民安置保障

一是就业摸排与岗位推荐同步。区人力资源和社会保障局组织3家区内骨干人力资源服务公司，对全体渔民进行就业情况摸排。通过摸排渔民上岸时间、是否就业、工作岗位、收入情况，区分出后期工作重点；对未就业或有转岗意愿的渔民，利用人力资源服务公司的岗位库存，即时推荐符合渔民意愿的岗位。二是技能培训与市场需求对接。通过前期摸排发现，有众多渔民有意提升自身就业技能，但对学习什么技能、培训后的就业渠道存在疑问。区人力资源和社会保障局了解到家政服务人员的市场需求较为旺盛，随即委托人力资源服务公司为渔民提供家政服务培训，并为培训合格的渔民提供岗位推荐服务。

13. 四川省乐山市：多措并举推进退捕渔民技能培训工作

一是聚政策。出台《关于印发〈长江流域乐山境内天然水域禁捕和建立补偿制度实施方案〉的通知》，要求有计划性、有针对性地开展各类专业技能培训，从政策、资金及技术上提供支持和帮助。二是细需求。通过县、镇、村三级联动，建立"退捕渔民安置专员"工作机制，"一对一结对"开展退捕渔民转业和培训意愿摸底调查工作，对其退捕后的就业意愿和培训意愿进行全面统计。三是强保障。为确保退捕渔民不因交通不便、请假不便等原因放弃培训，经多部门协商，把退捕渔民职业培训生活费、交通费等费用从农业农村局专项资金中列支，为退捕渔民全身心投入培训解除后顾之忧。四是重针对。针对退捕渔民普遍学历低、技能单一、求职意愿不强等特征和长期形成的生产生活习惯，采取"职业指导与技能培训结合、技能提升与岗位推荐同步"方式，积极开展技能培训等活动。

14. 四川省资阳市：优化服务举措，扎实做好退捕渔民养老保障工作

一是推动经办服务"应下尽下"，实现退捕渔民"就近办"，把参保缴费及相关社保服务向前移，全方位优化退捕渔民参保缴费渠道，全市64%符合参保条件退捕渔民通过基层服务平台、社银网点就近办理了参保缴费。二是推动线上服务"应上尽上"，实现退捕渔民"便捷办"，为退捕渔民提供便捷高效的线上服务渠道，通过手机 App、微信公众号、社保 E 缴费等应用平台为退捕渔民办理参保缴费业务。三是推动线下服务"应简尽简"，实现退捕渔民"优化办"，对在外地务工、不方便及时回家办理参保缴费的退捕渔民，开通参保"绿色通道"，开展"代办"服务。

15. 四川省广元市：设立"渔民驿站"助推退捕渔民就业增收

一是助力就业创业。联合国有渔业企业、人社部门搭建退捕渔民就业创业平台，优先吸纳原持证退捕渔民、沿湖困难群众就业；与有创业意向的退捕渔民建立合作关系，由生态渔业公司以低于市场价 0.5~1元/斤将人工增殖生态有机鱼交由退捕渔民在驿站定点售卖或自主销售增收。二是加大培训力度。在宣传退捕渔民转产转业政策、渔旅项目发展政策基础上，协调市餐饮烹饪协会开办退捕渔民白龙湖豆豉鱼、青川山珍宴等特色餐饮烹饪培训班，引导退捕渔民转产发展农（渔）家乐实现技能增收。三是开发渔业文化。设立渔文化博览馆，集中展示白龙湖亭子湖库区生态渔业发展历程、渔网编织等技艺和渔歌渔谣文化，不定期举办"免费开放日"休闲垂钓、围栏养殖区开渔体验、渔文化节等活动，促进退捕渔民文旅增收。

16. 四川省巴中市：创新模式支持退捕渔民创业增收

探索"龙头企业＋农村专合社＋扶贫基地（车间）＋农户"模式，鼓励退捕渔民根据自身特长自主创业、联合创业，大力发展稻鱼综合种养、池塘养鱼、水产品加工、休闲渔业、食用菌种养殖等产业，并积极

为退捕渔民提供创业培训、创业指导、技术培训等服务,先后帮助132名退捕渔民实现自主创业。

(四)部际工作专班督查退捕渔民安置保障工作进展

为高效推进长江禁捕退捕工作,长江禁捕退捕工作专班多次派出督查小组赴沿江10省市重点督查禁捕及退捕渔民安置保障工作进展。

● 2020年7月14日至20日,长江禁捕退捕工作专班派出10个专项督查组赴沿江10省市开展长江退捕渔船渔民建档立卡专项督查工作。

● 2002年9月21日至25日,国家发展改革委联合农业农村部、公安部、人力资源和社会保障部、自然资源部组成10人督查组,赴湖北和安徽开展了联合督查。

● 2020年9月25日到29日,人力资源和社会保障部相关负责同志带队,会同农业、水利、公安、民政等部门相关同志组成第三督查组,赴上海、江苏开展长江流域重点水域禁捕工作联合督查。

● 2020年12月16日至18日,人力资源和社会保障部会同农业农村部组成第五督查组,赴湖北开展长江流域重点水域禁捕退捕工作陆上大督查,并派员参加第二督查组赴安徽、江西开展督查。

● 2021年3月8日至11日,为全面了解地方禁捕退捕工作考核落实情况,促进第三方评估单位客观规范开展实地抽查核验工作,同时推动各地切实做好退捕渔民跟踪帮扶和禁捕管理工作,专班组织有关部门联合组成核查组,参加各省市实地核验工作。

● 2021年6月21日至26日,按照长江流域重点水域"四清四无"和退捕渔民安置保障落实"回头看"工作方案统一部署,由农业农村部牵头,人力资源和社会保障部、公安部有关人员组成的第一调研核查组,坚持问题导向、目标导向、结果导向,分别对江西省、湖南省长江流域重点水域"四清四无"和退捕渔民安置保障落实情况进行了调研核查。

（五）退捕渔民安置保障工作效果

1. 就业情况

人力资源和社会保障部通过发展产业安置一批、务工就业安置一批、支持创业安置一批、公益性岗位安置一批，支持退捕渔民转产就业。同时，制定出台专门文件，明确吸纳就业补贴、以工代训补贴、创业补贴、社会保险补贴等 13 项含金量高的政策，支持他们务工就业、自主创业或灵活就业。多渠道开发护渔员等公益性岗位，对就业困难退捕渔民进行托底安置。截至 2021 年底，有就业意愿的 13.06 万退捕渔民均已得到妥善安置。该结果反映出两方面事实：一方面，就业在退捕渔民安置保障工作中发挥了重要作用，体现出较好的吸纳效应；另一方面，各项就业政策协同发力，体现出较好的就业安置效果。

2. 培训情况

截至 2021 年 12 月底，长江流域重点水域退捕渔民累计参加职业培训 2.8 万人次。从各省培训情况看，累计培训人次排名前五位的是湖北、江西、安徽、湖南、四川。调研发现，多地在职业培训方面涌现出好的经验做法，如湖南省湘阴县石塘镇许家台社区引入食用菌基地和艾伦食品生产基地，鼓励渔民培训上岗。其中食用菌基地已吸纳解决当地 38 名退捕渔民再就业，艾伦食品有限公司已吸纳当地 24 名退捕渔民上岗就业，月收入可达 5000 元。

3. 参保情况

从整体参保情况看，退捕渔民参保率达 100%，已实现应保尽保。其中，七成左右参加城乡居民基本养老保险，三成左右参加城镇职工基本养老保险。从各省分布情况看，上海、江苏、重庆参加城镇职工养老保险人数达到或超过五成，其余省份均以参加城乡居民养老保险为主，安徽、贵州、云南接近或超过九成。

4. 灵活就业退捕渔民安置效果分析

考虑到灵活就业在安置退捕渔民时发挥的重要作用，研究其安置保障效果，有助于增强服务有效性、培训针对性、保障长远性。

数据来源。人力资源和社会保障部在贯彻落实党中央、国务院决策部署过程中，围绕"四个一批"积极帮助退捕渔民上岸就业。相关数据由农业农村部前期开展的退捕渔船渔民建档立卡工作汇总而成，2020年8月20日，人力资源和社会保障部与农业农村部完成数据交接，而后由人社部信息中心对数据进行完善，并录入退捕渔民实名制动态帮扶信息系统。鉴于退捕渔民安置保障工作是一个持续的、动态变化的过程，渔民的就业意愿或就业状态会因自身条件、外部环境等因素而发生变化，因此，我们将2021年12月30日的截面数据作为分析退捕渔民相关特征的数据来源，将2020年9月4日至2021年12月30日的周调度面板数据作为评估安置效果的数据来源。

各省分布情况。从各省市退捕渔民灵活就业分布情况（见图1-1）及其在已转产就业退捕渔民的占比情况（见图1-2）看，灵活就业退捕渔民人数最多的省份分别是江西、湖南、湖北，有9个省份灵活就业

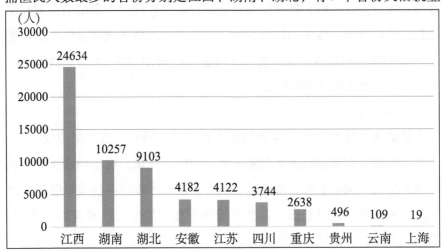

图1-1 各省市灵活就业退捕渔民分布情况

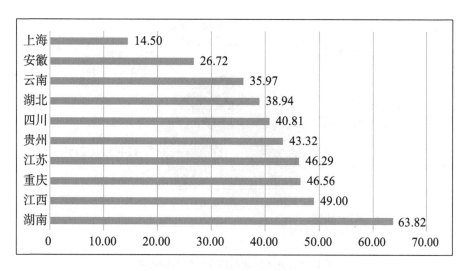

图 1-2　各省市已转产就业退捕渔民中灵活就业退捕渔民的比例（％）

退捕渔民占已转产就业退捕渔民的比例超过两成，8 个省份超过三成，6 个省份超过四成，灵活就业成为各省市就业安置的重要方式。

人口统计学特征分析。分析灵活就业退捕渔民特征发现：男性占六成，女性占四成；40 岁以上占比超过六成，50 岁以上占比超过三成（见图 1-3）；初中学历占四成，高中及以上学历占一成；有技能证书的不足一成；共有 1987 人被认定为就业困难人员，主要集中在江苏、湖北、湖南三省，占比四分之三；656 人享受灵活就业社保补贴，江苏最多，占比近六成；共 8990 人次参加职业培训，培训类型以创业类、生产生活服务类、农林渔牧类为主，占比超八成。

就业数量分析。整体情况。从图 1-4 所示结果看，在退捕渔民安置初期，灵活就业占比较高，随着政策效用不断凸显，督促力度不断增强，"四个一批"持续得到落实，灵活就业的占比下降，最低值达到 44.27％。该结果反映出两个方面事实：一方面，灵活就业在退捕渔民安置保障工作中发挥了重要作用，安置了超过四成的退捕渔民，体现出较好的吸纳效应；另一方面，灵活就业的波动性强，进入和退出门槛低，成为较多渔民就业的主要选择。2021 年 6 月，对江西、湖南两地

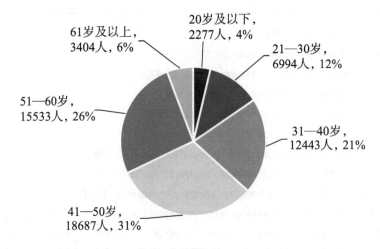

图1-3 灵活就业退捕渔民年龄分布图

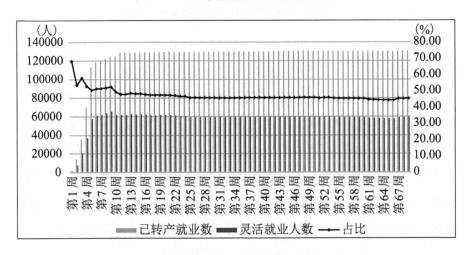

图1-4 灵活就业退捕渔民人数及其占比

退捕渔民安置保障落实情况进行调研的结果显示,六成渔民倾向于灵活就业,主要原因包括自由、收入高、方便照顾家人,没有技术特长,年纪大了没人要等。退捕渔民不倾向于灵活就业的主要原因是工作、收入不稳定。

分省市情况。从各省市灵活就业退捕渔民人数与已转产就业退捕渔民人数的比值来看(见图1-5),前期受系统使用熟练程度不高影响波动较大，后期基本呈平缓趋势。江西后期略有升高，部分退捕渔民由其他就业方式转入灵活就业；湖北后期略有下降，部分退捕渔民由灵活就业转为其他方式就业。湖南占比最大，常年处于六成以上高位。自第19周开始，云南保持35.97%的比值不变，灵活就业表现稳定。

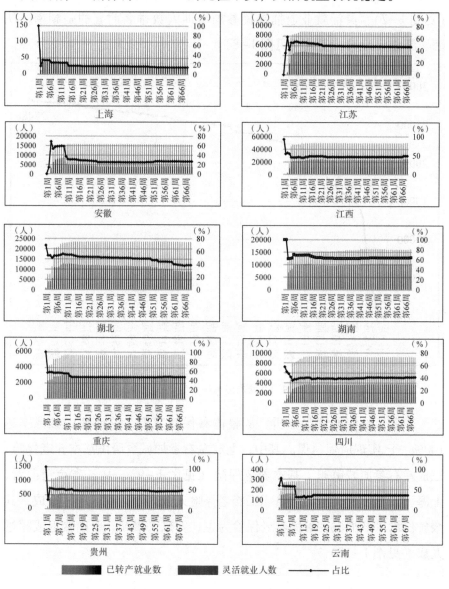

图 1-5　各省市灵活就业退捕渔民人数及其占比

职业培训参加情况分析。截至 2021 年 12 月底，长江流域重点水域退捕渔民累计参加职业培训 23533 人、共 28488 人次（见图 1-6），其中灵活就业共有 7647 人参加职业培训，占比 32.49%。从各省市培训情况看，累计培训人次排名前五位的是湖北、江西、安徽、湖南、四川（见图 1-7），灵活就业退捕渔民参加培训人数排名前五的是湖南、江西、湖北、四川、安徽（见图 1-8）。

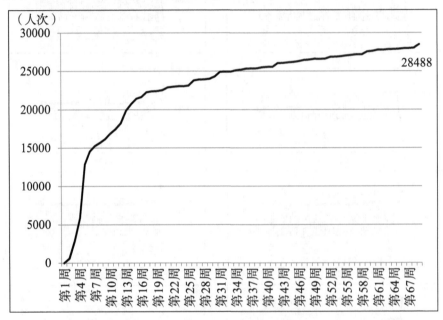

图 1-6　退捕渔民累计参加培训人次

养老保险参加情况分析。从整体参保情况看，退捕渔民参保率达 100%，已实现应保尽保。其中，七成左右参加城乡居民基本养老保险，三成左右参加城镇职工基本养老保险（见图 1-9）。从各省市情况看，上海、江苏、重庆参加城镇职工养老保险人数占比达到或超过五成，其余省份均以参加城乡居民养老保险为主，安徽、贵州、云南接近或超过九成（见图 1-10）。

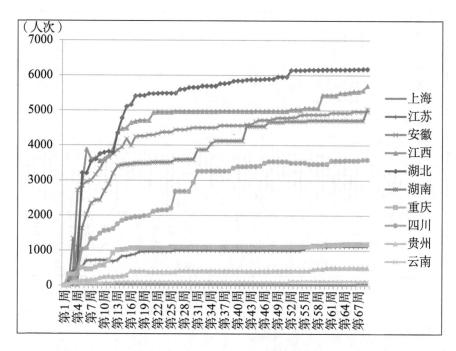

图 1-7　各省市退捕渔民参加培训人次

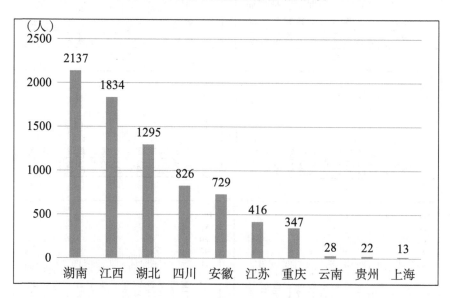

图 1-8　各省市灵活就业退捕渔民参加培训人数分布情况

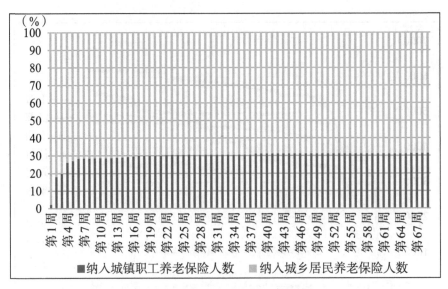

图1-9　退捕渔民养老保险参保情况

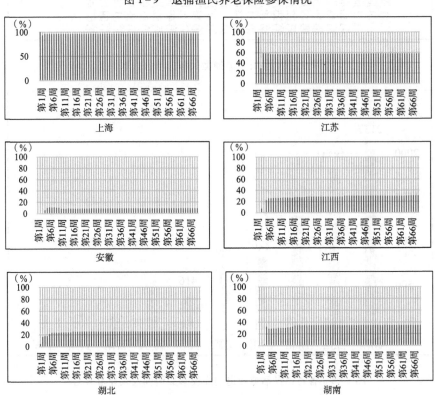

图1-10　各省退捕渔民参加养老保险情况

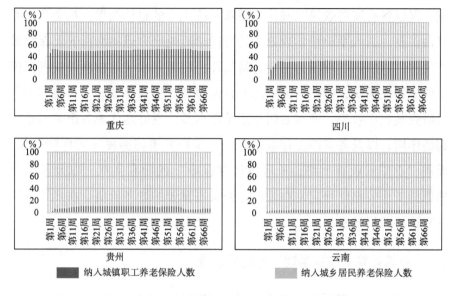

图1-10 各省退捕渔民参加养老保险情况（续）

灵活就业退捕渔民符合参保条件的均已参保，其中三分之二参加城乡居民基本养老保险，三分之一参加城镇职工基本养老保险。六成渔民享受养老保险缴费补贴，其中四分之三为逐年补贴，四分之一为一次性补贴。灵活就业社保补贴方面，依现有相关政策要求，考虑到各省财政压力，在已为退捕渔民给予养老保险补贴的情况下，是否为符合条件的退捕渔民发放灵活就业社保补贴，由各省自行决定。

三、系统研究退捕渔民安置保障工作的重要意义

退捕渔民安置保障工作涉及区域较广、大龄渔民较多、渔民技能单一，给安置保障任务带来较大的困难和挑战，虽取得了阶段性成效，基本实现"应转尽转、应培尽培、应保尽保"，同时也存在部分地方就业扶持措施针对性不强、部分渔民安置不到位、部分渔民就业稳定性不高、部分渔民就业意愿反复等问题。退捕渔民安置保障工作是一项系统工程，每一个省份的安置保障工作进展都会对整体的安置效果产生影

响。仅以各省安置效果之和作为该项系统工程的整体效果，难免存在系统性误差。引入系统科学理论中的协同学理论研究退捕渔民安置保障效率问题，以协同学理论为指导，将长江流域重点水域退捕渔民安置保障工作视为大系统，各省需完成的安置保障工作视为子系统，从整体的视角研究其组织效率，能有效纠正系统性误差，更好地体现各影响因素所起的作用，以及各省的工作成效，进一步提升退捕渔民安置保障效果，促进"上岸就业有出路、长远生计有保障"的顺利实现，以及长江禁捕退捕工作的整体稳定，在理论方面具有重要的参考价值，在实践方面具有重要的指导意义。

（一）继续拓展系统科学理论的应用领域

党和国家的每项重大举措，都需要跨区域、跨组织、跨部门、跨学科等通力合作完成。以政府机构改革为例，建立健全不同行业的组织结构和运行机制问题，成为政府机构改革的重要抓手。如 2018 年国务院机构改革方案中，国务院正部级机构减少 8 个，副部级机构减少 7 个，除国务院办公厅外，国务院设置组成部门 26 个[①]。前后对比可知，此次机构改革除了新增部门外，最大的特点就是将同属某一领域或具有类似功能的部门进行合并，如组建自然资源部，不再保留国土资源部、国家海洋局、国家测绘地理信息局；组建应急管理部，不再保留国家安全生产监督管理总局等。

在实际操作中，为了有效完成既定任务，也是多部门交叉协作共同应对。如 2003 年"非典"时期，临时组建"小汤山医院"，组建过程涉及财政、交通、卫生等多个部门。2008 年汶川地震，涉及政府和军队、中央政府和地方政府，不仅包括不同层级和不同部门的政府机构之间相互协同，而且涉及政府与社会各类企事业单位和民间组织等之间的

---

① 中国政府网：《九图看懂国务院机构改革方案》，http://www.gov.cn/xinwen/2018 - 03/ 14/content_ 5274180. htm，2018 - 03 - 14。

通力配合，还包括接受各种国际人道主义援助。

针对现状，范维澄（2007）提出，在应对突发公共事件应急管理时，多部门间的沟通、配合与协作机制是应急管理中的薄弱环节。因此，需建立部分功能破缺情况下的区域自组织与功能恢复机制。李安楠等（2016）运用分形理论阐述了应急管理体制创新工作模式。针对应急管理理论研究中跨学科特性的日益凸显，美国学者 Alexander（1997）宣称已经有 30 个学科对灾害领域感兴趣。为此，在多部门协同应对已成常态、相关理论研究已逐步开展的情况下，将系统科学中的协同理论运用到退捕渔民安置保障工作效率研究中，不仅可以拓展协同学的应用范围，也有助于进一步提升退捕渔民安置保障工作成效，从而促进长江经济带的整体安全和稳定。

（二）促进退捕渔民安置保障工作有效实施

不论是实际操作还是理论探索，协同已成为解决改革进程遗留问题、寻求科技创新高效突破、完成国家战略合理布局的关键。在落实特定对象安置保障任务过程中，鉴于安置对象区域分布特性，较多情况下政府职能部门跨区域联动成为必须。跨区域协同能在有效解决传统模式的弊端、充分提高安置效率方向上提供新的思路。因此，对跨区域协同保障组织效率的研究将有助于提升跨区域层面退捕渔民安置保障工作的效率，进一步为有效推进长江经济带发展战略提供较强的理论和实际支撑。

（三）挖掘影响退捕渔民安置保障工作效率的影响因素

跨区域安置保障，在协同发展战略带动下，现实工作有序开展，具有较好的研究基础。将跨区域协同保障看作系统，作为系统的组成部件，不同区域的长江禁捕退捕渔民安置保障工作专班、各配合完成保障工作的职能部门、其他企事业单位、社会团体，都会存在"失效"或"失灵"的可能性，进而影响安置保障工作的顺利进行。深入挖掘影响子系统失效的关键因素，有助于提升系统运行稳定性和工作效率。

（四）普及退捕渔民安置保障工作方法论

现已贯彻实施的长江经济带发展战略①、京津冀协同发展战略②正在走出一条科学持续的协同发展路子，作为巨大的系统工程③，这些战略举措正实实在在地形成全新的发展模式。实现跨区域协调发展，需要各区域间实现协调、同步，协力同心推进各项战略部署。并且，在推进协调发展战略的过程中，各项具体工作及各个领域亦需贯彻此理念。在长江禁捕退捕渔民安置保障工作专班指导下，沿江 10 省市持续推进退捕渔民协同保障事业，是本项研究高度关注的实践案例。本研究将其抽象为科学问题，构建理论模型，分析不同因素的影响程度，进而提炼出有助于退捕渔民安置保障行稳致远的工作模式，并为其他流域处理类似工作或其他类型安置保障活动提供方法论指导，具有重要的理论和实践指导意义。

---

① 中央政府门户网站：《〈长江经济带发展规划纲要〉正式印发》，http：//www. gov. cn/xin-wen/2016 -09/12/content_ 5107501. htm，2016 - 09 - 12。

② 人民网：《习近平在京主持召开座谈会—专题听取京津冀协同发展工作汇报》，http：//politics. people. com. cn/n/2014/0227/c70731 -24486624. html，2014 - 02 -27。

③ 新华网：《习近平主持召开中央财经领导小组第九次会议》，http：//news. xinhuanet. com/politics/2015 -02/10/c_ 1114322773. htm，2015 - 02 -10。

第二章

协同推进退捕渔民安置保障相关理论问题研究概述

一、协同问题研究综述

断定了协同作用对退捕渔民跨区域安置保障效率具有较为深刻的影响后,急需回答的问题便是——何为协同?为什么要协同?协同会带来哪些好处?进一步,在协同作用下,如何确定影响退捕渔民跨区域协同安置保障组织效率的内因和外因。

(一) 协同的定义

协同[①](synergy)一词,在中文和英文的语境下,具有不同的含义。《辞海》的解释为各方互相配合,并以"协同作战"为例。维基百科的解释为多方互相配合以达到整体效果大于所有个体之和的作用。不仅如此,在工作层面和理论层面,协同所表达的含义也具有一定的差异性。工作层面,协同代表协调、同步之义,即各组成单元按照事物发展的客观规律,有计划、有节奏地完成既定任务。而理论上的协同,更多地指代协同学的相关内涵,即系统如何通过自组织的功能驱动,实现从无序到有序的过程。为了更清楚地阐释理论研究中协同的具体含义,需对协同学相关理论进行深入剖析。

1. 协同学[②]的形成

协同理论的创始人是斯图加特大学理论物理学教授赫尔曼·哈肯。

---

① 协同:协同理论的创始人是斯图加特大学理论物理学教授赫尔曼·哈肯。1973 年赫尔曼·哈肯首次提出了协同概念,1977 年编著了《协同学导论》一书。1988 年,郭治安翻译此书,作为协同学引入中国最早版本教材。2012 年,赫尔曼·哈肯又编著了《高等协同学——自组织系统和组件的不稳性体系》,进一步阐释了协同学理论的核心要义。协同的必要性:适应资源禀赋差异、调整资源结构、发挥比较优势。协同的优势:减小成本、缩短时间、稳定结构。

② 协同学:协同学是现代系统科学的一门分支学科,以由大量子系统构成的开放大系统为研究对象,用宏观量或集体运动模式来衡量子系统之间的协同作用程度。它主要研究自组织原理和作用过程。这种自组织原理和作用过程,是生物形式或非生物形式的物质组织在本质上所共有的。协同学所建立的核心概念包括:开放系统、序参量、快参量、慢参量、绝热消去原理、自组织、涨落等。

他通过对不同学科中出现的非平衡相变进行类比后发现，虽然不同系统的子系统千差万别，然而它们在非平衡相变的演化过程中却遵循着相同或相似的微分方程。由此得出了结论：相变过程与子系统的性质无关，其特点是由子系统之间的协同合作行为所决定。1973 年赫尔曼·哈肯首次提出了协同概念，1977 年编著了《协同学导论》一书，分析各种相变过程中的主要矛盾，确定演化过程的共同规律，总结了一套处理相变过程的数学模型和处理方案。通过对系统的动力学考查，得出了相变所遵从的基本方程类型。汲取平衡相变理论中的序参量概念，描述了系统在演化时出现的宏观有序性。为了找出序参量采用了绝热消去原理。统计学和动力学的完美结合又建立了有序结构的核心——自组织理论。1988 年，郭治安翻译此书，作为协同学引入中国最早版本教材。2012 年，赫尔曼·哈肯又编著了《高等协同学——自组织系统和组件的不稳性体系》，进一步阐释了协同学理论的核心要义。自此，协同学理论集百家之所长，便形成了独具一格的崭新体系。

2. 协同学的基本概念

协同学是现代系统科学的一门分支学科，以由大量子系统构成的开放大系统（系统是具有层次性的，高层次系统以低层次系统作为组元）为研究对象，用宏观量或集体运动模式来衡量子系统之间的协同作用程度。它主要研究自组织原理和作用过程。这种自组织原理和作用过程，是生物形式或非生物形式的物质组织在本质上所共有的。协同学所建立的核心概念包括：开放系统、序参量、快参量、慢参量、绝热消去原理、自组织、涨落等。

开放系统是与外界有物质和能量交换的系统。

序参量是系统相变前后所发生的质的飞跃的最突出标志，它表示着系统的有序结构和类型，是所有子系统对协同运动的贡献总和，是子系统介入协同运动程度的集中体现。协同学是系统科学诸学科中，讨论序的主题最为突出，定量化最强的分支学科。如果序参量确定不准，就不能表现其他变数，不能实现服从原理，从而导致结构的不稳定性，最终降低系统的有序程度。

快参量是临界阻尼大、衰减快，对系统的演化进程、系统的临界特征、系统的发展前途不起什么明显作用的参量。

慢参量是临界无阻尼，得到多数子系统的响应，且呈指数型增长，在演化过程中自始至终都起作用，起着支配系统行为的主导作用，演化进程和发展由它决定。

绝热消去原理是为了抓住在演化过程中起支配作用的慢参量，而忽略快参量的变化对系统演化的影响，令快参量的时间微商等于零，然后将得到的关系式代入其他方程，由此便得到了只有一个或几个慢参量的演化方程——序参量方程。该处理过程即为绝热消去原理。

自组织是在一定的环境条件下由系统内部自身组织起来的，并通过各种形式的信息反馈来控制和强化这种组织的结果。是一种特殊的过程系统的动力学，自组织系统与环境不断交换，共同进化。

涨落是子系统间的相互关系与外界环境的综合作用，致使系统的宏观量的瞬时值在其平均值附近出现起伏，此种现象称之为涨落。没有涨落，系统就无法飞跃到新的有序；没有涨落，也就没有非线性作用的关联放大的序参量的形成，也就没有众多子系统对序参量的"伺服"；没有涨落，当然就不会有系统进入新的有序状态的演化进化。

3. 协同学研究对象

赫尔曼·哈肯提出协同学理论之后，国外学者将协同学应用于多个领域。

Jumarie G 结合系统、混沌、协同的概念，提出了一种信息决策方法；Weidlich 将协同学运用至物理学和社会科学；进一步，Hecht A 认为疾病从复杂性角度而言，也是复杂系统无序的结果，协同学中的自组织理论能促进人们对病理形成过程的认识。随着学者们对协同学相关概念和适用领域的不断深入探讨和延伸，协同学也被广泛应用于诸如肺癌、石油污染等相关案例中。整体而言，国外学者在方法论层面探讨协同学的内涵和外延的研究较多，具体运用于实际情境的研究相对较少。

反观国内，经过国内学者初期的研究积累，在协同学引入中国并进行推广后，协同学在政府组织、管理上有较多的应用。

在社会科学领域，我国学者最先将协同学应用到行政管理方面。路淑芳认为协同学理论为改革提供了方法和依据，对于通过改革最大限度地减少政府系统内耗，增强系统整体功能，更好地实现机构在结构和功能上的统一，具有积极而现实的指导意义。耿林将协同学思想与行政管理相结合，认为管理职能、组织机构和管理人员、法治建设是行政管理系统中最重要的三个序参量。

发展与改革方面。党新益和姚远认为在把握稳定、改革和发展的协同效应，使社会系统达到自组织状态时，必须形成开放系统，远离平衡态，形成非线性机制和选择适宜的相变参量。在此基础上，古中和和刘正昆针对发展中国家现代化进程中出现的一系列问题，借鉴研究非平衡系统的自组织理论进行分析，认为开放是发展中国家现代化的前提，发展是基础，改革是推力，稳定基础上的进步则是目的。

公共安全方面。张立荣和冷向明针对我国公共危机管理体系结构单一、条块分割，难以形成整体的协同效应的特点，根据协同学的科学原理，尝试性地提出构建公共危机协同治理模式的主张。刘英基以复杂系统理论和协同学原理为基础，探究大数据时代社会冲突的复杂网络结构特性，系统分析我国社会冲突管理面临的数据困境。钱洁和徐艳晴基于协同学的多元主体协同运行模型，构建了社会公共安全协同供给的运行模型，以模型为依据考察我国的社会公共安全协同供给，提出当前体系存在开放性协同体系建设、序参量认识偏差与缺乏多元化协同机制等方面的协同障碍。

区域治理方面。王得新通过分析认为，区域协同发展受到系统控制参量的重要影响和序参量的支配作用，产业一体化、要素市场一体化、制度一体化是区域协同的序参量，也构成区域协同的重要约束因素。曹堂哲建构了"基于政策循环和政策子系统的跨域治理协同分析模型"，系统梳理了跨域治理协同分析的"政策循环维度"、"政策子系统维度"和"跨域事务维度"的理论资源和知识积累；总结了政府跨域治理协同分析的协同学途径、网络途径和制度分析途径。

随后，在行政管理协同学研究基础上，学术研究将触角延伸至区域经济。黎鹏指出区域经济协同发展应以协同学原理为基本理论依据，建立跨行政区组织协调机构及其运行机制，加强在宏观发展框架下的区域规划工作和规划实施体系建设，有效激活与加快构建行业与企业的自组织协调机制。

综合上述理论，林德根和梁静总结出现代管理的实质是协同管理的结论。进而，杜栋和苏乐天梳理了国内外协同管理思想的演变过程，基于组织内、同质或异质组织之间、网络组织等不同视角对协同管理概念进行了分析，提出"协同管理学"这一崭新的管理学分支学科概念，建构了协同管理学的学科体系雏形，对该学科的研究内容、相关基础学科和学科建设思路进行了讨论，就如何发展这一崭新学科提出相关建议。

(二) 协同的必要性

1. 适应资源禀赋差异

"橘生淮南则为橘，生于淮北则为枳"，不同区域的地理环境、发展水平各异，造成了其在资源禀赋方面的差异性。如上海市一产占比极少，西北地区高水平人才比重较小，高原地区交通欠发达等。为了适应这种差异性，不同区域间的协同作用成为应对常规或非常规突发事件的有效方式。

2. 调整资源结构

国家为了提升国民经济与社会发展的整体效率，对不同区域经济发展的侧重点进行了合理布局。以京津冀为例，为了疏解北京市非首都功能，需要将大量的二产企业迁往天津和河北，进而促进北京市向服务型城市、智慧城市过渡。假如，北京市发生非常规性突发事件，急需用到二产相关资源，被迁往其他两省市的二产企业又会对北京市进行资源反馈。所以，为了国家大政方针顺利施行，为了区域间资源结构的合理调整，区域间有序协同是实现上述目标的关键与核心。

3. 发挥比较优势

不同区域的政治、经济、文化等生态环境各异，造就了生产同类产品所需成本的差异性。为了充分发挥比较优势，实现资源合理配置，综合成本最优的产品供应商成为首选。为了促使上述关系的常态化，协同成了连接彼此关系的"契约书"，成了保障资源有效供应的"红头文件"。

（三）协同的优势

1. 减小成本

学术界在如何发挥协同效应、减小投入成本方面的研究较为丰富。陶经辉和郭小伟从控制总成本和碳排放量的角度，研究了物流园区与产业园区的协同选址问题。陈诗一和武英涛基于治理边际成本的视角，探索了环保税制改革与雾霾协同治理相关问题，并以长三角为例，提出了优化环保税制改革的建议。魏丽华将协同成本作为指标之一，纳入苏赣皖产业协同水平测度模型中。上述文献虽仅为冰山一角，然而，管中窥豹，成本控制已成为协同研究的重要衡量因素。

2. 缩短时间

协同效应在时间上的优势体现在两个方面：一个是准备时间；另一个是工作时间。

在非协同状态下，集合完成任务的组织所需的时间，受领导者的权威性和被领导者的自觉性两方面因素的综合影响。这也导致了在完成任务过程中，部分领导者监管不力、被领导者投入不足的局面，进而影响整体任务的完成时间。而协同状态下，因自组织功能的内在驱动，被领导者自发地团结在一起，并形成有效组织去完成既定任务。所以，较之于非协同状态，在准备时间和工作时间上，协同效应均发挥了较大优势。

3. 稳定结构

宏观层面，自组织状态下的协同效应，使得系统中各组成单元的目标更为统一、方向更加明确，成员间的关系也更为紧凑，进而促使所有成员集合而成的组织结构稳定度较高。微观层面，不同类型物质在无序状态下具有较大熵值，协同效应使其向有序状态演进、熵值减小的同时，同类物质产生凝聚效应，增强了组织结构的稳定性。

(四) 协同的外延

协同作用促使结构单元彼此间联系更为紧密，从而促进了系统结构的稳定性，系统结构的稳定性又影响着不同外部环境冲击作用下组织结构的韧性或抗击打能力——影响组织效率的外因。为了研究组织效率的外因，需以特定组织结构为载体，运用复杂网络相关理论，对其基本特征进行深入解析。

1. 复杂网络的发展和定义

复杂网络主要是指具有复杂拓扑结构和动力学行为的大规模网络，它是由大量的节点通过边的相互连接而构成的图，如 Internet、交通网络、www 网络等。复杂网络理论的研究始于 20 世纪 60 年代的 Erdos 和 Rényi 随机图模型，该模型也成为其后不同国家不同机构的相关学者研究复杂网络的基础。鉴于并非所有网络均为随机网，20 世纪 90 年代末，Watts 和 Strogatz 基于实际网络介于完全规则与完全随机之间，探索出了具有较大聚类系数和较短特征路径长度的网络形态，进一步揭示了复杂网络的小世界特性，建立了小世界网络模型；Barabási 和 Albert 则基于许多网络具有幂律分布特点的实际情况，揭示出复杂网络的无标度性质，并依此建立了无标度网络模型。伴随着复杂网络理论的不断演化，将复杂网络分析应用于研究实际问题方面也取得了较大的突破和进展。近年来复杂网络的研究正逐渐成为多个学科领域的研究热点，如计算机网络、脑神经科学、管理学，以及社会经济学等不同领域。复杂网络作为对现实社会中不同现象的抽象反映，可以描述不同主体间的连接关系，如群体中人与人之间的社会关系，企业中组织之间的联系，互联网中计算机之间的网络链接，学术研究中科研论文的引用关系，以及科学家之间的合作研究关系等。

2. 复杂网络的特征

复杂网络所具有的特征主要表现为：网络行为可统计性，节点及其连接方式多样性，节点动力学行为的复杂性，网络的动态演进性，网络的时空演化复杂性以及网络之间的交互影响性。

此外，杨建民、张宁研究了复杂网络的网络拓扑熵与网络结构的关系，从系统的开放性、远离平衡态、非线性相互作用以及随机涨落的角度对网络进行了分析，认为复杂网络拓扑结构是系统自组织演化的结果。

总结文献中对复杂网络特征的描述，复杂网络所涵盖的关键因素如下。

节点：网络中具有实际含义的组成单位，如互联网中的一台计算机，组织结构中的一个职能部门等。

边：节点间相互连接的路径。

度及度分布：网络上一个节点的度通常定义为这个节点具有的连接边的数目。一般而言，规则网络具有 δ 分布，随机网络和小世界网络具有 Poisson 分布，无标度网络具有幂指数分布特征。

聚类系数：用来刻画所关心的某个节点的直接邻居节点之间也互相连接的稠密程度，定义为 0 到 1 之间的一个实数值。其计算方法为：假设节点 i 通过 k_i 条边与其他 k_i 个节点相连接，如果这 k_i 个节点都相互连接，它们之间应该存在 $k_i(k_i-1)/2$ 条边，而这 k_i 个节点之间实际

存在的边数只有 E_i 的话，则节点 i 的聚类系数 C_i 为：

$$C_i = \frac{E_i}{k_i(k_i-1)/2} = \frac{2E_i}{k_i(k_i-1)} \tag{1.1}$$

距离和平均最短路径长度：两个节点间的距离可以有许多不同的定义，其中最简单也最常用的就是它们之间最短连边的条数。一个网络的平均最短路径长度则定义为该网络上所有存在的节点距离的平均值。网络中两个节点 i 和 j 之间的距离 d_{ij} 定义为连接这两个节点的最短路径上的边数。网络中任意两个节点之间的距离的最大值称为网络的直径，记为 D，即：

$$D = \max_{i,j} d_{ij} \tag{1.2}$$

网络的平均路径长度 L 定义为任意两个节点之间的距离的平均值，即：

$$L = \frac{2}{N(N+1)} \sum_{i \geqslant j} d_{ij} \tag{1.3}$$

其中 N 为网络节点数。网络的平均路径长度也称为网络的特征路径长度。

介数：介数分节点介数和连边介数，前者定义为网络中两两相连的节点对之间通过该节点的所有连边的总数量；后者定义为网络中两两相连节点对之间通过该边的所有连边的总数量。

点中心性：重要顶点是那些拥有与其他顶点有较多的连接边数的顶点。显然，一个图的顶点重要性能依据它们度的大小进行排序。相应地，一个顶点 i 的度中心方法定义为：

$$C_i^D = \frac{k_i}{N-1} = \frac{\sum\limits_{j \in G} a_{ij}}{N-1}, a_{ij} = \begin{cases} 1, & \text{点 } i \text{ 与点 } j \text{ 间有连边} \\ 0, & \text{点 } i \text{ 与点 } j \text{ 间无连边} \end{cases} \tag{1.4}$$

k_i 代表顶点 i 的度。

接近中心性：接近中心方法基于最小距离或最短路径的概念，也就是说顶点 i 的中心值是从 i 到其余顶点 j 经过边的最小数目。这种中心方法不仅应用了感兴趣顶点和所有其他顶点之间的最大距离，而且应用了这个顶点和所有其他顶点距离的总和。一个顶点 i 的接近中心值定义为：

$$C_i^c = (L_i)^{-1} = \frac{N-1}{\sum_{j \in G} d_{ij}} \tag{1.5}$$

式中 L_i 是顶点 i 到其他顶点的平均距离。

中介中心性：以节点中介度为研究对象，中介度说反映特定节点对其他节点间合作的影响程度，中介度越大代表此节点的影响力越广泛。一个顶点 i 的中介中心值定义为：

$$B_i = \sum_{\substack{j,l \\ j \neq l \neq i}} \left[N_{jl(i)} / N_{jl} \right] \tag{1.6}$$

N_{jl} 表示节点 v_j 和 v_l 之间最短路径数量，$N_{jl(i)}$ 表示节点 v_j 和 v_l 之间的最短路径经过节点 v_i 的数量。

网络结构鲁棒性：在复杂网络图中，移除少量节点或连边后网络中绝大部分节点仍连通，则称该网络的连通性对节点或边故障具有鲁棒性，反映的是节点或边对故障和攻击的耐受程度。

3. 复杂网络研究对象与应用

结合本文的研究目的，即更好地引入复杂网络分析方法，相较于复杂网络在交通、供应链、军事作战和应急管理方面的应用，重点阐述其在区域协调方面的研究。

总结国内外学者针对复杂网络在区域协调方面的研究，国外学者较常以国家或全球为研究对象，对于国家内部区域间协调研究较少。如Kaluza 等运用货船的行程信息建立不同国家港口之间的联系网，并对全球商船网络进行分析得出，所有船舶运动的网络都具有重尾分布的特点。Tsiotas 和 Polyzos 对希腊海上运输网络进行实证分析，研究结果为决策者协调海上交通提供了理论支撑。Tranos 等总结移民问题已有研究发现，仍有许多缺失因素，于是采用网络分析的方法，试图寻找不同国家间移民流程的集中或分散程度以及所形成的结果如何随着时间的推移而演变，实证研究结果不仅揭示了经合组织国家间国际移民的决定因素，也探寻了将网络分析与传统分析方法相结合的价值。Chimhundu 等运用复杂网络分析方法对南非 15 年来心血管医疗器械开发的部门合作进行了分析，识别了其网络中存在的协作类型，量化了网络内的协作程度，以及分析了整体协作随时间的变化。上述研究中，所构建复杂网络的类型、特征量和动态性质是研究者较为关注的重点。

区别于国外政府的组织结构、运行机制和发展历程，新中国成立后，我国与其他国家间真正实现沟通交流、互通有无源于改革开放。政府宏观调控、机构改革和职能转变影响着国家发展的未来走向及不同领域当前和未来发展的关注点和侧重点，在科学研究方面也体现出相同的态势。检索相关文献可知，自"一带一路"倡议提出后，以全球视角对不同研究对象进行复杂网络分析的文献显著增多，研究内容则偏向于金融和国际贸易。以复杂网络分析方法对京津冀地区进行研究的文献，则随着"京津冀协同发展战略"的实施相继呈现。如以京津冀为研究对象，运用复杂网络方法分析了京津冀城市群空间网络的连接效率、出入点度、规模匹配性，构建区域协调发展评价模型，并以京津冀地区为例进行实证研究，以及通过层次分析与复杂网络分析，对京津冀科技协同创新绩效进行评价，构建京津冀产业复杂网络模型，并分析不同区域关键产业的分布及提出相关建议。

于安置保障领域而言，上述研究成果为运用复杂网络分析方法研究跨区域安置保障协同组织结构提供了较为充分的理论支撑。为了较好研究信息传递网络对组织效率的影响，可以跨区域安置保障为研究对象，所涵盖的政府职能部门为节点，其间的联系为连边，构建跨区域协同保障组织结构复杂网络；通过分析网络的密度、平均路径、聚类系数、点中心性、接近中心性和中介中心性等不同特征，对网络类型、稳定性和鲁棒性进行评价；并以长江流域重点水域 10 省市退捕渔民安置保障为例进行实证分析。

(五) 小结

引入协同学理论界定了协同的含义，协同学在政府行政、社会冲突治理、社会安全等管理方面的应用，以及协同学方法的研究为本文将协同学运用到退捕渔民安置保障中提供了方法论借鉴。本文将针对跨区域协同保障系统展开分析，以寻找其序参量、自组织、无序至有序等关键要素和过程，进而深化跨区域协同保障的理论分析，更深刻地揭示跨区域安置保障工作的规律性。此外，对协同的必要性和所具有的优势进行充分论述后，得出了协同的外延即为系统结构稳定性的结论。运用复杂网络理论对这一结论进行深入阐释后，确定了组织结构鲁棒性为影响组织效率外因的关键结论。

二、退捕渔民问题研究综述

专家学者就长江禁捕退捕问题进行专题研究，主要包括退捕意愿、补偿效果、转产就业等方面。

在全面实施长江"十年禁渔"计划前期，陈廷贵、刘芳对江苏、安徽、江西三省渔民开展抽样调查发现，被调查的渔民样本中，近八成愿意退捕，年龄、生产船船龄对退捕意愿有正向影响，家庭人口数、捕捞收入对退捕意愿具有负向影响，文化程度、燃油补贴对退捕意愿影响不显著。杨婧等对鄱阳湖渔民的研究得出不一样的结论，认为渔民年龄越小、渔船价值更小更愿意退捕转产转业，年龄偏大的渔民受教育程度偏低，子女抚养压力偏大，属于风险厌恶型，更愿意从事老本行。然而，相关研究发现即使提升渔民退捕意愿，渔民退捕转产上岸仍具有一定的难度，主要表现为渔民生计难、就业难、补贴对象认定难、渔民生产资料处理难、禁捕后监管难等。倪坤晓、何安华通过对江西双钟水产场开展调查，认为专业渔民退捕后再就业难度较大、社保需求较高，对如何落实补偿款相关政策较为关心。针对这一问题，有关学者提出建立多元化禁捕补偿制度、确保按时发放补偿资金、切实提高退捕渔民受教育水平、积极开拓渔民转产转业渠道对提升禁捕补偿政策满意度具有较为积极的作用。转产就业是退捕渔民获取报酬、维持生计的重要途径，退捕渔民数量偏多、年龄偏大、技能偏低、文化水平不高等特征给助力退捕渔民顺利转产就业带来挑战。为防止退捕渔民"积贫返贫—生计压力—偷捕返捕—弱化禁捕"，需从多元化就业模式增加岗位供给、针对渔民合理诉求提升转产就业精确性、优化政策制度形成稳定持续的激励机制等方面协同发力。

综上所述，专家学者们基于研判退捕意愿、分析转产需求、落实转产就业政策的脉络开展相关研究。但所选取的调查对象一般集中于县一级，样本量偏小，分析结果存在一定的差异。统计不同学者的研究结论发现，退捕渔民转产就业存在共性问题，所提政策建议对本研究具有一定的参考价值和借鉴意义。本研究从中央层面分析退捕渔民基本特征及安置效果，并提出针对性建议，为增强退捕渔民安置保障工作的数据精确性、服务有效性、培训针对性及保障长远性提供支持。

三、安置保障问题研究综述

于政府部门而言，退捕渔民安置保障工作主要涉及两部分内容：一方面，做好"1131"公共就业服务，即 1 次政策宣讲、1 次就业指导、3 次职业介绍、1 次职业培训；另一方面，落实养老保险补贴，做好养老保险经办服务。在退捕渔民安置保障工作中，公共就业服务发挥着重要作用。

（一）公共就业服务相关问题研究

对已发表的公共就业服务主题文献进行汇总分析可知，一方面在积极政策引导下，公共就业服务稳步推进；另一方面，受经济、科技、社会环境影响，全方位公共就业服务体系日渐成型却仍需优化完善；研究对象则主要集中于国外公共就业服务经验介绍、公共就业服务信息化、公共就业服务均等化、公共就业服务体系构建、公共就业服务研究述评等方面。

1. 国外公共就业服务经验介绍

全球公共就业服务机构的雏形要追溯到1910年，当时身为内阁大臣的温斯顿·丘吉尔在英国开办了第一家国家职业介绍所。之后，公共就业服务这一促进就业的有效手段便在西方国家大行其道。国外开展公共就业服务相关工作的主要做法包括：一是提高公共就业服务经费支出占GDP的比重，加大公共就业服务基础设施建设、服务机构和工作人员数量；二是充分发挥市场在公共就业服务中的弹性，政府购买最终成果；三是加强公共就业服务领域法律法规建设，有针对性地开展就业服务；四是强化公共就业服务项目间的协调作用，提高动态监管效率。对公共就业服务的评价和影响因素研究方面，则主要包括就业岗位开发、职业培训和职业介绍效果评价及影响因素研究。满意度和搜寻匹配模型成为国外学者研究公共就业服务效率最常用的指标和方法。

2. 公共就业服务信息化

为了凸显公共就业服务机构和经营性服务机构对人力资源市场的中介作用，信息技术的应用是提高其服务质量和效率的关键手段。21世纪伊始，互联网在中国刚开始起步，公共就业服务机构受限于经费与技术员工的短缺，工作人员人均计算机数较低，信息化程度有待提升。为了说明信息技术手段之于政府公共就业服务的重要性，刘厘平从电子政务公共职业介绍应用的业务需求着手进行分析，并简要设计了网上公共职业介绍服务应用系统的工作方式。张华初则提出，为了解决公共职业介绍机构就业介绍成功率的突出问题，加快劳动力市场信息网络建设是重要方法之一。而且，要按照科学化、规范化、专业化的要求，搞好劳动力市场信息网络建设，使劳动力市场信息网络覆盖所有的街道、社区、职业教育和职业培训机构。随着互联网技术的不断优化，电子化办公日益成为主流，中央政府所要求的"互联网＋政务服务"新模式也成为公共就业服务信息化建设的"助推剂"。冯洁提出了"互联网＋"公共就业服务的发展模式，应以无边界的特点创新培训方式、以跨地域的特点拓展服务领域、以多载体的特点健全服务平台。不仅如此，各地方也交流分享其具有地方特色的公共就业服务信息化建设成果，"不见面审批"的服务模式日益成为竞相追逐的目标。

3. 公共就业服务均等化

均等化作为促进公共就业服务公平与效率平衡发展的重要措施，发挥着公共就业服务全覆盖由局部走向整体的过渡作用。推进公共就业服务均等化是促进劳动者实现就业的重要途径，是保障人民群众共享经济社会发展成果的应有之义。麻宝斌和董晓倩认为应从维护劳动者就业权利、实现就业公平的角度来理解公共就业服务均等化的内涵，并遵循公共资源投入均等、就业机会平等和公民共同受益的原则。针对公民共同受益这一原则，张宏军提出应涵括全体社会成员对于公共就业服务享有权利均等、机会均等和结果均等三方面特征，并从财政投入、城乡统筹和多元供给的角度阐述了实现我国公共就业服务均等化的基本思路。中国劳动和社会保障科学研究院副院长莫荣提出，在公共就业服务均等化问题上要特别重视两方面问题：一是外来劳动者与当地户籍人口，二是不同地区劳动者或同一地区的城乡劳动者所享扶持政策的均等化。王阳以苏州为例，探寻了实现公共就业服务均等化的几点建议，包括出台统一的就业创业服务标准体系、建立一体化的就业创业服务信息网、健全基层就业创业服务经费保障机制、加强政府购买就业创业服务制度建设。

4. 公共就业服务体系构建

公共就业服务推行之初并没有体系的概念，主要目标是解决特殊时期的就业问题。直至后来随着体制改革以及借鉴西方国家的相关经验，慢慢摸索出构建具有中国特色的公共就业服务体系的一套做法。从一开始针对人力资源市场上待解决就业的需求人数远高于就业服务机构可供给的服务量这一根本性问题出发，提出完善就业服务体系或职业介绍服务体系，到专门就公共就业服务体系的建设问题建言献策；从统一就业服务机构、增加就业服务工作人员数量、保障公共就业服务机构工作经费、建立和实施公共就业服务政府购买制、加快构建全国城乡统一、内外开放、平等竞争、规范有序的劳动力市场，到明确提出覆盖全民的公共就业服务范围、健全贯穿全程的公共就业服务功能和构建辐射全域的公共就业服务体系，所历经之过程承载了国家对"就业是民生之本"这一关键决策的深刻认识及对解决千万劳动者就业问题的拳拳决心。

5. 公共就业服务研究述评

我国专家学者研究公共就业服务方面的相关问题遵循着整体到局部、宏观到微观、抽象到具体的逻辑脉络。初期研究中，结合国外的经验和我国的基本国情，发现我国公共就业服务体系存在体制机制、政策法规、质量效率、监督评估等方面的不足，并分别针对不足之处开展建设性研究，进而将研究触角覆盖至公共就业服务标准化、信息化和均等化问题的探索与思考。到了研究中段，相关研究成果促进了公共就业服务的发展，《中华人民共和国就业促进法》《就业服务与就业管理规定》等政策法规相继出台，省、区、市、乡镇、街道五级体系基本建成，研究重点开始向微观层面倾斜，如运用直觉模糊多属性决策的方法来评价服务外包供应商的质量。到了近期，侧重对高校毕业生、农民工和残疾人等特殊群体的研究，如丁兆罡研究了高校公共就业服务个人自愿供给对就业水平的影响机理，于双奇基于协同治理的视角对农民工公共就业培训问题进行研究，刘羽枫和刘佩瑶梳理了我国城镇残疾人公共就业服务面临的主要问题，并从不同角度提出改善的对策建议。然而，在随着公共就业服务不断发展和完善、不同时间段的研究具有一定差异性的整体特征下，一些研究对象却贯穿始终，如公共就业服务信息化问题、均等化问题。这也充分说明信息化和均等化是研究公共就业服务的热点、重点和难点问题，省域内和省际间发展水平差距较大，成为解决两大难题的最大阻碍。

(二) 养老保险补贴相关问题研究

大部分渔民参保意识不强，未缴纳养老保险，为了保障渔民退捕后长远生计问题，国家决定对退捕渔民实施养老保险缴费补贴政策。由于长江禁捕退捕工作是将渔民的捕鱼水域禁掉，在全国尚属首次，养老保险缴费补贴标准一时成为中央、各省、退捕渔民都十分关注的重点问题。初期，有关部门提出可参照被征地农民养老保险补偿标准，土地和水域均为国有，都是让部分农民或渔民失去土地或水域的使用权。此建议一度被专业人士否定，认为土地被征用后可由第三方支付补偿，补偿标准相对较高，而水域被禁后归为国家统一管理，后续不存在市场行为，补偿方面难以与失地农民补偿标准匹配；此外，养老保险缴费补贴费用由中央和地方财政承担，应由各省依其财政能力自行确定标准，且补贴标准不宜定得过高。因此，了解被征地农民养老保险缴费补贴相关问题显得十分必要。失地农民养老保险问题研究由来已久，从知网检索结果来看，文献研究始于 2003 年，研究内容主要集中于伴随着相关法律法规不断完善，专家学者们提出保障失地农民权益的对策建议，以及宣传不同地区好的经验做法。

1. 失地农民养老保险制度发展历程

失地农民的特殊性推动了养老保险制度改革进程。20 世纪末 21 世纪初，农村社会保险制度仍不完善，农民工、失地农民不能很好纳入城镇社会保障体系。针对这一情况，2003 年，浙江省人大代表赵林中提出《关于健全社会保障体系，率先在发达地区实行农民社会养老保险的建议》，对于失地农民养老保险问题，原劳动和社会保障部对其进行了回复，初步设想为：制度模式以个人账户制为主，由政府、集体和个体共同出资。征用土地时，政府和农村集体应为主要出资方，政府应从土地出让金（或其他形式的土地转让费）、农村集体从土地补偿费中分别拿出一部分，为失地农民建立养老保险基金，并根据失地农民的年龄建立不同标准的个人账户。

2003 年 5 月，浙江省原劳动和社会保障厅、省原国土资源厅等五部门联合印发《关于建立被征地农民基本生活保障制度的指导意见》。2003 年 8 月，浙江省政府下发《关于加快建立被征地农民社会保障制度的通知》，再次强调做好被征地农民社会保障工作。

2003 年 10 月 20 日，上海市政府正式发布《上海市小城镇社会保险暂行办法》，规定征地安置补助费应当首先用于解决被征地人员的社会保障问题，被征地人员的安置补助费应当首先用于缴纳不低于 15 年的小城镇保险。

2004 年 4 月 19 日，北京市通州区政府出台《通州区失地农民养老保险试点试行办法》（简称《办法》）。《办法》规定，2004 年 1 月 1 日以后，通州区内由原劳动和社会保障部门根据原国土资源部和公安部门提供的证明，认定失地农民身份，年龄在 16 周岁以上的在册农业户籍人员，均可参加失地农民养老保险。失地农民养老保险费由村集体、失地农民和区财政三方共同承担。

2006 年 4 月 10 日，《国务院办公厅转发劳动保障部关于做好被征地农民就业培训和社会保障工作指导意见的通知》（国办发〔2006〕29号）提出，被征地农民社会保障对象的确定，要严格按规定程序核准并予以公告后，报县（市）人民政府有关部门备案。具体办法由各省、自治区、直辖市人民政府制定。各地要从实际出发，采取多种方式保障被征地农民的基本生活和长远生计。对城市规划区内的被征地农民，应根据当地经济发展水平和被征地农民不同年龄段，制定保持基本生活水平不下降的办法和养老保障办法。对符合享受城市居民最低生活保障条件的，应按规定纳入城市居民最低生活保障范围。已开展城市医疗救助制度试点的地区，对符合医疗救助条件的要按规定纳入救助范围。有条件的地区可将被征地农民纳入城镇职工养老、医疗、失业等社会保险参保范围，通过现行城镇社会保障体系解决其基本生活保障问题。对城市规划区外的被征地农民，凡已经建立农村社会养老保险制度、开展新型农村合作医疗制度试点和实行农村最低生活保障制度的地区，要按有关规定将其纳入相应的保障范围。没有建立上述制度的地区，可由当地人民政府根据实际情况采取多种形式保障被征地农民的基本生活，提供必要的养老和医疗服务，并将符合条件的人员纳入当地的社会救助范围。各地要按照统筹城乡就业和社会保障制度建设的要求，根据适应当地经济社会发展水平、政策可衔接、政府财力能承受、被征地农民生活水平不降低、简便易行等原则，合理确定被征地农民的社会保障水平。被征地农民基本生活和养老保障水平，应不低于当地最低生活保障标准。

2. 失地农民养老保险补贴方式

在失地农民补偿摸索阶段，部分地区采用将安置补助费一次性发放给失地农民，让其自行参保缴费的货币安置方式。此举容易造成部分失地农民对补偿金的不当使用，因满足于当下，未能顾及长远保障问题，使得该部分失地农民在使用完补偿费用后，又去找政府部门上访，影响社会安定。部分地区采用留地安置、招工安置、村集体参股安置等方式，都存在一定的风险和隐患。后来，经过实践探索，逐步形成了以"土地换保障"的补偿方式，概括为"嘉兴模式"和"义乌模式"。

（1）嘉兴模式

嘉兴市国土资源局为解决失地农民安置问题，提出了"三统""一分别"的措施。"三统"即由政府实施统一征地、统一补偿政策、统一办理失地人员"农转非"和"养老保险"。"一分别"即对不同年龄段的安置对象分别进行安置：

● 对于征地时已达退休年龄（男满 60 周岁，女满 50 周岁）的安置对象，一次性缴纳 15 年养老保险统筹费，并从次月开始领取养老金。

• 对于征地时男性达到45~59周岁、女性达到35~49周岁的安置对象，除了为其一次性缴纳15年养老保险统筹费以外，退休前还按月发给生活补助费和医疗包干费。

• 对征地时男性达到16~44周岁、女性达到16~35周岁的安置对象，实行自谋职业加养老保险，具体方式允许本人选择。

可以选择一次性发给部分自谋职业费，并按其在农村劳动年限（16周岁起算），每满一年为其购买一年的养老保险统筹费，最高为15年，征地后由本人继续参加基本养老保险和大病医疗保险，两年后没有职业的，可申领《失业证》。

也可选择一次性发给全部自谋职业费，同时发给《征地人员手册》，直接进入劳动力市场，并按其农村劳动年限，每满两年为其买一年养老保险统筹费，最高为15年。征地后本人继续参加基本养老保险和大病医疗保险。对未就业者每月发放生活补助费和医疗包干费，补助时间最长不超过两年。两年后没有职业的，可申领《失业证》。

• 对在征地时未满16周岁的被征人员或在校学生，给予办理户口"农转非"，档期进入劳动年龄或学校毕业后尚未就业的，发给《失业证》，进入劳动力市场。

（2）义乌模式

义乌市政府规定土地补偿费按20%村集体留下、40%用于村民分配、40%由村集体统一支付养老保险缴费的比例分配。养老保险缴费主要与中国人寿保险公司义乌支公司合作，村集体统一投保该公司"团体年金分红保险"，双方签订劳动合同，寿险公司以2.5%的保证收益和不低于投资收益70%的红利支付男性年满60周岁、女性年满55周岁的失地农民养老金。

沈兰、高忠文将嘉兴模式抽象为政府型模式，将义乌模式抽象为商业型模式，对比分析两种模式发现，倘若按照2.5%的投资收益率，"嘉兴模式"要优于"义乌模式"，主要表现为领取相同养老金的保险成本相对较低。宋明岷以嘉兴市作为政府型模式、重庆市作为商业型模式进行比较分析，认为"土地换保障"的模式存在失地农民补偿款偏低且需自行缴纳保费、政府出资较小未能承担相应责任、失地农民保障水平偏低的局限性。

3. 实证研究

温海红等对西安市长安区 289 户失地农民进行调查研究，发现西安市失地农民具有征地补偿标准低、投保能力差、家庭赡养能力下降、参保意识逐渐增强、对现行养老保险制度缺乏信任等特征。苏东海等对银川市失地农民进行调查研究，发现银川市失地农民经济收入减少，消费支出增加，生活压力加大，养老保险制度难以落实。既有失地农民年龄偏大、非劳动技能水平较低、参保意识不强等主观因素，也受政府、政策、制度方面等客观因素的影响。周奕基于长沙市 465 份调查数据分析得出，年龄、文化程度、健康状况、家庭经济状况、参保手续复杂程度等因素对失地农民参保意愿具有正向影响，性别、家庭子女数量、政府提供缴纳补贴预期、对失地农民养老保险的了解程度和个人缴费金额等因素对失地农民参保意愿具有负向影响，养老方式的选择和缴费方式影响不显著。杨海龙、楚燕洁对比分析长春三类失地农民得出，实施养老保险有利于提高失地农民的社会认同。王海港等结合广东省 5 区（市）的调查数据研究发现，村镇干部身份、参加社会养老保险与否、对货币补偿的满意度、对目前工作的适应情况以及对相关政策法规的知晓度显著影响失地农民的上访倾向。

综合专家学者对失地农民养老保险问题研究内容来看，失地农民养老保险制度既是一个需要持续完善的议题，也是政府、科研机构面临的一大难题，在人口老龄化、乡村振兴背景下，更需要加快完善失地农民社会保险制度的进程。就业是解决失地农民养老保险的重要手段，培训是失地农民掌握一技之长的重要方式，提高自身收入水平及缴费能力是增强失地农民长远保障力度的重要目标。

四、跨区域协同安置保障概念的理论界定

(一) 跨区域类型

跨区域安置保障可依层级进行划分。一种为同一省级行政区划内，不同市级区域间的安置保障活动，如广东省内，广州市、中山市、珠海市等不同城市间的合作；另一种是不同省级行政区划间的安置保障活动，如农民工外出务工就业、易地扶贫搬迁问题，需要多个省份间彼此合作完成。对于第一种类型，省域内即可解决。第二种类型相较第一种类型最大的区别在于，在安置保障活动所要求的组织结构中，需要进行纵向集成后的横向再集成。即一旦发生安置保障活动，产生安置保障需求，通常一个行政区内部无法完成自我供应，仍需其他省市的协助。基于此，且在国内学术界对不同省级行政区划间的安置保障的运行机制和组织效率缺乏系统性研究的基础上，本文主要将研究对象设定为第二种情况。

(二) 跨度的定义

我国共有23个省、5个自治区、4个直辖市、2个特别行政区，合计34个省级行政区，将其设定为34个区域。保障过程中，涉及区域的个数称为跨度，如湖南、湖北就冰冻雨雪影响行政区划交界处电路正常运行而产生的保障活动，其跨度为2；汶川地震物资匮乏需要进行全国保障时，其跨度为34；跨度数依上述原则类推。通常情况下，最小跨度保障活动所服务的对象影响力较小，较常为双方互相协商共同完成保障任务，覆盖小、牵扯部门少、解决难度不大，不在本文的重点研究对象范围内。而最大跨度保障活动涉及国家整体安全，由中央政府统筹安排。该层面上的保障工作涵盖内容较为复杂，需要对过渡态跨度进行充分研究，厘清其运行基本规律和原则后，再推及至最大跨度。因此，本

文重点研究，作为从最小跨度至最大跨度的最小过渡，3 跨度的保障组织协同和效率问题。

（三）跨区域协同安置保障的定义

　　若单一行政区划内资源无法满足保障需求，需从邻省或其他省份调取资源，则开始产生跨区域保障的要求。需求区域与供应区域，均依照跨区域协同保障理论完成所分配的保障任务，在资源供应上实现供应区域对需求区域的跨区域联动，且以需求区域或供应区域省级工作专班作为跨区域联动的最高协调指挥机构，统筹协调跨区域活动中其他各区域省级工作专班，此为跨区域协同安置保障。跨区域协同安置保障有以下几个特点：

　　（1）某一行政区划产生跨区域安置保障需求时，中央政府需启动安置保障响应机制，该机制的启动意味着需求区域省级工作专班被充分赋权，视为完成资源保障行动的总指挥。同时，其他地方政府工作专班随时准备接受总指挥的资源调度请求。

　　（2）各地方政府省级工作专班快速建立信息共享网络，在信息化条件下保证资源需求的快速响应。

　　（3）需求区域应准确统计出所需资源量，并将其发布在信息共享网络平台上，其他区域上报最大供应量，由需求区域省级工作专班选择能提供所需资源的最优区域，即为供应区域，供应区域的个数可为一个或多个，主要依据资源的供需关系而定。

　　（4）依需求区域数量，跨区域协同安置保障的模式可进行适当扩展。若需求区域为一个，可以有多对一的协同模式。此时，跨区域协同安置保障总指挥为需求区域省级工作专班。若需求区域为多个，则有一对多、多对多的协同模式。一对多的模式中，跨区域协同安置保障总指挥为供应区域省级工作专班；多对多模式中，各需求区域省级工作专班具有同等的指挥权力，且彼此相互制衡。以苏赣皖为例，若江西省产生安置保障需求，所需资源由江苏省和安徽省同时供应，则为多对一。若江西省和安徽省同时产生安置保障需求，江苏省能分别给两地提供所需资源，则为一对多；若苏赣皖三省同时产生安置保障需求又能互相提供满足要求的安置保障资源，则为多对多。

（5）跨区域协同安置保障响应层级。跨区域协同安置保障的过程显示，从各自分工到协同合作是分阶段依次进行的。将各阶段设定为不同的响应层级，则跨区域协同安置保障共有 3 类响应层级。

第一类响应层级：跨区域安置保障需求出现后，地方政府会上报中央，中央启动安置保障响应机制，视为第一类响应层级。此时，中央政府统一指挥保障活动，保有对地方政府的绝对控制。

第二类响应层级：中央政府充分授权地方政府后，只负责部分协调职能——诸如为搭建信息化网络平台提供便利等，同时保有监督职能。此时，地方政府均处于优先服务安置保障活动的状态，安置保障信息化网络平台已搭建完毕。

第三类响应层级：需求区域省级工作专班统筹协调，供应区域全力配合，各区域间互联互通，充分实现自组织功能，以确保安置保障任务顺利完成。

（6）跨区域协同安置保障主体界定。将涉及安置保障活动的行为主体分为 4 种类型：责任主体、协调主体、执行主体和供应主体，各主体涵盖成员单位及其作用如图 2-1 所示。

在跨区域协同安置保障形成后，责任主体的部分功能转接至协调主体，使二者功能叠加与合并后形成新的主体，称为"管理主体"。至此，从行为主体层面可将跨区域协同安置保障概括为：管理主体统筹协调、执行主体紧抓落实、供应主体全力保障。鉴于供应主体覆盖面较广、影响因素较多，对其研究常以供应链仿真的角度进行，可单独作为研究对象加以分析，加之本研究的主要目的在于探析跨区域安置保障活动中，不同政府部门间如何实现协同，以及出于侧重研究协同安置保障管理链的综合考量，本研究将最终研究对象设定为责任主体、协调主体和执行主体等政府职能部门，探索如何在管理层面实现跨区域协同及协同后对跨区域安置保障活动的影响效用。

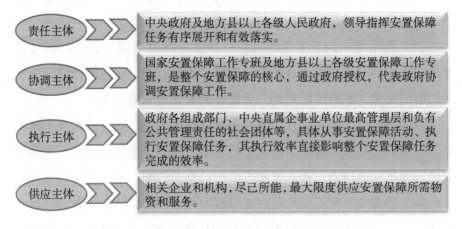

图2-1　安置保障行为主体分类

综上，本研究将范围设定为不同行政区划彼此相连的3跨度，研究对象设定为管理主体与执行主体间的协同效应。

(四) 跨区域协同安置保障网的定义

当改革创新作为国家发展新驱动、带给社会各行各业新的机遇和要求之时，国家治理体系亟须进一步优化完善。分解至安置保障层面，需综合考虑内部机理和外部环境两方面因素。在新时期、新环境、新局势下，安置保障该做些什么；在区域协调发展战略、"一带一路"倡议努力推行的当下，安置保障能做些什么。基于安置保障需实现内部互联互通、外部共享共融的整体构架和目标机制，社会组织已形成"背对背"到"面对面"再到"你中有我，我中有你"的转轨与变迁，复杂网络已成为研究彼此关系的重要手段，安置保障尤其是跨区域安置保障已具备网络化特征等背景和条件，在此提出"跨区域协同安置保障网"的概念。

"跨区域协同安置保障网"是一个以安置保障各行为主体为节点，彼此间的组织结构关系为边，以信息系统为支撑，以安置保障联盟为基础，以安置保障任务为核心，以创新安置保障机制、提高安置保障效率、保障国家安全为切入点，以服务国家战略、促进改革进程、实现民族复兴为目标的具有交互效应的动态网络。它由不同行政区划的协同安置保障子网组合而成，具有组织结构清晰、职能划分明确、信息交换顺畅、资源配置合理等特点。同时，具有较好的组织柔性、自我修复能力和网络鲁棒性。可随着安置保障任务的变化，快速实现成员单位和组织结构的转变。节点间联系较弱或断开的情况下，可通过多渠道信息反馈实现快速修复。遇到攻击时，依然能保持网络主体结构的稳定性。

（五）跨区域协同安置保障网的结构与鲁棒性

1. 跨区域协同安置保障网的形成机理

跨区域协同安置保障网的外在表现形式是安置保障在实现跨区域协同后，形成的复杂网络组织结构。随着跨区域协同安置保障机制的不断运行，跨区域协同安置保障网在结构上也相应地不断产生变化。复杂网络可从整体层面研究所构建网络的基本特性，而在跨区域协同安置保障范畴，所形成的跨区域协同安置保障组织结构为什么选取甲部门、乙部门而不选取丙部门，以及甲乙两部门间为什么能产生联系等作用过程，则需要在复杂网络基本特征分析的基础上，借助其他相关理论进一步阐述其传播动力学机理。复杂网络传播动力学模型，基本上从对关系、节点、度和渗流理论四种不同角度进行构建和分析。基于前三种方式需要节点具有不同状态，且要求节点在不同状态间自由切换；跨区域协同安置保障组织结构的特性——不同层级的部门间形成某种关系以快速有效地完成安置保障任务，以及本研究的逻辑主线——微观层面，研究安置保障跨区域协同内部机理；中观层面，研究安置保障跨区域协同联动机制；宏观层面，研究跨区域协同安置保障的推广价值——可延续性的基础上，选择渗流理论（Percolation

Theory）作为结构间关联机制的理论支撑。

渗流理论起源于1957年，Broadbent和Hammersley最先提出渗流理论数学模型，旨在描述流体在随机介质中的运动。1971年，Essam和Gwilym使用Bethe晶格的精确解来测试描述临界点附近行为的相应比例定律，发现二维和三维晶格的团簇尺寸分布的矩的数值工作与缩放假设一致。随着计算机的研发和普及，运用渗流理论研究大型网络特征的文献越来越多。Grabowski和Kosinski将渗流理论应用到现实社交网络，Newman等、Callaway等、Vázquez和Moreno则将该理论运用于服从幂律分布的随机网络，Schwartz等和Dorogovtsev等更进一步，分析了渗流理论在服从幂律分布的有向网络中的应用，Goltsev等将关联特征分析推广到一般无向网络。不论渗流理论的应用范围如何拓展，其内核一直没变，即研究一定区域内不同节点间达到最大连通分支时，渗透阈值P_c的临界状态。渗流理论在不同网络类型中的应用，为本研究提供了较好的理论依据和支撑。渗流理论在跨区域协同安置保障研究中的应用则体现在，随着安置保障任务的形成，在安置保障指示逐级下达过程中，保证信息能在不同组织机构间有效传递的临界概率。计算出该概率，将不仅有助于了解跨区域协同安置保障组织结构的实现过程，也有助于分析所构建的跨区域协同安置保障网络图在临界概率前后的结构变化，以及对跨区域协同安置保障任务的效用。

2. 跨区域协同安置保障网鲁棒性

构建跨区域协同安置保障网的目的除了更加直观地反映跨区域协同安置保障管理组织模式，进一步揭示跨区域协同安置保障的形成机理和外部影响因素外，更重要的是判断所构建的网络是否合理，是否具备对跨区域协同安置保障组织结构的直观映射，是否具有较好的稳定性以支撑协同动作的完成并实现跨区域协同安置保障。虽然安置保障产生了跨区域协同，彼此也能自发形成安置保障联盟、完成安置保障任务，但不可否认，实际运行过程中，经常会出现沟通不顺畅、信息传达不准确或无法传达的情况，从而影响跨区域协同安置保障的组织效率。体现在跨区域协同安置保障网上则表示节点相连的边受到攻击，致使相邻节点间的边消失，影响网络整体结构。此时，研究跨区域协同安置保障网的鲁棒性显得尤为重要。

复杂网络鲁棒性研究整体上包括节点攻击、边攻击和点边混合攻击三种方法。鉴于跨区域协同安置保障网中节点代表各执行部门，具有较强的社会性和公共性，不会轻易地产生或消失，因此本研究选择边攻击模型。学者们在研究边攻击情况下的网络鲁棒性时，常选择三种策略方式，边权重随机攻击、边权重由小到大攻击和边权重由大到小攻击。对于边权重的计算方法也可归结为三类：

①点度边权赋值法

假设网络节点数为 n，i，j 为网络中任意一对相邻节点，点 i 的度数为 D_i，点 j 的度数为 D_j，连接两节点的边的权重为 w_{ij}，则：

$$w_{ij} = (D_i \times D_j)^{\theta} \qquad (2.1)$$

其中，θ（$\theta > 0$）为权重参数，表示节点 i，j 间的联系强度。

②中介度边权赋值法

假设节点 i，j 的中介度分别为 B_i 和 B_j，则：

$$w_{ij} = (B_i \times B_j)^{\theta} \qquad (2.2)$$

③点—介边权赋值法

点—介边权赋值法为综合点度和中介度的一种赋权方法，其定义为：

$$w_{ij}\alpha(D_i \times D_j)^{\theta} + (1-\alpha)(B_i \times B_j)^{\theta} \qquad (2.3)$$

其中，α（$0 \leqslant \alpha \leqslant 1$）表示比重系数，$\alpha = 0$ 时，边权仅与中介数有关，$\alpha = 1$ 时，边权仅与节点度有关。式（2.3）可机动调节 α 和 θ 的值综合测定边的权重。

本研究采用点—介边权赋值法计算边权，并结合三种边攻击策略分析跨区域协同安置保障网络的鲁棒性。

(六) 跨区域协同安置保障网组织模式类型

跨区域协同安置保障涵盖较多影响因素，不同的需求区域数量，会产生不同的协同模式，不同的协同模式又导致不同的管理组织模式。实现管理组织模式全覆盖并非本文之义，重点在于弄清跨区域协同机制，以求为我国不同群体、不同区域的安置保障工作提供理论借鉴与指导。鉴于此，仍以3跨度协同安置保障为例，直观阐述跨区域协同安置保障的运行机制。究其原因，除了其为最小过渡态这一特殊因素之外，还在于它具备涵盖协同模式多且结构最为简洁的美学特征。

1. 单区域 T 模式

在3跨度范围内，将二对一的协同模式所对应的管理组织模式称为 T 模式。T 模式的管理组织结构如图 2-2 所示。

图中三个协同参与方政府协同成安置保障联盟 A，三个协同参与方省级安置保障工作专班协同成安置保障联盟 B，三个协同参与方省级职

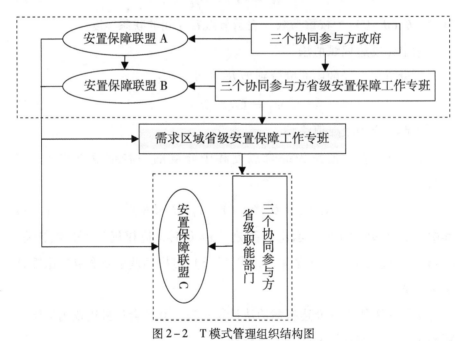

图 2-2　T 模式管理组织结构图

能部门协同成安置保障联盟 C。在安置保障联盟 A 和 B 的授权下，需求区域省级安置保障工作专班成为整个安置保障行动的总指挥，安置保障联盟 B 全力配合总指挥领导安置保障联盟 C 完成安置保障任务。跨区域协同安置保障发生后，形成安置保障联盟 A 和 B 视为第二类响应层级，形成安置保障联盟 C 并在需求区域省级工作专班的领导下完成安置保障任务视为第三类响应层级。其中，安置保障联盟 C 包含三个子集，子安置保障联盟 C_1、C_2、C_3，分别表示各个行政区划内所需职能部门所形成的子安置保障联盟。

2. 双区域 π 模式

在 3 跨度范围内，将一对二的协同模式所对应的管理组织模式称为 π 模式。π 模式的管理组织结构如图 2-3 所示。

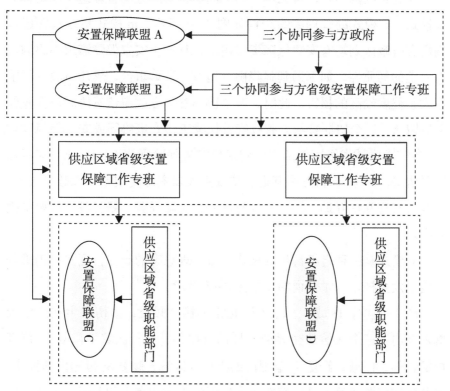

图 2-3　π 模式管理组织结构图

π模式的特点是有两处需求区域，除了需求区域自我修复外，供应区域所提供资源足以供应两处需求区域所需资源，且供应区域省级安置保障工作专班为跨区域协同安置保障总指挥。此时，三个协同参与方政府协同成安置保障联盟 A，三个协同参与方省级安置保障工作专班协同成联盟 B，供应区域省级职能部门协同成安置保障联盟 C 和 D，分别供应需求区域 1 和 2。依所需资源类型，若需求区域 1 和 2 需求资源类型一致，则安置保障联盟 C 和 D 组织成员相同，安置保障量不同。若需求区域 1 和 2 需求资源类型各异，则安置保障联盟 C 和 D 具有不同的组织成员和安置保障量。

3. 多区域 m 模式

在 3 跨度范围内，将三对三的协同模式所对应的管理组织模式称为 m 模式。m 模式的管理组织结构如图 2-4 所示。m 模式特点是跨区域内所有行政区划均有安置保障资源需求，且产生安置保障需求的原因具有一定的同质性，如都遇到强降雨、地震、群体事件、爆炸事故等影响较大、程度较高的损害。此时，三个协同参与方政府依然协同成安置保障联盟 A，三个协同参与方省级安置保障工作专班协同成安置保障联盟 B，各需求区域省级职能部门分别形成安置保障联盟 C、D、E。安置保障联盟 C、D、E 保持互联互通，依安置保障资源类型差异和数量大小，彼此间实现互帮互助，共同完成整体安置保障任务，修复各自区域受损状态。

m 模式是一种自给自足的模式，虽有理想态的趋势，现实中仍具备一定的发生概率。举例说明，如图 2-5 所示。

图 2-5 中，区域 1、2、3 彼此相邻接。假设，损伤发生在图中圆圈范围内，三个区域的交界处，且都有损伤，则，区域 1 修复 S_1 范围内的损伤，区域 2 修复 S_2 范围内的损伤，区域 3 修复 S_3 范围内的损伤。因各区域资源禀赋各异，存在有安置保障能力和潜力的差距，因此，区域 1 剩余的 a 类安置保障资源可供应区域 2 和 3，区域 2 剩余的 b 类安

置保障资源可供应区域 1 和 3，区域 3 剩余的 c 类安置保障资源可供应 1 和 2，依此循环往复，在总体供应量大于总体需求量的条件下，m 型跨区域协同安置保障管理模式有效运行，完成整体安置保障任务。

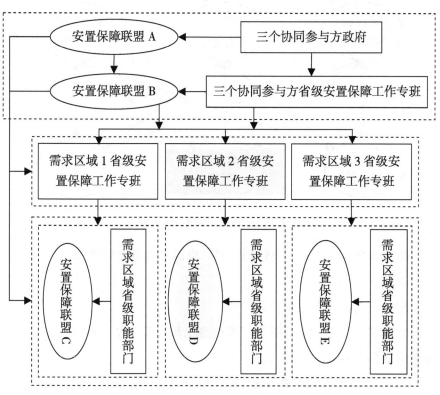

图 2-4　m 模式管理组织结构图

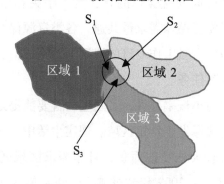

图 2-5　m 模式对应实例示意图

用图论思想进一步阐明,即若将需求区域的省级工作专班统筹协调所完成的安置保障任务作为需求方,需求区域提供资源作为供应方,则二者间能达到完备匹配,如图2-6所示。

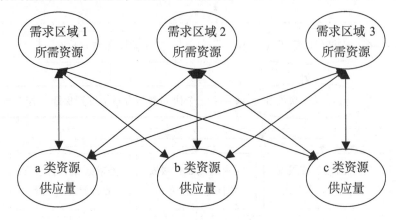

图2-6 m模式对应完备匹配图

图中暂列a、b、c三类资源,实际资源种类可无限增加。

假设:

①此次受损共需三类资源修复。

②需求区域1、2、3所需资源分别为R_1、R_2、R_3,a、b、c三类资源供应量分别为a_1、b_1、c_1。

③$a_1 + b_1 + c_1 \geq R_1 + R_2 + R_3$。

m模式跨区域协同安置保障的含义为,中央和地方政府充分授权后,需求区域资源安置保障需求量共通,各类资源保有量共享,各职能部门在本行政区划内省级工作专班的协调下,完成自身及其他需求区域所需资源的安置保障任务。

m模式可归类为小概率事件,其发生的首要前提是要求突发事件能像投射导弹一样精确爆发于特定区域。现实生活中,当多区域发生突发事件时,往往具有较大的受损面积,且非需求区域间彼此合作就能修复,如1998年大洪水、2003年"非典"、2008年冰冻雨雪灾害等。常用的方式是由中央最高领导小组指挥各地方、各部门、各工种联合修复。此时，m 模式可进行适当扩展，如图 2-7 所示。需求区域仍为 3，资源供应类型扩展为 x 类，并由多区域联合供应。

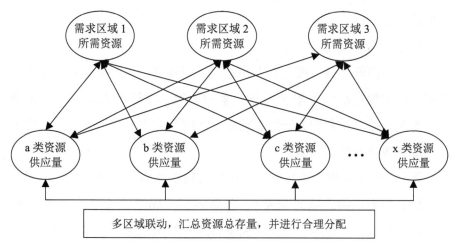

图 2-7　m 模式对应完备匹配扩展图

五、组织效率问题研究综述

（一）组织效率相关理论问题

1. 组织效率的界定

在探讨组织效率之前，需阐释何为"组织"。管理学上，对组织的研究最早可追溯到泰勒管理学派，泰勒认为，为了提高生产效率，需将计划职能和执行职能分隔开，成立专门部门制定计划工作。此为组织管理的雏形，后经法约尔管理学派改善。法约尔将管理分为计划、组织、指挥、协调、控制五大要素，其中"组织"被定义为社会组织，其应完成的管理任务有检查计划制定和实施效果、建立有效的领导、协调各方力量、精准决策、合理分配任务、统一指挥等。结合本文的研究主题，组织泛指特定系统，跨区域保障组织，即跨区域保障活动所形成的系统。关于组织的定义所呈现的非精确性也导致了组织效率必然是一个抽象的概念，从不同学科角度去解释其含义会有各自的定义。鉴于此，本研究认为，管理学意义上，组织效率可理解为组织目标的实现值与预期值之比。

2. 组织效率的影响因素

效率有高低之分，程度有大小之别，若要进一步探寻如何才能提升效率，则需确定组织效率受哪些因素的影响，亦即组织效率的评价指标。为此，需对学者们关于组织效率方面的研究成果进行分析，汇总出影响组织效率的关键因素。

Wruck 分析了财务困境中组织结构对组织效率的影响，结果表明结构重组会影响抵御困境的净成本。Fournier 和 Mitchell 研究了组织结构对医院运营成本的影响。上述研究中将组织结构视为影响组织效率的因素，而将成本作为衡量组织效率的指标。

Saha 提出，用产出来衡量组织效率不够全面，此种做法缺乏考虑任务的最佳资源配置，这会对组织的输出产生重大影响。为此，他提出了一种利用遗传算法技术优化组织资源的创新方法。换言之，资源配置是影响组织效率的关键要素。

Embertson 认为，在医疗服务行业的结构重组过程中，中层管理人员的重要性在很大程度上被忽视了。他们被视为中间人，在不增加可衡量的价值的情况下降低了组织效率。然而，一些研究人员重新审视了中层管理人员的角色后，发现他们是变革的关键代理人。中层管理人员以企业家、沟通者、治疗师和稳定剂的角色为整个医疗保健组织作出了重要贡献。Doucouliagos 和 Laroche 利用法国行业调查数据，分析了人力资源实践和工会化对组织效率的影响。其中，组织效率以规模和技术效率进行衡量。结果显示，在法国，人力资源实践对规模效率有积极影响，但这种影响在工会存在的情况下受到抑制；人力资源实践本身对技术效率没有影响；人力资源实践与工会结合可以产生积极的影响。Jiang 等认为工作满意度是组织效率和有效性的重要预测指标，它还可以预测员工的态度和行为，并对湖北省 15 个区县共 225 名监狱官员的工作满意度展开研究。上述研究表明，人力是影响组织效率又一关键因素。

Teo 等对新加坡企业中一款常用的电子数据交换软件 Tradenet 进行统计分析，使用准备成本、交换成本和文档流程来衡量组织效率，结果表明，提前计划，早期参与 Tradenet 或将 Tradenet 与其内部管理信息系统整合在一起的参与者在提高组织效率方面受益更多。Barreau 指出，个人行为受硬件和软件环境的影响，同时也影响着组织的效率。Sözbilir 基于土耳其就业局 131 名管理人员的问卷数据，描述了社会资本与组织创造力和组织效率间的关系。上述研究中，外部环境成为影响组织效率的关键因素。

（二）跨区域安置保障组织效率

分析跨区域安置保障组织效率，需了解何为跨区域安置保障组织，尤其是何为跨区域。跨区域即跨越了不同的区划和地域，不同于跨行业、跨部门、跨层级等概念，较多地指地理位置上的跨动。因此，涉及区域间协作的研究目标均可称为跨区域。

国外学术界对跨区域主题研究主要以经济和环境为重点，所发表的英文文献中，中国学者占有较大比例。国内学术界对于跨区域的研究则较为丰富，主要包括劳动力、环境、经济、企业和政府等研究对象。但是，对于跨区域安置保障方面的研究较少，对其组织效率的研究更是凤毛麟角。

（三）组织效率研究方法综述

1. 协同学领域

协同学以系统论、控制论、信息论等理论方法为基础而形成，因此，针对协同学中不同研究领域，可选择合适的方法对其开展研究。文献研究发现，我国学者在协同组织效率方面的研究包括：潘雄锋综合运用灰色理论和协同学方法，以大连市作为分析对象，对城市建设和经济协同发展系统进行了灰色关联分析，建构了城市建设和经济协同发展系统的非线性微分方程灰色系统模型。在此基础上给出了该系统的序参量，提出系统优化决策。耿建军在协同网络的基础上提出了一种新的组合预测方法——协同组合预测，对比其他智能方法，如广义回归神经网络、支持向量回归、遗传算法等，结果表明协同网络具有运算速度快、运行时间短、预测精度高等优势。

上述方法对于如何有效提升系统协同状态进行了相关阐释，可为本研究计算跨区域安置保障系统协同程度提供方法借鉴。然而，因为上述方法具有较强的针对性，没有进行区域扩展，在借鉴使用时还需阐明在跨区域层面的适用性，以及与组织效率评价之间的关联性。

2. 复杂网络领域

为了较好研究复杂网络的效率，学者们运用多种方法展开了深入探索。具体包括：叶青以重庆市轨道交通网络为例，使用 Space L 法构建拓扑网络并用 Matlab 软件分析网络基本特征，定量计算各个站点对于蓄意攻击的脆弱性，以鉴定对网络效率影响最大的关键节点。李钊等提出了一种带有应急恢复机理的网络级联故障模型，其中创造性地用各节点的效率之和代表全局网络效率。李明高等结合复杂网络理论，研究了城市轨道交通换乘节点与网络运行效率间的关系。孙娜等研究南京市江北区电力光传输网的抗毁性，并提出了一种重要节点评估与保护方法以提高其抗毁性。

上述研究中，学者对于网络效率的定义及使用的计算方法给本研究带来较大启示，为本文研究跨区域协同保障网络鲁棒性提供了较好的基础。然而，网络效率与组织效率之间具有何种关系，如何将网络效率研究方法移植于跨区域协同保障网络组织效率的评价中，还有待进一步挖掘。

3. 数据包络分析（DEA）方法

为了准确评价跨区域协同安置保障组织效率，掌握学术界研究组织效率的方法是首要前提。

　　Chen 等运用 Petri 网模型，研究了市场营销环境风险管理过程中企业的组织效率。Lin 等构建了一个基于分析网络过程（ANP）的评估模型来评估商务智能（BI）系统的有效性，研究结果表明，影响 BI 系统有效性的最关键因素是：输出信息的准确性，需求的符合性和组织效率的支持。Hetty Van Emmerik 和 Euwema 以 419 名荷兰中学教师为样本，运用分层回归分析方法研究了员工对组织结构调整的评估与旧社会资本的破坏、新社会资本的发展间的关系，以及感知组织支撑（POS）的中介作用。研究中发现，团队成员之间的共同观点和理解可能使员工能够预测其他成员的行为，从而提高组织效率。

　　Mahmood 运用数据包络分析（DEA）模型解释了信息技术对组织效率的影响，结果表明信息技术投资回报率与实验组别的效率呈正相关。Ellis 运用 DEA 模型研究了美国特拉华州威明顿市一家保险公司（HORACE MANN）的组织效率。Lopez Cabrales 以西班牙若干公司中 500 多名员工为样本，研究测试了核心员工（CE）在企业竞争力中的作用。方差分析表明，使用最有价值和独特的 CE 的公司具有更高的组织能力，数据包络分析（DEA）证实这些公司的效率最高。Aletras 等以希腊国家卫生系统改革为研究背景，运用 DEA 方法对改革前后 51 个普通急性国家卫生系统医院的样本的技术和规模效率进行了比较研究。Chen 等使用基于松弛的数据包络分析（DEA）来检查 2004 年台湾的配电区（EDD）的性能，探讨了知识管理系统（KMS）与 EDD 效率变化之间的关系。调查结果显示，KMS 与组织效率的变化之间存在正相关关系。Guajardo 运用 DEA 方法对纽约市 38 家机构的劳动力多样性和组织效率进行评估，调查结果表明，大多数机构的人力资源招聘和招聘流程效率低下。如果提高投入水平，效率低下的机构将表现出降低规模报酬（DRS）。

　　总结学者们研究组织效率的方法可知，对于大多数学者而言，更加偏好于具有广泛适用范围和深厚运用基础的 DEA 模型。不仅如此，部分学者针对研究对象，还对 DEA 模型进行了适当拓展。如 Sexton 和 Herbert 在原有的 DEA 模型基础上，添加了可以在面对面竞争的情况下衡量组织效率的功能，并将其运用于纽约州的竞选活动中。Yang 等运用两阶段 DEA 模型评估了 NBA 球队的组织效率，并建议球队经理可以通过谨慎招募球员来更有效地提高组织效率。这种方法也被应用于衡量一组私立非营利性教学型学院的效率。Tudor 等运用 DEA-VRS 和 DEA-Clustring 方法，评估 2010—2012 年间罗马尼亚前 50 强企业参与体育领域的组织效率，并依据研究结果建议公司应进行优化，以及战略性地将其所有资源的消耗与当前的财政储备相关联。

结合学者们的研究成果，运用 DEA 模型进行分析的流程如图 2 - 8 所示。

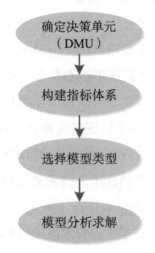

图 2 - 8　DEA 模型分析流程

第一步，确定决策单元（DMU）。依据研究对象的内在运行机理，确定 DEA 模型的 DMU，其选择对象可包括部门、地区等，具体情况依研究目的和研究对象的特征而定。一般情况而言，DMU 应具有同质性——相同的目标、外部环境、投入和产出指标。若决策单元非同质，需适当调整评价模型，以解决非同质问题。

第二步，构建指标体系。投入和产出指标的选取十分关键，其内在逻辑关系将会影响最终的分析结果。在指标个数方面，学者们通常将其设定为小于 DMU 个数的一半。

第三步，选择模型类型。DEA 模型涵盖四类常用子模型——规模收益不变（CCR）、规模收益可变（BCC）、假定规模收益递减（FG）、假定规模收益递增（ST），依据决策单元的性质，选择合适的模型进行分析。

第四步，模型分析求解。运用 DEAP 2.1 版软件，对构建的 DEA 模型进行评价分析，分别得出不同决策单元的组织效率（技术效率或规模效率），并提出相应的改进方案。运用 DEAP 2.1 进行分析的步骤如下：

①选取分析数据。通常情况下，产出数据在前，投入数据在后。

②设定运行条件。点击以"Dblank. ins"命名的文件，各行所代表的含义可参考相关文献和书籍。将设定好的文件另存为新命名文件。

③运行设定模型。点击文件"deap. exe"，键入新命名文件名后回车，即生成分析结果。

④观察输出结果。点击文件"123. out"，观察组织效率，投入、产出松弛度，投入、产出目标值等统计指标，并提出优化组织效率的相关建议。

（四）小结

综上所述，组织效率的定义较为抽象，业界没有统一界定。从管理学角度出发，衡量组织效率的标准可理解为实现组织预期目标的程度。而组织目标的实现与多方面因素有关，汇总分析学者们研究这一主题的文献可知，整体而言，影响组织效率的因素可分为外因和内因两大类。其中，外因包括政治、经济、文化等外界环境的影响；内因包括组织结构、资源配置、人员感受等因素。上述成果为本文研究跨区域安置保障的组织效率提供了较为充实的理论支撑，结合组织效率的研究范式，可形成"跨区域安置保障如何运行→如何确定影响跨区域安置保障组织效率的因素→如何提升跨区域安置保障组织效率"的整体逻辑框架。总结协同学和复杂网络领域研究组织效率的相关方法可知，各领域内的研究方法具有较强的针对性，聚焦于领域内的研究对象，没有一种方法能从全局的角度对跨区域协同安置保障网络组织效率进行有效评价。而在单纯的研究组织效率的方法中，学者们引入了相关工具和软件进行探析，最受青睐的当数 DEA 方法，它也被运用于不同的研究领域。

深入分析 DEA 方法的运行过程发现，其具有不受量纲影响且目的性十分专一的特点。上述特点给作者以启发，能否将跨区域协同安置保障网络组织效率的研究进行合理拆分，分别从外因和内因两个方面去寻找影响组织效率的重要因素，最后将这些因素进行有效归类，作为评价全局组织效率的投入指标。

带着这样的思路，本研究的逻辑框架如图 2-9 所示。以协同为方

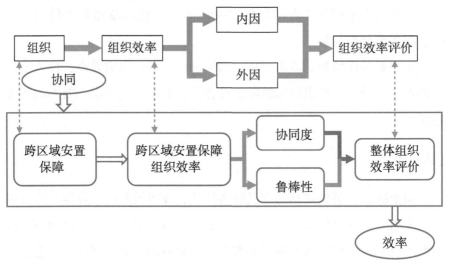

图 2-9　研究逻辑框架

法论，指导跨区域安置保障组织有序运行，并以协同度作为内因衡量指标，鲁棒性作为外因衡量指标，综合评价跨区域协同安置保障组织效率。

最后，因为需要运用仿真软件分析不同模式下跨区域协同安置保障的组织效率（供给能力），一方面，每一个采样时间节点会有一份输出结果，因此选择用 DEA-Malmquist 模型对其组织效率进行分析；另一方面，不同模式因需求区域的差异而从宏观层面体现出强弱分明的鲁棒性，因此将 T 模式、π 模式和 m 模式分别设定为鲁棒性高、中、低三类，并统一不同模式的总任务量，观察其对组织效率的影响。

第三章

跨区域协同安置保障
运行机制

工欲善其事，必先利其器。研究跨区域协同安置保障组织效率问题，需做好前期准备工作——跨区域协同安置保障如何运行。为了科学解决该问题，在前文的理论基础上，本章为了实现以自组织协同为内在驱动、推进跨区域有序协同并提升系统协同效率的逻辑架构，重点阐述如何实现跨区域协同安置保障；如何确定协同序参量，以实现不同职能部门间的自组织协同；如何量化不同协同阶段，以及对比分析协同前后组织结构的差别。

一、协同学与跨区域安置保障契合性分析

前文引入协同学作为理论支撑，本节则具体分析为什么能将协同学与安置保障相结合。

从退捕渔民安置保障工作性质出发，整体而言退捕渔民安置保障是一种跨区域的管理活动，而管理科学研究中一个重要的特征是多种研究方法的移植、融合和综合运用。从方法论角度而言，不同门类科学间研究方法的相互应用具有一定的条件限制，需充分满足应用科学与被应用科学间的契合条件，才能实现研究方法的合理映射。依据协同学的相关定义，将协同学中各要素与退捕渔民跨区域安置保障进行对应，其关系呈现如表 3-1 所示。

表 3-1 协同学与退捕渔民跨区域安置保障的联系

协同学	退捕渔民跨区域安置保障
开放系统	退捕渔民安置保障过程与外界存在较多的资源和信息交换，需要根据安置保障任务实时进行决策与分工
子系统	同一行政区划内，退捕渔民安置保障存在不同层级的保障活动，而较低层级的安置保障联盟即为子系统；在退捕渔民跨区域安置保障工作中，以省级退捕渔民安置保障工作专班所协调的安置保障活动也为子系统
自组织	由各职能部门组成的安置保障联盟会根据保障需求，在工作专班的协调下克服个体独立性自发形成协同联系

续表

协同学	退捕渔民跨区域安置保障
竞争	自组织中不同职能部门有各自独立的行政职能，职能内涵的差异性，使其在中央政府的规定和要求下，为了实现职能部门的利益最大化，彼此间存在较大的竞争性
合作	退捕渔民安置保障工作实施过程需要相关职能部门的通力配合，在职能部门上级领导机构的授权下，各职能部门会由竞争转向合作，在工作专班的协调下，共同完成保障任务
无序→有序	退捕渔民安置保障工作模式，从人社部门单独承担任务以至工作不能有效展开，到工作专班发挥协调职能，将所需资源交由相关职能部门去实现，是一个从无序到有序的过程。此过程在现实中还是会遇到阻碍，主要原因是相关职能部门的配合程度并没有达到预期效果。其原因也是该过程较有学术研究意义之处
慢变量	诸如安置保障任务重，财政支持力度不够，职能部门配合意识不强等，都是对退捕渔民安置保障工作有较大影响的因素
快变量	安置保障协调性不强等

首先，退捕渔民安置保障工作涉及社会中的人、财、物、资源与信息等条件因素，在整个活动过程中，又包括与外界进行资源和信息交换，如对退捕渔民进行技能培训，需用到相关机构的培训场所、师资、器材等。所以，退捕渔民安置保障系统是开放系统。

其次，在退捕渔民安置保障系统中，成员的合作和有序行为可随宏观形势及时产生。即当产生退捕渔民安置保障活动时，原属于不同层级政府领导的职能部门或同一层级政府领导的不同职能部门，会因安置保障任务的需要，自发地形成虚拟组织，即安置保障联盟。因此，这种从原来各职能部门各自行事，到为了特定安置保障目标，在外界条件下，彼此间增强联系并形成同盟关系的无序到有序的过程，符合自组织理论的相关定义和要求。

最后，在实施过程中，会有部分因素作用较为关键，在整个系统中起到决定性效果。如安置保障任务重，江西省需安置退捕渔民 6.58 万人，占安置总数近四成，如期完成安置任务难度较大，影响整体安置进程。财政支持力度不够，部分地区经济发展水平不高，中央财政拨款不足以完成安置任务，地方财政配套资金不能按时足额到位，均影响安置效果。部分职能部门配合意识不强，不能充分认识到退捕渔民安置保障的重要性，认为不涉及切身利益，不需全力配合，出现出工不出力的现象，进而影响安置保障联盟的紧凑性和一致性。

依据协同学理论的适用范围，以及退捕渔民跨区域安置保障活动的相关特点，总结协同学理论关键要素与退捕渔民跨区域安置保障活动中所涵盖组元的对应关系可知，协同学理论能较好适用于退捕渔民跨区域安置保障活动。而实现退捕渔民跨区域安置保障协同运行的关键是，识别出影响其有序协同的序参量。为此，可结合退捕渔民跨区域安置保障的实际运行情况，构建退捕渔民跨区域协同安置保障运行模型，并运用协同神经网络算法所推演而成的协同序参量方程进行有效识别。

二、跨区域协同安置保障模型构建

依据协同学理论，结合退捕渔民跨区域安置保障组织结构的特点，构建退捕渔民跨区域协同安置保障运行模型，如图 3-1 所示。

上述模型共分为三个阶段。

第一阶段：假设 A、B、C 三省中，B 省出现资源缺口而又无法独立解决所遇到的问题（包括就业岗位不足，保障水平难以确定，存在户籍地、退捕地、参保地"三地分离"退捕渔民，同一水域连接两省等），针对所处环境和条件，需要 A 省和 C 省予以配合，因此提出了跨区域安置保障要求。

第二阶段：为了完成上述要求，在 A、B、C 三省跨区域安置保障处于不清晰状态下，需要引入协同理论，使其井然有序运行，因而形成了促进跨区域安置保障有效运行的协同需求。

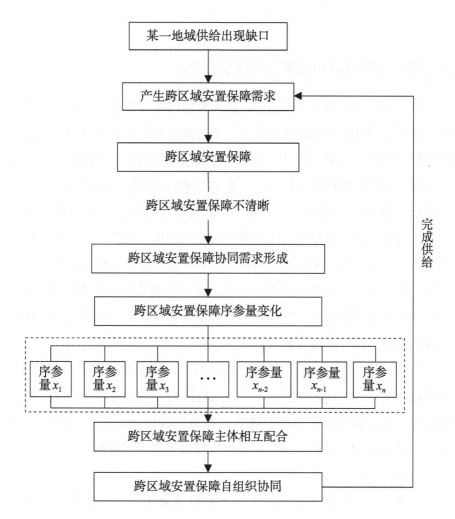

图3-1　退捕渔民跨区域协同安置保障运行模型

第三阶段：协同需求产生后，跨区域安置保障的序参量发生变化，同时，在不同类型序参量的调节下，跨区域安置保障主体间相互配合，从而形成了跨区域安置保障自组织协同结构，有效完成跨区域安置保障任务。

三、基于协同神经网络算法的模型分析

在识别序参量的诸多方法中，协同神经网络算法的应用研究较为广泛。总结协同神经网络算法的特点，是把高维的非线性问题归结为用一组维数很低的序参量方程进行描述。为从系统的动力学方程推导出序参量方程，需要作线性稳定性分析。在动力学的线性失稳点附近，存在少数几个不稳定模。按照支配原理，不稳定模以一种特定方式支配着稳定的模，同时又通过自组织确保了系统的宏观结构。在数学上，通过调节控制参数使系统线性失稳，分出稳定模和非稳定模，并称非稳定模为序参量，然后运用支配原理消去稳定模，从而获得序参量方程。进一步，可将协同神经网络算法中推导序参量方程的思维方式，运用到跨区域协同安置保障运行模型的分析过程中。

安置保障组织是目标与约束、指令与行动之间的作用和响应过程。这种指令与行为之间界限分明，可以明确区分。因涉及多个系统与多个序参量，所以参照协同神经网络算法推导协同序参量方程的内核，对图 3-1 所示的跨区域协同安置保障运行模型进行详细解析。

1. 第一阶段：

以 B 省安置保障为例，如果把国家对突发事件的最高指示转为 B 省政府处理此事的重视程度以 u 表示，把系统在 u 作用下的行为用状态变量 x 表示，那么，组织过程就可以表达为 x 对 u 的响应过程。设这一过程满足动力学方程：

$$x = f(x, u, t) \tag{3.1}$$

当没有外力作用时，系统也没有响应行为，处于初始状态，此时 x 的期望值为 0，即当 $u = 0$ 时，系统是稳定的、阻尼的。其方程表达式为：

$$\dot{x} = -\gamma x \tag{3.2}$$

$-\gamma$ 是阻尼系数。当加上一个外部"力" $u(t)$ 时，得到的简单方程是：

$$\dot{x} = -\gamma x + u(t) \tag{3.3}$$

在安置保障活动中，$u(t)$ 表示国家安置保障工作专班对特定安置保障活动所要求的正式文件或指令。忽略对初始条件的瞬态响应，可取方程解为：

$$x(t) = \int_0^t e^{-\gamma(t-\tau)} u(\tau) d\tau \tag{3.4}$$

式（3.4）表示安置保障组织行动过程是在特定外界作用 u 下进行的，系统行为 x 是对 u 的响应。这种响应的具体特点取决于作用 u 的具体形式。显然在时刻 t 的 x 值不仅与时刻 t 的情况有关，而且也与时刻 t 以前的情况有关，即体现为 u 对 x 不断作用的累计。为简单计，先研究即时作用系统，也就是时刻 t 的 x 值只与时刻 t 的力 $u(t)$ 有关。为了深入进行讨论，令：

$$u(t) = ae^{-\delta t} \tag{3.5}$$

其中，a 为状态系数，促进状态 $a > 0$，抑制状态 $a < 0$；δ 为弹性系数，弹性越大越不稳定，作用力越小，弹性越小越稳定，作用力越大。将式（3.5）代入式（3.4）便可得出：

$$x(t) = \frac{a}{\gamma - \delta}(e^{-\delta t} - e^{-\gamma t}) \tag{3.6}$$

式（3.6）定量地表示了在即时条件下的 $x(t)$。若 $\gamma \gg \delta$，则：

$$x(t) \cong \frac{a}{\gamma}e^{-\delta t} \equiv \frac{1}{\gamma}u(t) \tag{3.7}$$

换言之，系统固有的时间常数 $t_0 = \frac{1}{\gamma}$ 必须远小于指令本身的时间常数 $t' = \frac{1}{\delta}$。

令满足上述方程的条件为第一种情况，设为一级响应，即系统内部固有时间常数远小于中央政府（国家安置保障工作专班，一级协调主体）对地方政府（地方安置保障工作专班，二级协调主体）完全指挥（指导）这一过程的时间常数，方使整个系统趋于平衡状态。换言之，在一级响应状态下，系统恢复需具备短时间内的自我修复能力。而在实际安置保障过程中，突发事件发生所在行政区划并不完全具备上述能力，即 x 对 u 进行充分响应后，发现系统仍无法恢复正常状态，需引入额外 u'（A 省和 C 省决策主体）作用下的子系统 x'（A 省和 C 省各主体共同形成）加以支持，即实现跨区域安置保障。

2. 第二阶段：

引入额外的 u' 作用下的子系统 x' 后，发现子系统间无法有效协同配合，致使系统 x 仍处于未愈合状态。以协同学理论为指引，用指标 μ 来标识不同区域所代表的子系统，每个子系统以一组变量 $x_{\mu 1}$，$x_{\mu 2}$，…，$x_{\mu i}$ 的完全集合来描述，同时引进一组"力" U_1，U_2，…，U_j 的完全集合。在变量 x 之间存在耦合，并且耦合系数依赖于外力 U_j 时，这将导致力出现在式（3.3）的非齐次项中，这个项可能是 U_j 的一个结构复杂的非线性函数。如果写成矩阵的形式，方程的形式将是：

$$\mathbf{x}_\mu^- = A\mathbf{x}_\mu + B(\mathbf{U})\mathbf{x}_\mu + C(\mathbf{U}) \tag{3.8}$$

A 和 B 是与 $\mathbf{x}_\mu$ 无关的矩阵。当 $\mathbf{U}$ 趋于零时，无论 B 中的矩阵元是 $\mathbf{U}$ 的线性函数还是非线性函数，都应该等于零。对于 $\mathbf{C}$ 也要满足同样的要求。

虽然式（3.8）是 $\mathbf{x}_\mu$ 的线性方程，然而求它的通解仍然是个棘手的工作。求解过程中，需利用绝热消去原理，即跨区域安置保障组织需协同运行。将此过程设定为二级响应，即在中央政府协调下，系统 x' 参与到系统 x 中，辅助其进行修复和完善。二级响应状态由中央政府部分指挥，系统 x 部分自我修复，以及系统 x' 与系统 x 部分协同共同完成。

3. 第三阶段：

如果把施加给系统的"外力"也当作系统的一部分时，实际上是开拓了系统的范围。此时，原来外力变成了内部相互作用的遵守运动方程的内力了，即形成了跨区域安置保障协同需求。此时，中央政府除了相关指示和政策外，不再指挥和干预地方政府的安置保障活动。将此状态设定为三级响应，即地方政府完全自组织协同。先看由一个力和原来只有一个子系统的情况。与上边的情况相比，把 U 用 x_1 表示，把 x 用 x_2 表示，可得到这样一组方程：

$$\dot{x}_1 = -\gamma_1 x_1 - a x_1 x_2 \tag{3.9}$$

$$\dot{x}_2 = -\gamma_2 x_2 - b x_1 x_2 \tag{3.10}$$

再者，当 $x_1 = 0$ 时，要求式（3.10）所示系统是阻尼的，即 $\gamma_2 > 0$，为了与前边的方法相对照，仍然要用绝热消去原理，这就要求 $\gamma_2 \gg \gamma_1$，虽然在式（3.9）中 γ_1 之前是个负号，但 γ_1 可取 $\gamma_1 \leqslant 0$. 可令 $\dot{x}_2 = 0$，便得到：

$$x_2(t) \cong \gamma_2^{-1} b x_1^2(t) \tag{3.11}$$

式（3.11）的物理意义是：$x_2(t)$ 是由 $x_1(t)$ 来即时决定的，$x_1(t)$ 起着主导支配的作用，$x_2(t)$ 处于服从的地位。换句话说，式（3.10）是随着式（3.9）而变化的。将式（3.11）带入式（3.9）可得：

$$\dot{x}_1 = -\gamma_1 x_1 - \frac{ab}{\gamma_2} x_1^3 \tag{3.12}$$

当 $\gamma_1 > 0$ 时，便得 $x_1 = 0$，$x_2 = 0$，即系统中完全不产生活动。但是 $\gamma_1 < 0$ 时，则得式（3.12）的定态解：

$$x_1 = \pm \left(\frac{|\gamma_1| \gamma_2}{ab} \right)^{\frac{1}{2}} \tag{3.13}$$

从式（3.13）可知，$x_2 \neq 0$，前两个子系统式（3.9）和式（3.10）所组成的系统由于内部的某种原因产生了有限量 x_2，也就是出现了活动。由于 $x_1 \neq 0$ 或 $x_1 = 0$ 是系统内部有无活动发生的量度，因此，将 x_1 叫作序参量，即图 3.1 模型中虚线方框内的影响参量。通过上述方式进行筛选，可进一步确认所选序参量对跨区域安置保障协同运行的影响。

现在把以上的情况推广到如下的情形：一个子系统的完全集合，当有几个序参量来描述它时，这些参量用 1 到 n 的脚标来标记。暂假定这些方程的形式是：

$$\dot{x}_1 = -\gamma_1 x_1 + g_1(x_1, \cdots, x_n)$$

$$\dot{x}_2 = -\gamma_2 x_2 + g_2(x_1, \cdots, x_n)$$

$$\cdots$$ (3.14)

$$\dot{x}_n = -\gamma_n x_n + g_2(x_1, \cdots, x_n)$$

为了进行绝热消去使方程化简，结合协同神经网络算法，可把所有的变量分成两组，一个组 $i = 1, 2, \cdots, m$ 代表阻尼很小的模，它甚至能变成不稳定的模（也就是它的 $\gamma \leqslant 0$）。另一组 $s = m+1, \cdots, n$ 代表稳定的模。函数 g_j 是 $x_1, \cdots, x_n$ 的非线性函数（没有写常数项和线性项）。因此在一级近似下，这个函数可以忽略。运用绝热消去原理，令 $\dot{x}_s = 0$，进一步假定，由 γ_s 所决定的诸 $|\gamma_s|$ 比诸 $|x_i|$ 小得多。因此在函数 g_s 中的 x_s 取为零，而 $x_1, \cdots, x_m$ 作为给出量，可求解式 (3.14)：

$$\gamma_s x_s = g_s(x_1, \cdots, x_n) \quad s = m+1, \cdots, n \quad (3.15)$$

令 g_s 中的 $x_{m+1}, \cdots, x_n$ 为零。将式 (3.15) 代入式 (3.14) 的前 m 个方程，就得到了 x_i 的非线性方程：

$$\dot{x}_i = \gamma_i x_i + g_i(x_1, \cdots, x_n; x_{m+1}(x_i), \cdots, x_n(x_i)) \quad (3.16)$$

根据这些方程的解来确定子系统的非零活动。在最简单的情况下，方程 (3.16) 可化为下面形式的方程：

$$\dot{x}_1 = -\gamma_1 x_1 + a x_1^2 + b x_1^3 \quad (3.17)$$

可求出方程 (3.17) 的解，并依此类推，分别求出其他序参量的值。至此，便形成了多个子系统间的自组织协同，从组织的定量描述转向自组织的定量描述，从单一系统转向多系统间的自组织过程描述。

四、跨区域协同安置保障组织结构分析

对跨区域安置保障组织协同运行建模和分析后，协同学引导下的退捕渔民跨区域安置保障组织结构也应发生相应的变化，如图 3-2 所示。

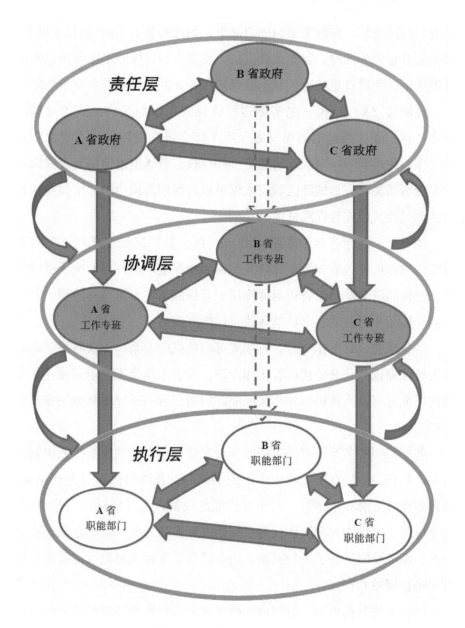

图 3-2　退捕渔民跨区域安置保障协同组织结构图

　　责任层：A、B、C 三省政府包括省级政府及各省辖区内市（区、县）级政府，三省内部各自承担责任主体应尽义务和职责；三省省级政府间两两关联，在政策法规的引导下，抛开各省对 GDP 的利益诉求，加强配合意识的同时，实现就业岗位、安置措施、保障水平等信息资源互通共享，完成特定的跨区域安置保障任务，共同维护社会安全稳定。

协调层：A、B、C 三省省级退捕渔民安置保障工作专班指导辖区内市（区、县）级退捕渔民安置保障工作专班完成跨区域安置保障协调工作，并得到对应省级政府的支持和授权；省级退捕渔民安置保障工作专班两两关联，形成跨区域安置保障最高级别协调小组，协调各执行主体完成跨区域安置保障任务。

执行层：包括省级职能部门和市（区、县）级职能部门，各省职能部门内部依跨区域安置保障任务的需要由相应职能部门形成子保障联盟，子保障联盟受对应省级退捕渔民安置保障工作专班指挥协调；各子保障联盟间两两关联，形成整体执行保障联盟。

各省政府、省工作专班、省职能部门的纵向关系：省政府受领跨区域安置保障任务，充分授权省工作专班，由省工作专班决定完成任务所需的职能部门，指挥协调各相关职能部门所组成的子保障联盟完成安置保障工作。

各层级间的关系：责任层保障和授权协调层，协调层指挥和协调执行层，执行层根据现实工作中所遇到的问题，及时向协调层进行反馈，协调层综合汇总需求信息，对于自己能解决的，经过协调层内部会议，重新部署，再次指挥和协调执行层完成安置保障任务；对于自己无法解决的，则继续向责任层进行反馈，由责任层处理相关难题后，再次对协调层进行保障和授权。

综合上述分析可知，退捕渔民跨区域安置保障协同组织结构具有以下优势：

（1）责任分工更加明确。退捕渔民跨区域安置保障协同组织结构不仅指明了各省相关部门在跨区域安置保障工作中的任务和分工，也确定了各省各部门间的相关关系，为退捕渔民跨区域安置保障工作有序开展奠定了根本基础。

（2）工作效率更加高效。退捕渔民跨区域安置保障协同组织结构对各部门进行责任分工之后，使各省对应部门之间产生关联，即形成了具有不同功能的虚拟组织，遇到问题时，无须中央政府协调，内部商议即可解决。

（3）信息传达更加流畅。退捕渔民跨区域安置保障协同组织结构除了使部门间彼此关联，加强其横向沟通与联系外，对于不同层级的虚拟组织也形成了多层级信息流通环路。如遇到协调问题时，协调层间可以互相告知，以免其他省在协调时出现相似情况；执行出现问题时，一方面可以同也在开展安置保障工作的其他省职能部门交流，另一方面可以将信息反馈给协调层，由协调层对未开展工作的省份重新部署。

五、本章小结

引入协同学思想和方法，在对退捕渔民跨区域安置保障与协同学契合性分析基础上，将其推演至跨区域安置保障运行过程中，构建退捕渔民跨区域安置保障组织结构及协同运行模型，得出以下结论。

（1）协同学理论和方法能较好地引导退捕渔民跨区域安置保障活动有效运行。

（2）退捕渔民跨区域安置保障协同运行模型在从一级响应→二级响应→三级响应演变过程中，能较好筛选出不同序参量对跨区域安置保障组织协同运行的重要程度，并在一定条件下达到自组织协同运行，完成安置保障需求的供给任务。

（3）影响一级响应状态实现的关键是系统固有时间常数是否远小于指令本身的时间常数；影响一级响应状态向二级响应状态转变的关键是满足条件后系统是否能完全修复；影响二级响应状态实现的关键是所存在的"外力"足够小，即中央政府对地方政府的领导由指挥变为协调；影响二级响应状态向三级响应状态转变的关键是子系统的状态解较难求解，无法显现每个系统的状态值；影响三级响应状态实现的关键是序参量的确定，多个序参量的状态值，以及序参量间的协同程度。

（4）协同学引导下的退捕渔民跨区域安置保障组织结构具有责任分工更加明确、信息传达更加流畅以及工作效率更加高效的优势。

本章所构建的退捕渔民跨区域安置保障协同运行模型，是从静态和理论公式推理的角度分析影响退捕渔民跨区域安置保障协同运行关键因素的条件和状态，可视为从无至有，从不清晰到有序的研究过程。此外，退捕渔民安置保障实际运行过程中，人社部门是主要牵头单位，作为主要的执行主体，按照农业农村部门提供的建档立卡退捕渔民统计数据，负责实施并调度退捕渔民转产就业、技能培训、养老保险补贴等工作。整体而言，在退捕渔民安置保障攻坚阶段，基本实现协同安置，个中出现的同湖不同策问题、三地分离退捕渔民安置责任主体等问题，一度成为退捕渔民安置保障协同推进的难点，最后仍由国家长江禁捕退捕工作专班协调解决，影响了退捕渔民安置保障协同进展。此问题对本文后续研究提出了新的要求，为了深入阐释退捕渔民跨区域安置保障的内在机理，还需以序参量为切入点继续剖析序参量如何确定，序参量重要程度如何排序，退捕渔民跨区域协同运行模型如何改善，协同度如何计算及提升等问题。

第四章

跨区域协同安置保障序参量选取及协同度分析

分析跨区域协同安置保障运行机制发现，系统能否有序协同的关键在于序参量——影响跨区域协同安置保障组织效率的内在因素。为了进一步探索序参量对跨区域协同安置保障的影响，首先，需通过分析安置保障相关政策和文献以确定影响安置保障工作的关键因素，并结合内容分析法和 KJ 法的验证对上述因素进行筛选，确定序参量；其次，通过构建系统协同度函数——影响组织效率内因的量化指标的方式，衡量序参量的影响程度；最后，结合苏赣皖退捕渔民安置保障实际数据对其进行验证。

一、序参量假设与验证分析

（一）退捕渔民安置保障政策文本分析及理论假设

在确定退捕渔民跨区域协同安置保障序参量之前，首要任务是找到影响退捕渔民跨区域安置保障的影响因素。由于退捕渔民安置保障工作是党中央、国务院从保护长江生态环境出发制定的重大决策，现有文献对退捕渔民相关问题的研究不多，第一章已进行阐述。从公开资料来看，中央出台了退捕渔民转产转业、技能培训、养老保险补贴等相关政策文件，可对这些政策文件进行数据挖掘，找出其影响因素，再进一步确定序参量。

1. 中央领导重要指示

● 2020 年 7 月 30 日，习近平总书记在主持召开的中共中央政治局会议上，进一步明确要"推动实施一批长江、黄河生态保护重大工程，落实好长江十年禁渔"。

● 2020 年 8 月 19 日，习近平总书记在安徽马鞍山市考察调研时又明确指示："实施长江十年禁渔计划，要把相关工作做到位，让广大渔民愿意上岸、上得了岸，上岸后能够稳得住、能致富。"

● 2020 年 8 月 20 日，习近平总书记在合肥主持召开扎实推进长三角一体化发展座谈会时再一次强调，"长江禁渔是为全局计、为子孙谋的重要决策"，要求"沿江各省市和有关部门要加强统筹协调，细化政策措施，压实主体责任，保障退捕渔民就业和生活。要强化执法监管，严厉打击非法捕捞行为，务求禁渔工作取得扎实成效"。这一系列的重要指示为退捕渔民安置保障工作指明了方向，提供了指引。

● 2020 年 6 月 28 日，中共中央政治局常委、国务院副总理韩正出席长江流域重点水域禁捕和退捕渔民安置保障工作推进电视电话会议并讲话。韩正强调，长江"十年禁渔"是以习近平同志为核心的党中央作出的重大决策，是扭转长江生态环境恶化趋势的关键之举。要切实把思想认识和行动统一到党中央、国务院决策部署上来，提高政治站位，坚持问题导向，务求取得扎实成效，形成示范效应，推动长江共抓大保护和长江经济带绿色发展行稳致远。韩正表示，要抓好退捕渔民转产安置和生计保障这个根本，多措并举拓宽退捕渔民转产就业渠道，积极探索做好退捕渔民社会保障、搬迁安置等工作。

● 2020 年 8 月 19 日，中共中央政治局委员、国务院副总理胡春华出席全国农业灾后恢复生产夺取秋粮丰收视频调度会，并在会前考察了长江禁捕退捕工作专班工作情况，胡春华还对做好长江重点水域禁捕和退捕渔民安置保障工作进行了部署，要求各有关地区和部门要不折不扣落实好各项部署，做细做实渔民补偿安置，持续保持对非法捕鱼行为的严打高压态势，确保工作取得扎实成效。

2. 国务院政策文件

2020 年 7 月，国务院办公厅印发《国务院办公厅关于切实做好长江流域禁捕有关工作的通知》（国办发明电〔2020〕21 号），对长江流域重点水域退捕渔民安置保障工作提出了明确要求。沿江各省（直辖市）要抓紧完成退捕渔船渔民建档立卡"回头看"工作，查漏补缺，切实摸清底数，做到精准识别和管理，作为落实补偿资金、转产安置、社会保障、后续帮扶、验收考核等工作的依据。要切实维护退捕渔民的社会保障权益，将符合条件的退捕渔民按规定纳入相应的社会保障制度，做到应保尽保。要根据渔民年龄结构、受教育程度、技能水平等情况，制定有针对性的转产转业安置方案，实行分类施策、精准帮扶，通过发展产业、务工就业、支持创业、公益性岗位等多种方式促进渔民转产转业。

- 发展产业安置一批。依托沿江沿湖资源生态优势，因地制宜发展稻鱼（虾）综合种养、池塘养鱼、水产品加工、休闲渔业，增加产业就业空间。按照"一湖一策"方式，坚持生态保护优先，在政府监管下，以市场化运作模式，在适宜的湖区库区统一开展生态保护修复，吸纳退捕渔民参与资源养护，并合理建立与退捕渔民的利益联结机制。

- 务工就业安置一批。按规定将退捕渔民纳入免费职业技能培训范围，加强职业介绍服务，拓宽就业渠道。支持创办扶贫车间吸纳渔民就业，引导龙头企业、农民合作社、电商平台等带动退捕渔民转产就业。

- 支持创业安置一批。对退捕渔民首次创业且正常经营 1 年以上的，按规定给予一次性创业补贴。对符合条件的退捕渔民，落实创业担保贷款和贴息政策。落实创业孵化奖补政策，对开展职业指导、专场招聘、创业培训等的就业创业服务机构，按规定给予就业创业服务补助。

- 公益性岗位安置一批。通过政府购买服务等方式，将符合就业困难人员条件的退捕渔民按规定通过公益性岗位进行安置，统筹退捕安置和禁捕监管任务需求，引导退捕渔民参与巡查监督工作。另外，对于因病、因残等原因丧失劳动就业能力的生活困难退捕渔民，按规定纳入低保范围，发挥社会救助兜底保障作用。

3. 部门文件

做好退捕渔民安置保障工作，需要多部门协同配合。在国务院相关文件的统筹安排下，各部门立足职能，出台了一系列推进渔民安置保障工作的相关政策，如财政部门的资金扶持，农业农村部门的渔业产业安置，人社部门的就业、培训、养老保险补贴等，各项政策的概述内容梳理如表4-1所示（具体文件详见附录A）。

表4-1　退捕渔民相关政策汇总表

政策类型	部门	日期	名称	内容
就业政策	推动长江经济带发展领导小组办公室	2020年7月10日	《关于加强长江流域禁捕工作督办的通知》	明确将渔民退捕和转产安置作为督办事项，重点督办沿江10省市制定有针对性的转产转业安置方案，分类施策、精准帮扶，保障渔民转产转业
	人社部办公厅、发展改革委办公厅、财政部办公厅、农业农村部办公厅	2020年7月17日	《关于做好长江禁捕退捕渔民安置保障集中攻坚专项工作的通知》（人社厅明电〔2020〕35号）	要求沿江省市切实提高思想认识，尽快组建工作专班，抓紧做好信息衔接，制定专项攻坚方案，全力推进转岗就业，全面落实社保政策，建立定期调度机制
	人力资源社会保障部办公厅	2020年9月21日	《关于加快做实长江禁捕退捕渔民安置保障有关帮扶工作的函》	要求沿江10省市人力资源社会保障部门准确掌握帮扶对象信息，及时更新实名制系统，抓紧制定安置计划和方案，打造好宣传报道专栏。要求各地及时上报退捕渔民基本情况清单、安置保障计划及困难和需求清单
	人力资源社会保障部办公厅、财政部办公厅、农业农村部办公厅	2020年11月23日	《关于进一步加强长江禁捕退捕渔民转产就业重点帮扶工作的通知》（人社厅发〔2020〕109号）	将尚未转产就业及就业后再次失业的退捕渔民、灵活就业但收入低于当地最低生活保障水平的退捕渔民、零就业家庭的退捕渔民等纳入重点帮扶对象。要根据重点帮扶对象就业安置需求，推荐技能培训项目和就业岗位信息。以县为单位，根据重点帮扶退捕渔民的数量、年龄、技能等因素，合理确定公益性岗位规模。要加强舆情收集，定期梳理督查线索、信访举报等相关问题，制定风险防范措施和处置预案。要层层建立结对帮扶制度，省级退捕渔民安置保障工作专班要明确专人联系重点区县，市级工作专班干部要联系重点乡镇，县级工作专班干部要包重点村，乡镇村基层服务平台工作人员要包重点户

续表

政策类型	部门	日期	名称	内容
培训政策	人力资源社会保障部办公厅	2020年7月21日	《关于做好长江流域禁捕退捕渔民职业技能培训工作的通知》（人社厅发〔2020〕81号）	按照"应培尽培，应补尽补"的原则，将长江流域退捕渔民纳入职业技能提升行动免费培训范围，对确有培训需求的退捕渔民，至少提供1次职业培训，对符合条件的按规定给予生活费补贴。针对文化程度低、技能比较单一的大龄渔民，开展水产养殖、水产品加工等实用技能培训，或推荐参加家政、养老、保安等职业技能培训。针对具备一定文化基础、愿意择行择业的中青年退捕渔民，围绕电商、汽修、电工等开展职业技能培训。针对有意愿外出务工的退捕渔民，组织退捕渔民围绕生产制造、建筑加工、休闲旅游、餐饮服务等开展技能培训，帮助退捕渔民外出就业。指导各地将有创业需求和培训愿望、具备一定创业条件或已创业的退捕渔民全部纳入创业培训服务范围，开展创业培训服务。指导培训机构、技工院校围绕当地重点产业，研发适合退捕渔民的培训课程，开设"退捕专班"，提高退捕渔民参加技能培训的积极性
社保政策	人力资源社会保障部、财政部、农业农村部	2020年11月5日	《关于切实做好长江流域退捕渔民养老保险工作的通知》（人社部发〔2020〕82号）	符合条件的城镇就业退捕渔民按规定参加职工基本养老保险，不符合职工基本养老保险参保条件的，可按规定参加城乡居民基本养老保险。指导各地探索对参加城乡居民基本养老保险的退捕渔民提高参保缴费补贴水平或个人账户给予一次性补助。对参加城乡居民基本养老保险的退捕渔民中建档立卡未标注脱贫的贫困人口、低保对象、特困人员等困难群体，落实代缴部分或全部最低标准养老保险费政策。对生活特别困难、患有重大疾病、无就业能力的渔民，按规定纳入社会救助范围

政策类型	部门	日期	名称	内容
常态化政策	人力资源社会保障部、国家发展改革委、财政部、农业农村部	2021 年 5 月 30 日	《关于实施长江流域重点水域退捕渔民安置保障工作推进行动的通知》（人社部发〔2021〕34 号）	要求沿江 10 省市建立动态精准帮扶机制，千方百计拓展就业渠道，大力开展针对性技能培训，做好退捕渔民社会保障工作，加强安置保障工作组织领导，加强信息报告和宣传引导

资料来源：公开数据整理

4. 文本分析

运用 Smart Analyze 智分析文本大数据分析研究平台，将上述包含中央领导重要指示、国务院及部门文件的主要内容进行文本分析，提取关键词，得出退捕渔民安置保障工作重点。

①数据来源

文本内容分别来源于新华网、中国政府网、农业农村部官网、发展改革委官网及人力资源社会保障部官网，分布如图 4-1 所示。

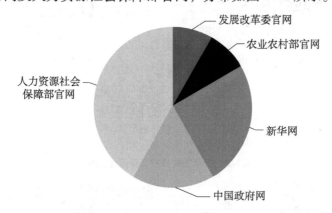

图 4-1　文本来源汇总统计

②不同文本来源中高频词汇统计数

统计不同来源中出现频率较高的 10 个词汇的分布情况，如图 4-2

所示。在不同文本中出现的高频词汇主要有渔民、退捕、就业、安置、工作、培训、创业、保障、长江、转产，其中尤以渔民（54次）、退捕（47次）、就业（25次）、安置（20次）、培训（16次）、创业（14次）居多，体现出就业创业之于退捕渔民安置的重要性。分析不同文本来源的所有词语词云图，可视化结果更加明显，详见图4-3。

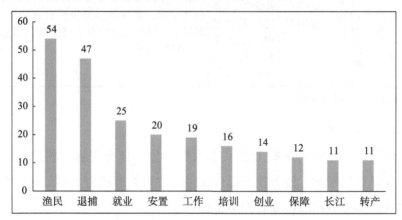

图4-2　不同文本来源中排名前10的高频词汇分布情况

图4-3（1）中国政府网　　　　　　　图4-3（2）新华网

图4-3（3）人力资源社会保障部官网

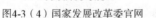

图4-3（4）国家发展改革委官网　　　　图4-3（5）农业农村部官网

图4-3　不同文本来源所有词语词云图

③关键词关键程度分析

在所有文本提取出的关键词中，不同关键词的作用也存在一定的差异，运用 TF—IDF 算法综合计算不同词汇 TFIDF 值（见图4-4），创业（0.68）、基本养老保险（0.59）、督办（0.55）、计划（0.55）、就业（0.54）为排名前5的关键词。

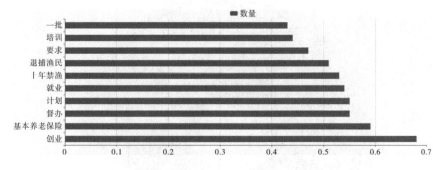

图4-4　不同词汇 TFIDF 值

作为退捕渔民安置保障工作的牵头部门，进一步分析人力资源社会保障部官网来源文本内容，统计不同计数项的关键程度可知（见图4-5），"培训""基本养老保险""专项""攻坚"等词汇出现频率较高，关键程度越大。

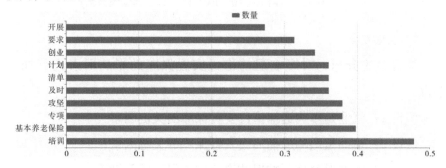

图4-5　人力资源社会保障部官网文本计数项 TFIDF 条形图

④关联性分析

关键词关联分析可挖掘不同词汇间的相关性，为决策作出支撑。图4-6为关键词热度排名前10词语间的关系图，与退捕渔民的相关性由高到低排序依次为：帮扶、创业、服务、培训、基本养老保险、安置、就业、社会保障、政策。图4-7为"退捕渔民"词序分析，前缀词信息熵为4.89，后缀词信息熵为4.45，即决策的确定性大于行为的确定性。

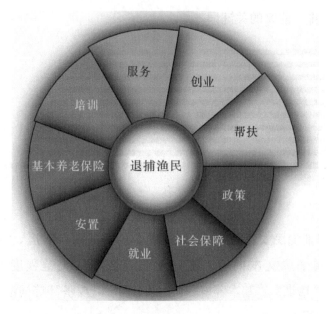

图4-6 热度排名前10关键词关系图（以退捕渔民为例）

5. 理论建设

综合上述分析，对影响退捕渔民安置保障的影响因素进行如下假设：

假设1：就业是影响退捕渔民安置保障的关键因素；

假设2：培训是影响退捕渔民安置保障的关键因素；

假设3：养老保险是影响退捕渔民安置保障的关键因素；

假设4：信息是影响退捕渔民安置保障的关键因素；

假设5：需求是影响退捕渔民安置保障的关键因素；

假设6：服务是影响退捕渔民安置保障的关键因素；

假设7：工作机制是影响退捕渔民安置保障的关键因素。

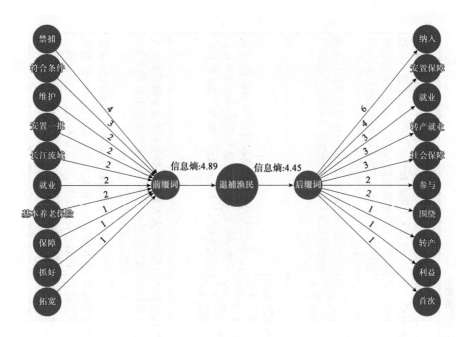

图4-7　"退捕渔民"词序分析

（二）安置保障理论假设验证分析

运用内容分析法和KJ法，对通过安置保障理论综述后所得假设进行验证分析，共分为三个步骤。

第一步：研究样本选取。

收集上海、江苏、安徽、江西、湖北、湖南、重庆、四川、贵州、云南10省市的退捕渔民安置保障相关政策资料，沿江10省市人社部门会同其他部门因地制宜，结合自身条件出台了安置退捕渔民的相关配套政策文件，将其按照就业类、培训类、社保类进行编制，如表4-2所示。

第二步：分组编码汇总。建立三个研究小组，每组成员分别在上述研究样本中以7个关键要素为主题进行编码，对其进行编码汇总，所得基础条目数设为 N_1、N_2、N_3，统计两组间相同的基础条目数，设为 M_{12}、M_{13}、M_{23}。

表 4-2 退捕渔民安置保障地方政策

省份	政策类型	主要内容	来源
上海	就业类	安置保障各类相关企业，组织、发挥经营性人力资源服务机构、行业协会等作用，确定退捕渔民就业基地，募集组织的爱心岗位，无年龄限制、无技能要求的爱心岗位，定向安置退捕渔民就业	《上海市人力资源和社会保障局关于进一步加强本市长江禁捕退捕渔民转产就业帮扶和保障工作的通知》（沪人社就 [2020] 519 号）
		对退捕渔民首次创业且正常经营 6 个月以上的，按规定给予一次性创业补贴和带动就业补贴；对具备条件的退捕渔民，落实富民创业担保贷款及贴息政策；对开展职业指导、专场招聘等就业服务机构，按规定给予就业创业服务补贴	《江苏省政府印发关于全面推进我省长江流域禁捕退捕工作方案的通知》（苏政发 [2020] 58 号）
江苏	就业类	县级及以上农业部门会同人力资源社会保障部门确定护渔员岗位数量、招聘要求和工资待遇。人力资源社会保障部门推荐符合条件的退捕渔民参加招聘，对拟录用人员在政府门户网站和退捕渔民所在社区（村）公示 7 天。公示无异议的，由用人单位与其签订劳动合同或劳务协议，人力资源社会保障部门同步办理就业登记和社会保障困难人员认定，按规定给予就业困难人员公益性岗位补贴和社会保障补贴	《江苏省人力资源社会保障厅 省农业农村厅关于开发护渔员公益岗位安置退捕渔民的通知》（苏人社函 [2020] 309 号）
	培训类	各地要通过上门走访、电话联系等方式，切实掌握退捕渔民培训需求。利用广播电视、部门网站、微信微博等渠道，主动公开本地培训工种项目、报名渠道、培训计划、培训政策等信息	《江苏省人力资源社会保障厅关于做好长江流域禁捕退捕渔民职业技能培训工作的通知》（苏人社发 [2020] 110 号）
	社保类	参照被征地农民社保政策为符合条件的退捕渔民落实养老保险缴费补贴。异地被征地农民按地参照地社会保险经办服务	《江苏省人力资源社会保障厅 省财政厅 省农业农村厅关于转发人力资源社会保障部 财政部 农业农村部关于切实做好长江流域退捕渔民养老保险工作的通知》（苏人社函 [2020] 305 号）

续表

省份	政策类型	主要内容	来源
安徽	就业类	鼓励各地结合特色产业和人力资源优势，打造和推广一批劳务品牌，以劳务品牌带动转移就业	《关于印发安徽省长江禁捕退捕渔民安置保障集中攻坚专项工作实施方案的通知》（皖人社秘〔2020〕173 号）
		协助退捕渔民开设快速代收代寄点、水产贩卖等小店经济项目，落实税费减免、资金补贴、场地安排等政策	
		引导金融机构开发符合退捕渔民需求特点的贷款产品和服务，将集体建设用地使用权、土地经营权、农村房屋所有权等产权纳入融资担保抵押范围，为退捕渔民提供创业担保贷款及财政贴息	
	培训类	联合海事部门举办退捕渔民专场技能培训班，组织有意愿转产从事船舶驾驶、水上运输等职业的退捕渔民集中培训	《关于印发安徽省长江禁捕退捕渔民安置保障集中攻坚专项工作实施方案的通知》（皖人社秘〔2020〕173 号）
	社保类	2021 年 1 月 1 日起，政府对退捕渔民参加城乡基本养老保险给予补贴，补贴标准为专业渔民每人每年不低于 3000 元、兼业渔民每人每年不低于 2000 元，补贴年限不超过 15 年，有条件的地方可适当提高补贴标准	《安徽省人力资源和社会保障厅 省发展改革委 省财政厅 省农业农村厅关于做好我省长江流域退捕退捕渔民参加城乡基本养老保险工作的通知》（皖人社秘〔2020〕187 号）
		退捕渔民参加城乡居民基本养老保险的补贴，可一次性或逐年计入个人账户。退捕渔民达到领取待遇年龄时，个人缴费未满 15 年的，计入个人账户的补贴可视同欠费年限，但累计不得超过 15 年。退捕渔民界定为专业与兼业归同属后，属于城乡居民基本养老保险政府代缴群体的，按照专业渔民与兼业渔民补贴标准和政府代缴标准就高原则办理	

续表

省份	政策类型	主要内容	来源
安徽	社保类	年满 60 周岁退捕渔民参加城乡居民基本养老保险的补贴，一次性记入个人账户，补贴的计发系数为 139。已领取城乡居民基本养老保险待遇的，重新调整个人账户养老金标准后，从次月起开始发放	
		符合城镇职工基本养老保险参保条件的退捕转产渔民，可以灵活就业人员身份参加城镇职工基本养老保险，并申请享受退捕渔民基本养老保险补贴，凭缴费凭证领取补助	
江西	就业类	建立健全工作协同和信息共享的工作机制，务实分类施策、跟踪帮扶的工作基础	《江西省农业农村厅 江西省财政厅 江西省人力资源和社会保障厅关于印发江西省重点水域退捕渔民养老保障指导意见及江西省重点水域退捕渔民转产就业指导意见的通知》（赣农字〔2020〕4 号）
		对有就业意愿和就业能力的退捕渔民，按照常住地管理原则，全面纳入当地的公共就业服务体系，主动对接社会用工需求，按规定落实鼓励企业吸纳、灵活就业等扶持政策，做到人员不遗漏、服务不断线	
		支持在退捕渔民较集中的地区，建设创业孵化平台，为退捕渔民自主创业提供低成本、专业化、多样化的创业孵化服务。对入驻企业、个人在创业孵化基地发生的物管费、卫生费、房租费、非生产性用电费按其每月实际费用的 60% 给予补子，每个人驻实体每季受最高补贴不超过 1 万元，补贴期限不超过 3 年	
		人力资源社会服务机构、劳务纪人等市场主体开展退捕渔民有组织劳务输出的，可按规定通过就业创业服务补助购买基本服务成果。退捕渔民到省内跨县（市、区）务工的给予每人 500 元交通补贴，到省内跨渔民到省外务工的给予每人 300 元交通补贴，深度贫困家庭的在上述基础上每人增加 100 元，每人每年可享受一次交通补贴	《江西省财政厅 江西省农业农村厅 江西省人力资源和社会保障厅关于进一步做好退捕渔民转产转业和生活保障相关工作的通知》（赣财社〔2020〕14 号）

续表

省份	政策类型	主要内容	来源
江西	培训类	对于继续从事农业生产的退捕渔民，农业农村部门组织开展种养殖业培训。对有意愿进入工业园区企业就业和自主创业的退捕渔民，人社部门组织开展就业技能培训和创业培训。在培训期间对其中的贫困劳动力、就业困难人员，零就业家庭成员按照每人每天30元的标准给予生活费补贴，最长不超过6个月。企业、农民专业合作社和扶贫车间等各类生产经营主体，吸纳符合条件的退捕渔民就业并开展以工代训的，按规定给予以工代训补贴	《江西省财政厅 江西省农业农村厅 江西省人力资源和社会保障厅关于进一步做好退捕渔民转产转业和生活保障相关工作的通知》（赣财社〔2020〕14号）
		充分考虑渔民沿江沿湖分散居住、不习惯固定时间工作等现实因素，结合实施"互联网＋职业技能培训计划"，为退捕渔民提供全天候、可供家庭的线上职业技能培训服务。指导培训机构、技工院校围绕当地重点产业，开发适合退捕渔民参加技能培训的积极性。加强退捕渔民培训期间的动态管理，为退捕渔民提供培训报名、培训组织、补贴发放等全流程便捷高效培训服务	《江西省人力资源和社会保障厅关于做好重点水域禁捕退捕渔民职业技能培训工作的通知》（赣人社字〔2020〕289号）
	社保类	已年满60周岁的退捕渔民，已参加城乡居民基本养老保险并开始领取养老金的，其养老保险政府补助可以一次性划入养老保险个人账户，在政府补助划入个人账户后按规定增发个人账户养老金	《江西省人力资源和社会保障厅 江西省农业农村厅关于切实做好重点退捕渔民养老保险工作的通知》（赣人社字〔2020〕368号）
		农业农村部门建档立卡的退捕渔民对象中，男满60周岁、女满55周岁及以上的未参加基本养老保险的退捕渔民，统一纳入城乡居民基本养老保险	
		对船籍地和户籍地分离的退捕渔民，由各地禁捕退捕工作领导小组根据实际情况，确定享受政府补助人员范围，由禁捕地安排补助资金，户籍地配合做好养老保险经办服务	

续表

省份	政策类型	主要内容	来源
湖北	就业类	全面梳理就业创业培训补贴、创业扶持、吸纳就业补贴、社保补贴等各项就业创业政策，制作政策宣传卡，张贴到退捕渔民家门口，送到每位退捕渔民手中。通过电视、政府部门网站、微信公众号、短信等多种形式广泛宣传，切实提高就业创业政策的知晓度	《关于开展"送服务上门、帮渔民上岗"专项活动的通知》（鄂劳就〔2020〕13号）
		鼓励动员本地企业开发、提供与退捕渔民就业技能、工作能力相适应的工作岗位。举办与退捕渔民专场招聘活动，组织企业赴退捕渔民集中地开展专场送岗招聘活动，把就业岗位送到退捕渔民家门口	
		对有就业创业意愿的退捕渔民，加大岗位信息推送、创业项目推介、职业介绍、职业指导力度，帮助其顺利转岗就业。广泛收集本地重点企业、工业园区、重大工程建设、产业发展规划等用工和创业项目信息，运用集中地沟通对接，积极与劳务协作输入地沟通对接，加大岗位供给	
湖南	培训类	逐一摸清职业技能培训需求，做到不落一船、不落一户、不落一人。根据退捕渔民确保信息全面、数据准确，为精准培训提供数据支撑。优化培训课程，创新培训方式，制定切实可行的培训方案	《湖北省人力资源和社会保障厅办公室关于切实做好禁捕退捕渔民职业技能培训工作的通知》（鄂人社办发〔2020〕17号）
	就业类	对企业吸纳登记失业半年以上的退捕渔民就业且签订1年以上劳动合同并按规定缴纳社会保险的，按照每人1000元的标准给予一次性吸纳就业补贴	《湖南省财政厅 湖南省农业农村厅 湖南省人力资源和社会保障厅关于做好退捕渔民转产转业和生活保障相关工作的通知》（湘人社规〔2020〕5号）

续表

省份	政策类型	主要内容	来源
湖南	就业类	各级人力资源社会保障部门要结合"点亮万家灯火"就业帮扶服务活动，全面开展"退捕渔民转业服务行动"。一是送服务上门。针对退捕渔民年龄层次、就业技能等不同特点，分类开展"一对一"服务，主动上门奉送岗位信息。二是送岗位。通过开发公益性岗位等措施，将符合条件的大龄、伤残等退捕渔民认定为就业困难人员，托底帮扶，为他们开通就业援助"绿色通道"。三是送政策到家。凡是符合享受就业创业政策条件的退捕渔民，要第一时间兑现政策，确保"不漏一人""不漏一策"	《关于进一步做好我省重点水域退捕就业和社会保险工作的通知》（湘人社发明电〔2020〕18号）
	培训类	企业、农民专业合作社和扶贫车间等各类生产经营主体，吸纳符合条件的退捕渔民就业并开展以工代训的，按照每人每月500元给予职业培训补贴，最长不超过6个月	《湖南省财政厅 湖南省农业农村厅 湖南省人力资源社会保障厅关于做好退捕渔民转产转业和生活保障相关工作的通知》（湘人社规〔2020〕5号）
	社保类	对参加城乡居民基本养老保险的退捕渔民中建档立卡未标注脱贫的贫困人口、低保对象、特困人员等困难群体，市县人民政府可为其代缴部分或全部最低标准养老保险费	《湖南省财政厅 湖南省农业农村厅 湖南省人力资源社会保障厅关于做好退捕渔民转产转业和生活保障相关工作的通知》（湘人社规〔2020〕5号）
		退捕渔民逐年缴纳基本养老保险费的，以"先缴后补"的方式，政府按退捕渔民养老保险工作坚持属地原则，市级政府承担主体责任，县级政府承担属地责任。相关部门要各司其职，协同推动	《湖南省人力资源和社会保障厅 省农业农村厅关于做好退捕专业渔民基本养老保险工作的通知》（湘人社函〔2020〕79号）
		政府对专业渔民按每人每年3000元标准给予养老保险政府补贴，补贴年限15年；对持证兼业渔民按每人每年2000元标准给予养老保险政府补贴，每户补贴不超过2人，补贴年限15年	《关于印发〈进一步做好全省重点水域退捕渔民就业和社会保险工作实施方案〉的通知》（湘人社发〔2020〕37号）

续表

省份	政策类型	主要内容	来源
重庆	就业类	依托覆盖城乡的公共就业服务体系，为退捕渔民开展精细化就业创业服务，主动对接社会用工需求，按规定落实就业创业服务补助、社保补贴、岗位补贴等政策，做到人员不遗漏、服务不断线	《重庆市人力资源和社会保障局办公室关于做好长江流域重点水域退捕渔民安置工作的通知》（渝人社办〔2020〕155号）
		各区县（自治县）人力社保部门要进一步加大创业扶持力度，对有创业意愿的退捕渔民，切实加强创业指导，积极协调完善相关手续、减免场租水电等费用，为有创业需求且符合条件的渔民发放创业担保贷款，并按规定给予贴息，切实缓解创业融资难题	
	培训类	按照"应培尽培，应补尽补"的原则，将有劳动能力且有培训需求的未就业退捕渔民纳入免费职业技能培训范围，摸清培训需求，充实培训课程，创新培训方式，每年至少提供1次职业技能培训，最多可培训3次，帮助退捕渔民掌握一门实用技能或职业技能	《重庆市人力资源和社会保障局办公室关于做好长江流域禁捕退捕渔民职业技能培训工作的通知》（渝人社办〔2020〕269号）
		各区县（自治县）要明确相关专人负责退捕渔民的培训工作，并加强与就业、养老、信息等相关业务领域的协调联动。通过实地走访、数据比对和电话调查等方式，摸清辖区内退捕渔民就业、培训需求，做到技能水平清、培训需求清、创业需求清，区分年龄层次和基础文化差异，有针对性地开展技能培训、创业培训，以工代训和企业新型学徒制培训。对退捕渔民开展项目制培训，企业开展培训或者培训机构开展项目制培训的，可先行拨付不超过50%的培训补贴资金	

续表

省份	政策类型	主要内容	来源
重庆	社保类	不断创新宣传形式，多角度、多层度，引导其次宣传贯彻政策，积极引导退捕渔民参保续保。充分利用乡、村（社）开展联动宣传，组织精干力量宣传政策，对未参保人员开展"一对一"跟踪服务，掌握参保意愿和主要诉求，注重社会舆情引导，落实应保尽保，为全面完成退捕渔民工作创造良好工作氛围	《重庆市人力资源和社会保障局办公室关于做好我市长江流域重点水域退捕渔民基本养老保险应保尽保工作的通知》（渝人社办〔2020〕197号）
		开展"春风行动暨就业援助月""民营企业招聘周""百日千万网络招聘专项行动"等活动，为退捕渔民提供有针对性的就业服务。对企业吸纳登记失业半年以上的退捕渔民就业且签订1年以上劳动合同并按规定缴纳社会保险的，可给予1000元人的一次性吸纳就业补贴	《四川省政府 四川省农业农村厅 四川省人力资源和社会保障厅关于做好退捕渔民转产转业和生活保障相关工作的通知》（川财社〔2020〕25号）
四川	就业类	各地要因地制宜，精准施策，对大龄、残疾、建档立卡贫困家庭退捕渔民，尤其是"零就业"家庭，要建立专门台账，制定专项帮扶计划，实施"一对一"重点帮扶，确保"零就业"家庭至少有1人就业	
		依托四川公共招聘网设立退捕渔民招聘专区，广泛收集本地重点企业、工业园区、重大工程建设、产业发展规划等用工信息，及时向退捕渔民推送	
		积极组织引导退捕渔民通过省内对口帮扶、省际劳务合作、东西部劳务扶贫协作等途径，拓展转移就业渠道。退捕渔民同等享受"加强农民工服务保障十六条措施"，纳入全覆盖对象，证照办理、专车专列、维权救助等农民工专项服务对象。各地农民工专项服务窗口向退捕渔民开放	《四川省人力资源和社会保障厅关于进一步做实长江禁捕退捕渔民安置保障工作的通知》

续表

省份	政策类型	主要内容	来源
四川	培训类	企业、农民专业合作社和扶贫车间等各类生产经营主体吸纳退捕渔民，参保企业吸纳退捕渔民中的就业困难人员、零就业家庭成员并开展以工代训的，给予每人每月200元，最长不超过6个月的职业培训补贴	《四川省财政厅 四川省农业农村厅 四川省人力资源和社会保障厅关于做好退捕渔民转产转业和生活保障相关工作的通知》（川财社〔2020〕25号）
		各地可结合实际开设针对退捕渔民的劳务品牌培训和返乡创业培训专班，参加培训的退捕渔民可享受与农民工同等的职业培训补贴	《四川省人力资源和社会保障厅关于进一步做实长江禁捕退捕渔民安置保障工作的通知》
		按规定重新计算养老保险待遇；超过法定退休年龄未参加基本养老保险的，先参加城乡居民基本养老保险，符合条件的享受待遇	《四川省人力资源和社会保障部办公厅关于长江流域禁捕退捕渔民职业技能培训工作的通知》（川人社办发〔2020〕103号）
	社保类	退捕渔民参加企业职工基本养老保险的，可凭当年缴费凭证按当地政府确定的补贴标准申领缴费补贴，领完为止；已领取企业职工基本养老保险补贴的，可一次性领取个人账户。退捕渔民参加城乡居民基本养老保险的，按当地政府确定的补贴标准，一次性将全部缴费补贴划入其个人账户，其中已领取城乡居民基本养老保险待遇的，超过法定退休年龄未参加基本养老保险的按规定重新计算养老待遇；超过法定退休年龄未参加基本养老保险的，先参加城乡居民基本养老保险再将全部缴费全部缴费再将划入其个人账户，符合条件的	《四川省人力资源和社会保障厅关于进一步做实长江禁捕退捕渔民安置保障工作的通知》
		按照人均15年，每年不低于2500元的标准对退捕渔民参加养老保险给予缴费补贴	《四川省社会保险管理局关于做好我省退捕渔民养老保险参保缴费经办工作的通知》（川社保办〔2020〕23号）

续表

省份	政策类型	主要内容	来源
贵州	就业类	依托资源生态优势，因地制宜发展综合种养、畜禽养殖、生态渔业，增加产业就业空间，在适宜的库区开展生态保护修复，以市场化运作模式，并合理建立与退捕渔民利益联结机制，吸纳退捕渔民参与资源养护，拓宽就业渠道，引导龙头企业、农民合作社、电商平台等带动退捕渔民转产就业。对企业吸纳登记失业半年以上的退捕渔民且签订1年以上劳动合同并按规定缴纳社会保险的，可给予800元/人的一次性吸纳就业补贴。对符合条件首次通过有组织劳务输出到到户籍所在县以外省内就业的，给予每人500元一次性求职创业补贴；输出到到户籍所在县以外省内就业的，给予每人1000元一次性求职创业补贴	《贵州省财政厅 省农业农村厅 省人力资源社会保障厅关于退捕渔民转产就业相关工作的通知》（黔财社〔2020〕91号）
	培训类	将退捕渔民作为当前技能培训工作的主要任务，享受与贫困劳动力同等的培训政策，并按规定给予培训补贴，培训期间生活补助	《贵州省人力资源社会保障厅关于加快做好长江流域禁捕退捕禁捕渔民安置保障工作的通知》（黔人社函〔2020〕204号）
		跟踪掌握禁捕退捕渔民的转产就业培训需求，区分年龄层次和基础文化差异，有针对性地开展培训	《贵州省人力资源社会保障厅关于做好退捕渔民职业技能培训工作的通知》（黔人社通〔2020〕184号）
	社保类	已经在用人单位就业和领取职工基本养老保险待遇的退捕渔民原则上不再给予养老保险缴费补贴。对外省户籍的退捕渔民，由禁捕地安排补贴资金，户籍地配合做好养老保险经办服务。按照每人每年2500元的标准给予缴费补贴，补贴年限为10年	《贵州省财政厅 贵州省农业农村厅关于做好长江流域禁捕退捕渔民养老保险工作的通知》（黔人社发〔2020〕25号）

续表

省份	政策类型	主要内容	来源
云南	就业类	对大龄、身有残疾、长期失业和专业以捕鱼为生计的退捕渔民，符合条件的要及时认定为就业困难人员，落实就业援助政策	《云南省人力资源和社会保障厅 云南省财政厅关于进一步做好禁捕退捕渔民就业和社会保障相关工作的通知》
	培训类	针对有意愿外出务工的退捕渔民，要加强退捕渔民的流动监测和信息互联共享，组织退捕渔民围绕生产制造、建筑加工、休闲旅游、餐饮服务等开展技能培训，帮助退捕渔民外出就业	《云南省人力资源和社会保障厅关于做好退捕渔民职业技能培训工作的通知》
	社保类	从2021年1月1日起，按照人每年2500元，累计不超过15年的标准，对参加城乡居民基本养老保险和以灵活就业人员身份参加职工基本养老保险的退捕渔民给予缴费补贴	《云南省人力资源和社会保障厅 云南省农业农村厅关于转发人力资源社会保障部 财政部 农业农村部切实做好长江流域退捕渔民养老保险工作的通知》（云人社通〔2020〕158号）

资料来源：笔者根据人力资源和社会保障部方官方资料整理。

第三步：信度检验与修正。采用 Holsti 信度公式进行信度检验，公式如下：

$$R = \frac{n \times \bar{K}}{1 + (n-1) \times \bar{K}} \tag{4.1}$$

$$\bar{K} = \frac{\sum_{i<j} K_{ij}}{3}(i,j = 1,2,3) \tag{4.2}$$

$$K_{ij} = \frac{2M_{ij}}{N_i + N_j}(i,j = 1,2,3 \text{ 且 } i < j) \tag{4.3}$$

其中，R 为信度系数，n 为评判组数目；K_{ij} 为各组间相互一致率，$\bar{K}$ 为平均相互一致率。按照上述步骤，各指标的计算结果如表4-3所示。

表4-3　相关指标数据汇总

影响因素	各组汇总基础条目数			各组间相同的基础条目数			各组间相互一致率			均值	信度 V 系数
	N_1	N_2	N_3	M_{12}	M_{13}	M_{23}	K_{12}	K_{13}	K_{23}	$\bar{K}$	R
就业	65	64	62	60	59	57	0.93	0.93	0.90	0.92	0.97
培训	57	55	56	50	52	49	0.89	0.92	0.88	0.90	0.96
养老保险	39	37	36	36	33	35	0.95	0.88	0.96	0.93	0.98
信息	8	8	8	7	7	7	0.88	0.88	0.88	0.88	0.95
需求	11	10	12	10	11	10	0.95	0.96	0.91	0.94	0.98
服务	31	30	32	28	29	28	0.92	0.92	0.90	0.91	0.97
工作机制	12	12	11	11	10	10	0.92	0.87	0.87	0.89	0.96

表4-3中各影响因素的信度系数均大于0.9可接受，即各影响因素在安置保障活动中起到了关键作用，假设成立。因此，可假设上述因素即为影响跨区域安置保障协同运行的序参量。

(三) 序参量排序

虽同为序参量，也有强弱之分，具体分析时应清楚哪个序参量会最先起到作用。为此，引入失效模式和效应分析法（FMEA）与熵权法进行判定。设定跨区域协同安置保障为全系统，协同运行过程为子系统，序参量为失效因子。以发生频率（O）、严重程度（S）和检测难度（D）为评价指标（如表4-4），计算失效因子引起子系统失效的风险系数（RPN，等于O、S、D三者的乘积），并确定序参量的强弱程度。

表4-4　O, S, D评分标准

O		S		D	
发生概率	评级	严重程度	评级	检测难度	评级
风险系数很高，几乎不能避免	9—10	严重危害	9—10	几乎无法发现	10
风险系数高，易反复发生	7—8	很严重	8	很难/极少发现	7—9
风险系数中等，偶尔发生	5—6	较严重	7	很少发现	5—6
风险系数较低，很少发生	3—4	一般严重	5—6	容易发现	3—4
风险系数极低，几乎不发生	1—2	较轻微	4	极易发现	1—2
		轻微	2—3		
		无影响	1		

依照表4-4的评分标准，对就业、培训、养老保险、信息、需求、服务、工作机制等7个失效因子进行打分，打分逻辑如表4-5所示。

表4-5　失效因子打分逻辑

失效因子	打分逻辑
就业	就业是退捕渔民愿意上岸、上得了岸，上岸之后有经济收入的重要手段，也是渔民重点关心内容之一，就业不稳，各方工作开展将会受阻，进而影响退捕渔民安置保障的整体协同效率，因此，从引起子系统失效的发生概率而言，就业风险系数高，发生概率较大，可打8分；严重程度上，具有非常大的危害，可打10分；检测难度上，有劳动能力、就业意愿的渔民没有就业，大概率会主动找到政府相关部门，相对而言，比较容易发现，可打3分
培训	培训是退捕渔民掌握技能、实现就业的重要方式，政府未能组织实施相关培训项目，将在一定程度上弱化退捕渔民的就业稳定度，发生概率较高，可打7分；严重程度方面，具有较大危害，可打7分；检测难度大，可打8分
养老保险	养老保险涉及退捕渔民的切身利益，尤其是大龄退捕渔民，引起子系统失效的风险系数高，可打7分；严重程度上，一旦养老保险补贴落实不到位，容易引发渔民的抵抗情绪，严重程度非常大，可打10分；检测难度上，相对容易，对照年龄和社会缴费记录即可查询，可打2分
信息	信息是退捕渔民安置保障跨区域协同的重要条件之一，部门间横向沟通不畅，对退捕渔民的政策宣传不足，都会引起子系统失效，相对而言，发生概率中等（5分），严重程度高（8分），检测难度偏大（6分）
需求	清退捕渔民的就业、培训需求，是退捕渔民安置保障工作的重要内容，也是相关部门提供针对性服务的基础，因需求不明而未实施有效举措进而影响安置进展的概率偏大，可打6分；严重程度偏高，可打6分；发现难度偏大，可打6分
服务	服务是帮助退捕渔民实现上岸就业有出路、长远生计有保障的重要工作，人社部门是否高效提供"1131服务"，农业部门是否提供农林牧渔类就业指导服务，财政部门是否提供相关金融服务，都将对跨区域协同安置保障工作带来影响，发生概率大，打8分；严重程度高，打9分；检测难度小，打3分
工作机制	顺畅的工作机制是保障退捕渔民安置保障跨区域协同的关键，各省成立以省领导（部分省份为省长、省委书记双牵头）为组长的退捕渔民禁捕退捕工作小组，均会以文件形式正式印发，工作机制引起系统失效的概率较小，可打4分；严重程度较大，可打10分；检测难度偏低，可打1分

结合上述分析，各失效因子的RPN值如表4-6所示。

表4-6 失效因子 RPN 值

过程	失效因子	发生概率（O）	严重度（S）	检测难度（D）	RPN
	就业	8	10	3	240
	培训	7	7	8	392
	养老保险	7	10	2	140
跨区域协同	信息	5	8	6	240
	需求	6	6	6	216
	服务	8	9	3	216
	工作机制	4	10	1	40

表4-6 中的分值具有一定的主观性，为了有效消除主观性，使结果更为客观准确，采用熵权法对其进行处理，步骤如下：

①计算第 j 项指标下第 i 方案指标值比重 P_{ij}：

$$P_{ij} = x_{ij} \bigg/ \sum_{i=1}^{m} x_{ij} \qquad (4.4)$$

式（4.4）中，x_{ij} 是第 j 项指标下第 i 方案的观测数据（$i = 1, 2, \cdots, m$; $j = 1, 2, \cdots, n$）。

②计算 j 指标的信息熵 E_j：

$$E_j = -(\ln m)^{-1} \times \sum_{i=1}^{m} P_{ij} \ln P_{ij} \qquad (4.5)$$

式（4.5）中，$(\ln m)^{-1}$ 表示申农信息熵中的玻尔兹曼常数 K（m 表示所有样本的数量）。如果 $P_{ij} = 0$，则 $P_{ij} \ln P_{ij} = 0$。

③计算 j 指标的差异度 G_j：

$$G_j = 1 - E_j, (1 \leq j \leq n) \qquad (4.6)$$

④计算 j 指标的权重 Q_j：

$$Q_j = G_j \bigg/ \sum_{j=1}^{m} G_j \qquad (4.7)$$

通过上述公式计算得出权重 $Q_O = 0.119$，$Q_S = 0.076$，$Q_D = 0.805$。将其与各指标对应的各方案观测数据相乘，最后形成表4-7所示的用熵权法验证过的 RPN 值。

表 4-7 熵权法验证后的失效因子 RPN 值

过程	失效因子	发生概率（O）	严重度（S）	检测难度（D）	RPN
	就业	0.952	0.758	2.415	1.745
	培训	0.833	0.531	6.441	2.849
	养老保险	0.833	0.758	1.610	1.018
跨区域协同	信息	0.595	0.607	4.831	1.745
	需求	0.714	0.455	4.831	1.570
	服务	0.952	0.683	2.415	1.570
	工作机制	0.476	0.758	0.805	0.291

表 4-7 中，RPN 值排序由大到小分别为培训、就业、信息、服务、需求、养老保险、工作机制。换言之，对跨区域协同安置保障影响最大的序参量是培训，影响最小的序参量是工作机制。进一步，通过引入协同度的概念来检验所假设的序参量是否有效。

二、跨区域协同安置保障协同度分析

为了进一步直观阐释多系统间协同的状态，引入协同度的概念，构建跨区域协同安置保障协同度评价模型。设定引起系统有效协同的序参量为就业、培训、养老保险、信息、需求、服务、工作机制 7 种，子系统为 3 个，并通过设定序参量功效函数、协同函数，计算系统状态的静态和动态协同度。

（一）功效函数

序参量对系统有序协同的贡献通常用功效系数 EC（Efficacy Coefficient）表示，EC 值介于 0 和 1 之间，$EC = 1$ 时，序参量对系统具有极大贡献，$EC = 0$ 时，序参量对系统无贡献，将描述 EC 的关系式成为功效函数。既为功效，则有正负之分，如何判断其正负效应，还需结合系统环境，根据序参量所产生的实际作用而定。比如，完善的工作机制对系统协同具有正效应，协同度会增加；退捕渔民需求越大，对系统协同则具有负效应，协同度会减少。据此可知，在跨区域协同安置保障系统中，除了"需求"因素具有负效应外，其他因素均具有正效应。而不论是从无序到有序状态，还是序参量功效值会随环境发生变化而言，协同过程均具有不断变化的动态性特征。在构建功效函数时，时间因素的影响不可忽略。

假设：

①P_{ij}代表序参量，i表示序参量的种类（$i=1, 2, \cdots, m$），j表示子系统的个数（$j=1, 2, \cdots, n$）；

②α_{ij}代表第j个系统中第i类序参量在系统保持稳定状态时P_{ij}的临界上限，β_{ij}表临界下限，即$\beta_{ij} \leqslant P_{ij} \leqslant \alpha_{ij}$；

③系统协同时间为t，$t \in (0, k)$；

功效系数表达式所代表的功效函数为：

$$EC^t(P_{ij}) = \frac{P_{ij} - \beta_{ij}}{\alpha_{ij} - \beta_{ij}} \tag{4.8}$$

此时，P_{ij}具有正功效。

$$EC^t(P_{ij}) = \frac{\alpha_{ij} - P_{ij}}{\alpha_{ij} - \beta_{ij}} \tag{4.9}$$

此时，P_{ij}具有负功效。

随时间变化的功效函数为：

$$EC(P_{ij}) = n\sqrt{\prod_{t>0}^{k} EC^t(P_{ij})} \tag{4.10}$$

因而，第i类序参量P_i对系统协同贡献度$EC(P_i)$可用$EC(P_{ij})$的集成来实现，即：

$$EC(P_i) = n\sqrt{\prod_{j=1}^{n} EC(P_{ij})} \tag{4.11}$$

（二）协同函数

功效函数阐释的是单个序参量对系统协同的影响程度，不足以说明系统协同的状态，需引入以所有序参量为自变量的函数模型，即协同度函数模型，其函数值则代表协同度（Synergetic coefficient），用 SC 表示。

$$SC = 1 - \frac{S}{EC(P)} \tag{4.12}$$

其中，S 为研究样本的标准差：

$$S = \sqrt{\frac{\sum_{i=1}^{m} \sum_{j=1}^{n} (EC(P_{ij}) - EC(\bar{P}))^2}{\beta - 1}} \tag{4.13}$$

$EC(P_{ij})$ 为功效系数，$EC(\bar{P})$ 为功效系数的平均值，m 为序参量的个数，n 为子系统个数，β 为功效系数个数。考虑时间因素，假设初始时刻 t_0，序参量 P_i 的功效系数为 $EC^{rt_0(P_i)}$，随着协同状态的不断演进，当系统协同至时间 t_k 时，序参量 P_i 的功效系数为 $EC^{t_k}(P_i)$，结合式（4.11），考虑时间因素的协同度 SC 为：

$$SC_k = n \sqrt{\prod_{i,j=1}^{i=m,j=n} \left[EC^{t_k}(P_{ij}) - EC^{t_0}(P_{ij}) \right]} \tag{4.14}$$

（三）系统状态协同度

协同函数描述的是某一时刻系统的协同状态，为了较好阐释系统状态随时间变化的发展趋势，引入动态协同度。既然动态协同度反映的是不同时间段内系统状态的变化趋势，则需先了解系统的状态协同度，然后通过静态协同度来计算动态协同度。

状态协同度公式：

$$U = \exp \left\{ - \frac{(x - x')^2}{S^2} \right\} \tag{4.15}$$

其中，U 为状态协同度，x 为系统状态的实际值，x' 为系统状态的协同值，S^2 为系统涵括样本的方差。通过对子系统功效系数进行回归分析，得出彼此的拟合方程，后将功效系数代入拟合方程，即可求得子系统的协同值。

静态协同度公式：

$$SC_s(t) = \frac{\min(U)}{\max(U)} \tag{4.16}$$

动态协同度公式：

$$SC_d(t) = \frac{1}{T} \sum_{i=0}^{T-1} SC_s(t-i) \tag{4.17}$$

可理解为在 $t-T$ 到 T 时间段内，所有静态协同度的均值。

系统状态协同度是跨区域协同安置保障不同阶段协同状态的直观反映。现有文献求解系统状态协同度主要基于统计年鉴所选取的指标和数据，且以年为时间单位。如杨世琦和高旺盛计算国民经济与交通运输间的协调度，选取的是《中国统计年鉴》和《交通资料汇编 2001—2007年》的数据。参照相关文献的处理方式，由于退捕渔民安置保障攻坚阶段选择的是依托动态帮扶信息系统进行周调度统计，并从 2020 年 9月 4 日开始。为了便于对比跨区域协同安置保障发展演化过程所体现的差异，本研究选择江苏省、安徽省、江西省 2020 年 10 月至 2021 年 6月每月第一周统计数据作为数据来源（共有 9 个时间点）。依据式（4.8）至式（4.17）可知，若要计算出系统的协同度，首先需求得不同序参量的功效系数 EC，而计算功效系数的关键在于获取不同序参量的数据 P_{ij}，及其极大值 α_{ij} 和极小值 β_{ij}。鉴于退捕渔民实名制动态帮扶信息系统中，没有与序参量所代表的评价指标相对应的统计指标，必须先确定如何才能合理地将统计数据中的统计指标映射为序参量评价指标。

由于跨区域协同安置保障产生协同效应过程中，系统与外界存在较多的资源和信息交换，因此在选择统计指标作为序参量评价指标的映射时，应遵循既能在宏观层面体现协同作用，又能在微观层面契合序参量指标之于跨区域协同安置保障的内涵。基于此原则,分析苏赣皖三省统计数据整体结构框架,筛选与跨区域协同安置保障序参量指标最为契合的相关指标。"已转产就业数"对应"就业","职业培训人次"对应"培训","纳入城镇职工养老保险人数 + 纳入城乡居民养老保险人数"对应"养老保险","发放服务清单和政策明白纸"对应"信息","需转产安置渔民总人数 + 技能培训需求人数"对应"需求","登记失业人数 + 认定就业困难人数 + 职业介绍人次"对应"服务","是否建立退捕渔民安置保障工作专班"对应"工作机制"。综上,序参量 P_{ij} 的数据如表4-8所示。

表4-8 序参量 P_{ij} 数值

月度		2020年10月	2020年11月	2020年12月	2021年1月	2021年2月	2021年3月	2021年4月	2021年5月	2021年6月
P_{ij}	P_{11}	7822	8674	8916	8854	15725	15779	15757	15750	15746
	P_{21}	519	721	724	968	4335	4448	4506	4506	4568
	P_{31}	13924	14518	14572	14545	19152	19152	19151	19151	19145
	P_{41}	5833	6235	6710	12799	12809	14096	14096	14089	14048
	P_{51}	11981	12060	9881	9609	17669	18023	18001	18006	17995
	P_{61}	4052	4484	4717	5591	22169	24285	24361	24364	24381
	P_{71}	1	1	1	1	1	1	1	1	1
	P_{12}	13328	14691	15664	15757	15725	15779	15757	15750	15746
	P_{22}	2850	3331	3864	4261	4335	4448	4506	4506	4568
	P_{32}	19065	19273	19221	19156	19152	19152	19151	19151	19145
	P_{42}	9940	11094	11670	12815	12809	14096	14096	14089	14048
	P_{52}	17724	18201	17412	17583	17669	18023	18001	18006	17995
	P_{62}	5511	10186	20217	21213	22169	24285	24361	24364	24381
	P_{72}	1	1	1	1	1	1	1	1	1
	P_{13}	44367	47871	49555	49725	49744	49600	49688	49771	49579
	P_{23}	2865	3551	4374	4708	4950	4969	4970	4970	4977

续表

月度		2020年10月	2020年11月	2020年12月	2021年1月	2021年2月	2021年3月	2021年4月	2021年5月	2021年6月
P_{ij}	P_{33}	59859	62542	61227	61216	61045	61040	61033	61015	61016
	P_{43}	52859	60205	45166	48490	60833	60638	60639	60635	60637
	P_{53}	57761	57761	54281	54202	54283	54173	53863	53945	53756
	P_{63}	40353	110875	109922	111897	124060	131496	131383	131444	130684
	P_{73}	1	1	1	1	1	1	1	1	1

注：2020年10月，苏赣皖三省均成立长江禁捕退捕工作专班及退捕渔民安置保障工作专班，故以"1"表示。

计算过程中，为了避免因量纲不一致而出现计算误差，对表4-8中的数据均做标准化处理，即将不同系统同一月度数据减去其平均数再除以其标准差。同时，为了避免功效系数出现0和1值，将极值做适当的缩放，缩放比例为1%，求得各序参量的功效系数如表4-9所示。

表4-9 序参量功效系数值

月度		2020年10月	2020年11月	2020年12月	2021年1月	2021年2月	2021年3月	2021年4月	2021年5月	2021年6月
E_{ij}	E_{11}	0.1781	0.2494	0.3471	0.0022	0.0023	0.0023	0.0023	0.0023	0.0023
	E_{21}	0.9015	0.8752	0.8761	0.8318	0.8292	0.8252	0.8252	0.8255	0.8256
	E_{31}	1.2124	1.1763	1.2361	0.9208	0.9304	0.9296	0.9292	0.9282	0.9291
	E_{41}	0.0008	0.0007	0.0003	0.6390	0.6460	0.6455	0.6454	0.6448	0.6459
	E_{51}	0.8830	0.7864	0.4987	0.1241	0.1248	0.1267	0.1268	0.1266	0.1266
	E_{61}	0.3027	0.2784	0.2485	0.0857	0.0674	0.0684	0.0681	0.0670	0.0678
	E_{71}	0.9893	0.9894	0.9898	0.9879	0.9879	0.9879	0.9879	0.9879	0.9879
	E_{12}	0.3492	0.3285	0.1852	0.2035	0.0007	0.0003	0.0002	0.0002	0.0002
	E_{22}	0.6964	0.6859	0.6621	0.6609	0.6782	0.6955	0.6926	0.6928	0.6888
	E_{32}	0.9402	0.7469	0.4866	0.4661	0.2468	0.2235	0.2242	0.2245	0.2243
	E_{42}	0.0002	0.0001	0.0008	0.0001	0.0697	0.0569	0.0599	0.0610	0.0640
	E_{52}	0.8021	0.6490	0.3333	0.3446	0.1403	0.1488	0.1483	0.1490	0.1485

续表

月度		2020年10月	2020年11月	2020年12月	2021年1月	2021年2月	2021年3月	2021年4月	2021年5月	2021年6月
	E_{62}	0.4223	0.0600	0.5709	0.6250	0.4634	0.5633	0.5679	0.5682	0.5694
	E_{72}	0.9899	0.9900	0.9893	0.9900	0.9894	0.9898	0.9899	0.9899	0.9899
	E_{13}	0.1199	0.0002	0.0441	0.0269	0.1535	0.1856	0.1841	0.1825	0.1856
	E_{23}	0.9043	0.9165	0.8940	0.8883	0.9067	0.9094	0.9094	0.9094	0.9093
E_{ij}	E_{33}	0.5784	0.2580	0.2998	0.2749	0.0037	0.0001	0.0001	0.0001	0.0001
	E_{43}	0.3712	0.2097	0.0003	0.0003	0.0002	0.0066	0.0065	0.0063	0.0062
	E_{53}	0.5163	0.1592	0.1476	0.1235	0.0772	0.1115	0.1164	0.1148	0.1179
	E_{63}	0.0010	1.2572	1.3667	1.3683	1.0634	1.1220	1.1237	1.1237	1.1191
	E_{73}	0.9891	0.9899	0.9898	0.9898	0.9899	0.9900	0.9900	0.9900	0.9900

在此基础上，通过不同系统序参量的集成，确定序参量的集成功效系数，如表4-10所示。

表4-10 序参量集成功效系数

月度		2020年10月	2020年11月	2020年12月	2021年1月	2021年2月	2021年3月	2021年4月	2021年5月	2021年6月
	E_1	0.2590	0.0130	0.1597	0.0105	0.0015	0.0010	0.0010	0.0010	0.0010
	E_2	2.2605	2.2253	2.1604	2.0964	2.1422	2.1674	2.1629	2.1635	2.1573
	E_3	2.4360	1.4283	1.2739	1.0304	0.0878	0.0139	0.0128	0.0134	0.0103
E_i	E_4	0.0007	0.0004	0.0000	0.0004	0.0082	0.0468	0.0475	0.0471	0.0480
	E_5	1.8142	0.8551	0.4699	0.2180	0.1103	0.1375	0.1404	0.1396	0.1412
	E_6	0.0345	0.4349	1.3211	0.8120	0.5466	0.6236	0.6255	0.6204	0.6237
	E_7	2.9526	2.9540	2.9536	2.9517	2.9510	2.9517	2.9517	2.9517	2.9518

分析表4-10的结果可知，随着退捕渔民安置保障工作深入推进，不同序参量的影响作用出现显著变化，整体而言，工作机制、培训对系统协同具有十分显著的影响，贡献度较大；初期养老保险、需求贡献度较大，后期转弱；就业、服务对系统协同的影响在2020年12月达到峰值，这与退捕渔民安置保障攻坚倒计时密切相关；信息对系统协同的作

用较弱。该结论与4.1.3节系统序参量排序结果有所出入，证明对实际跨区域协同安置保障而言，工作机制、培训对产生协同效应起着决定性作用。依据表4-9和表4-10，求得不同子系统的协同系数 SC 值如表4-11和图4-8所示，结果显示，整体而言，江西所代表子系统的协同度较为平稳，前期的协同度好于安徽和江苏，到了后期，安徽的协同度最高，江西次之，江苏排在第三位。

表4-11　子系统协同系数 SC 值

省份	2020年10月	2020年11月	2020年12月	2021年1月	2021年2月	2021年3月	2021年4月	2021年5月	2021年6月
江苏	0.7329	0.7116	0.7429	0.8361	0.8458	0.8442	0.8442	0.8450	0.8445
安徽	0.5979	0.7526	0.7063	0.6940	0.9762	0.9730	0.9701	0.9686	0.9667
江西	0.7432	0.9182	0.9870	0.9540	0.9027	0.9358	0.9375	0.9356	0.9395

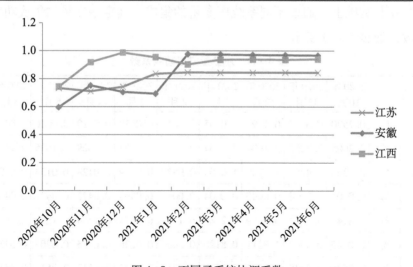

图4-8　不同子系统协调系数

为了进一步确定整个系统的协同状态，用 SPSS 拟合方程功能分别求出子系统对之间的协调值 x'（表4-12），系统协同度 U（表4-13），并依此求得系统的静态协同度 SC_s（表4-14）和动态协同度 SC_d（表4-15）。

表4-12　子系统对之间的协调值 x'

子系统对/月度	2020年10月	2020年11月	2020年12月	2021年1月	2021年2月	2021年3月	2021年4月	2021年5月	2021年6月
子系统 (1, 2)	0.1311	0.0108	0.1601	0.3001	0.126	0.1626	0.1642	0.1647	0.1653
子系统 (2, 1)	0.1112	0.0781	0.1664	0.2438	0.2589	0.2905	0.2904	0.2895	0.2897
子系统 (1, 3)	0.1318	0.4349	0.3742	0.423	0.3756	0.4199	0.4214	0.4203	0.421
子系统 (3, 1)	0.182	0.5487	0.5028	0.4496	0.4587	0.4748	0.4752	0.4744	0.4749
子系统 (2, 3)	0.0924	0.4783	0.066	-0.1177	0.0223	0.0199	0.0186	0.017	0.0175
子系统 (3, 2)	0.2838	0.4556	0.2094	0.2167	0.0914	0.0761	0.0763	0.0773	0.0766

表4-13　系统协同度 U

系统协同度/月度	2020年10月	2020年11月	2020年12月	2021年1月	2021年2月	2021年3月	2021年4月	2021年5月	2021年6月
$U(1, 2)$	0.9611	0.9937	0.9012	0.6159	0.9345	0.8835	0.8810	0.8798	0.8791
$U(2, 1)$	0.9354	0.9572	0.7915	0.5459	0.5617	0.4990	0.4983	0.5001	0.4982
$U(1, 3)$	0.9605	0.4017	0.4924	0.3638	0.4591	0.3719	0.3690	0.3706	0.3697
$U(3, 1)$	0.8090	0.2549	0.3739	0.4631	0.3766	0.3586	0.3578	0.3596	0.3562
$U(2, 3)$	0.9601	0.1526	0.9776	0.8390	0.9973	0.9976	0.9980	0.9984	0.9982
$U(3, 2)$	0.5630	0.3926	0.8476	0.8391	0.9624	0.9745	0.9743	0.9737	0.9739

表4-14　静态协同度 SC_s

静态协同度/月度	2020年10月	2020年11月	2020年12月	2021年1月	2021年2月	2021年3月	2021年4月	2021年5月	2021年6月
SC_s	0.5858	0.1536	0.3825	0.4336	0.3776	0.3595	0.3585	0.3602	0.3568

表4-15　动态协同度 SC_d

动态协同度/月度	2020年10月	2020年11月	2020年12月	2021年1月	2021年2月	2021年3月	2021年4月	2021年5月	2021年6月
SC_d	0.5858	0.3697	0.3740	0.3889	0.3866	0.3821	0.3787	0.3764	0.3742

上述结果反映出，就跨区域协同安置保障活动而言，苏赣皖三省在长江"十年禁渔"重大决策提出之后，整体协同度偏低，呈现出状态协同度逐年减小且后期趋平的特征。在数据来源真实可靠，计算步骤准

确无误的情况下，结合三省各自协调状态变化情况可知，该结果与退捕渔民安置保障工作的整体推进方式有关。前期，相关政策尚未明确，各省间的联系较为紧密，协同程度相对较高；中期，各省严格落实执行相关政策要求，依不同地区的财政能力，各地在服务质量、培训频率、补贴金额等方面表现出一定的差异性，彼此联系减少，协同度降低；后期，各个子系统处于点状维护状态，相关工作不需要全面铺开，进而协同度变化不明显。诚然如此，相关数据在映射序参量状态方面，不可避免存在一定误差，但从计算结果来看，与退捕渔民安置保障实际状态相符。

三、本章小结

首先，通过各地政策文本分析汇总，假设就业、培训、养老保险、信息、需求、服务、工作机制是制约安置保障以及跨区域安置保障协同运行的关键要素。运用 KJ 法和内容分析法对上述关键要素的信度进行检验得出，各要素的信度均大于 0.9，因此将其设定为影响跨区域安置保障有序协同的序参量。

其次，将跨区域协同安置保障视为系统，序参量视为影响系统失效的失效因子，运用 FMEA 和熵权法对上述序参量进行排序，依次为：培训、就业、信息、服务、需求、养老保险、工作机制。

最后，在构建系统状态协同度函数的基础上，基于苏赣皖三省市退捕渔民安置保障统计数据分析可知，影响苏赣皖跨区域协同安置保障的主要序参量为培训和工作机制；系统动态协同度随着时间推移，具有逐步减小的趋势；江苏省所代表子系统的协同状态要好于江西省和安徽省。

本章所选序参量以及衡量指标——协同度可理解为影响安置保障跨区域协同的内因。而在实际跨区域安置保障活动中，以信息传递为依托，不同主体所构成的跨区域安置保障组织结构，最终会形成具有动态变化特性的复杂网络系统。除了序参量影响系统协同运行效率之外，还有网络节点的中心度、连边的权重、结构的鲁棒性等其他外在因素。为此，需进一步深入研究跨区域安置保障组织协同之后，影响其组织效率的外部因素又具有何种特征。

第五章

跨区域协同安置保障网的形成机理与鲁棒性分析

协同学理论与方法引导跨区域安置保障组织有序协同，并形成了相应的组织结构。协同学探究的是组织内部序参量的变化，而不能清楚揭示组织结构的稳定性、凝聚度，各节点的中心度、中介性等影响组织效率的外在因素。为了进一步研究安置保障跨区域协同后形成的组织结构的整体效应，首先，引入复杂网络分析方法，并运用 UCINET 软件对其网络特征进行分析；其次，结合渗流理论，判断边连接概率与渗流阈值间的关系，以此阐释跨区域协同安置保障网的形成机理；最后，采用不同的攻击策略，分析其鲁棒性。

一、跨区域协同安置保障组织结构复杂网络

（一）复杂网络图构建

依据复杂网络分析方法，将现有的跨区域协同安置保障组织结构图映射为跨区域协同安置保障组织结构复杂网络图，如图 5-1 所示。

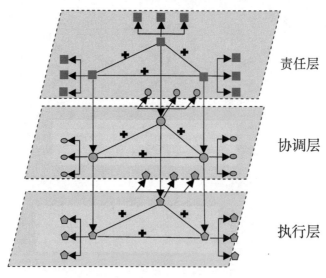

图 5-1 跨区域协同安置保障组织结构复杂网络图

图中■代表责任主体，●代表协调主体，⬠代表执行主体；实线

代表直接指挥，虚线代表业务指导；✦代表两者间具有强联系。同一层级内的不同分支结构代表省、市两个层级的隶属关系，如责任层中，构成三角形的三个节点代表省（区、市）级政府，各自的分支结构代表市（区、县）级政府，省级政府对市级政府具有直接指挥权，因此用实线表示；协调层中，构成三角形的三个节点代表省（区、市）级工作专班，各自的分支结构代表市（区、县）级工作专班，省级工作专班对市级工作专班具有业务指导的关系，因此用虚线表示；执行层中，构成三角形的三个节点代表某一省（区、市）级职能部门，如发展改革委等，各自的分支结构代表市（区、县）级职能部门，两层级间仍为业务指导关系，用虚线表示。执行层依据安置保障任务的需要，可更换不同职能部门加入整体安置保障活动中。因此，设定执行层中三角形的三个节点分别为各自省（区、市）级职能部门所组成的安置保障联盟，其分支机构代表市（区、县）级职能部门所组成的安置保障联盟。安置保障联盟的成员依安置保障任务的需要进行组合，安置保障任务完成后自行解散，并回归本职工作。

此外，因责任层授权给协调层，原本由责任层对执行层的直接领导关系，在跨区域协同后转换为协调层直接领导执行层。换言之，在工作模式上，实现了协调层上报责任层，责任层指示执行层配合协调层，向协调层被授权后直接领导执行层完成安置保障任务的转变。缩减了行政指挥步骤的同时，加快了安置保障时间，提升了执行效率，稳定了组织结构。至于如何量化协同后的跨区域安置保障的优势，可通过协同前后跨区域安置保障组织结构网的特征分析进行对比。

（二）复杂网络图协同前后对比分析

鉴于复杂网络所体现的是网络图中节点间的联系，因此在一个复杂网络图中，需尽可能描绘出节点间所存在的关系，以确定其边数和度数，也便于计算其相关特征值。假设图 5-1 中责任层中心点为 R_1、R_2、

R_3，其管辖范围内二级结构点数分别为 u，v，w，分别用 R_{11}，R_{12}，…，R_{1u}；R_{21}，R_{22}，…，R_{2v}；R_{31}，R_{32}，…，R_{3w} 表示；相应地，协调层中心点为 C_1、C_2、C_3，其管辖范围内二级结构点数分别用 C_{11}，C_{12}，…，C_{1u}；C_{21}，C_{22}，…，C_{2v}；C_{31}，C_{32}，…，C_{3w} 表示；执行层中心点为 E_1、E_2、E_3，其管辖范围内二级结构点数分别用 E_{11}，E_{12}，…，E_{1u}；E_{21}，E_{22}，…，E_{2v}；E_{31}，E_{32}，…，E_{3w} 表示。由于不同安置保障任务所需执行层中职能部门的类型具有一定差异性，如卫生医疗安置保障更需要卫生计生委，能源安置保障更需要发展和改革委等，u，v，w 的值会随着安置保障任务的不同而作出相应的取值变化。跨区域安置保障协同前后网络图如图5-2所示。

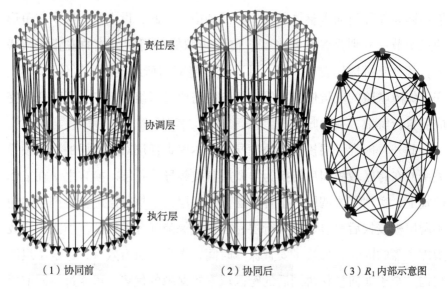

（1）协同前 （2）协同后 （3）R_1 内部示意图

图5-2 跨区域安置保障组织结构协同前后复杂网络图

图5-2中可明显看出协同前后的区别。协同前，圆周点之间无联系，层内三省间表现为弱联系，层间一级机构间表现为弱联系；层间二级机构，责任层与协调层具有弱联系，责任层与执行层间具有强联系，协调层与执行层无联系。省级层面的弱联系在于三者同归中央政府领导，在平时各自管理辖区内的公共事务；而当产生安置保障任务需求

时，三者间又有可能彼此相连。责任层与协调层的弱联系在于协调层不受责任层的直接领导，但又需遵循责任层的相关规定。因挂靠和隶属关系，责任主体对协调主体具有弱联系，协调主体与执行主体无联系；责任层内，一级责任主体间因同属中央政府管辖，彼此间存在弱联系，一级责任主体对二级责任主体具有领导关系，二级责任主体间无联系，协调层与执行层情况相同。协同后，因中央政府充分授权，为节省时间和提高效率，责任层内，一级责任主体间由弱联系变为强联系；二级责任主体彼此建立联系，与一级责任主体分别形成 $u+1$ 次、$v+1$ 次和 $w+1$ 次正则图，且具有完备匹配；二级责任主体相邻节点间首尾相连，形成二级责任主体安置保障圈，协调层、执行层与责任层连接方式相同。层间关系，责任层因充分授权协调层，责任主体与协调主体间的对应关系由弱联系变为强联系；协调层与执行层由无联系变为相应协调主体对执行主体的直接指挥关系，同时，省略了责任主体对执行主体的领导关系。

（三）跨区域协同安置保障网基本特征值

节点：主要针对协同后的复杂网络进行分析。每一级机构中的单位和部门代表一个点，图 5 – 2 （2）中网络最大节点数

$$N_{\max} = 3 \times (u + v + w + 3) \tag{5.1}$$

其中 u，v，w 的具体数目因安置保障任务而定。

边数：责任层，R_1 内部共 $u(u+1)/2$ 条边，R_2 内部共 $v(v+1)/2$ 条边，R_3 内部共 $w(w+1)/2$ 条边，外加一级责任主体间与二级责任主体间内部相连各 3 条边；协调层、执行层内部边数与责任层相同。责任层与协调层间共有 $u+v+w+3$ 条边，协调层与执行层间边数与上述边数相等。因此，跨区域协同安置保障网络图的总边数

$$E = \frac{3}{2}(u^2 + v^2 + w^2) + \frac{7}{2}(u + v + w) + 24 \tag{5.2}$$

度数：责任层，中心点度数之和

$$D_{R_1} = u + v + w + 9 \tag{5.3}$$

二级结构度数分两类，非跨区域连接点度数与跨区域连接点度数之和

$$D_{R_2} = u^2 + u + v^2 + v + w^2 + w + 6 \tag{5.4}$$

协调层，中心点度数之和

$$D_{S_1} = u + v + w + 12 \tag{5.5}$$

二级结构中非跨区域连接点度数与跨区域连接点度数之和

$$D_{S_2} = u^2 + 2u + v^2 + 2v + w^2 + 2w + 6 \tag{5.6}$$

不考虑供应主体的情况下，执行层度数与责任层度数相同。

综上所得，复杂网络图总度数

$$D = 3(u^2 + v^2 + w^2) + 7(u + v + w) + 48 \tag{5.7}$$

平均度数：其值为总度数除以总结点数

$$\overline{D} = \frac{3(u^2 + v^2 + w^2) + 7(u + v + w) + 48}{3u + 3v + 3w + 9} \tag{5.8}$$

矩阵关系：结合图5-2（2）中协同后图形结构，构建表5-1（责任层）和表5-2（责任层与协调层）所示的分层与层间关系矩阵（其他层级与层级间的关系与之相似），以及在此基础上汇总而成的表5-3整体关系矩阵。

表5-1　跨区域协同安置保障组织结构复杂网络图责任层连接矩阵

	R_1	R_{11}	R_{12}	$\cdots$	R_{1u}	R_2	R_{21}	R_{22}	$\cdots$	R_{2v}	R_3	R_{31}	R_{32}	$\cdots$	R_{3w}
R_1	0	1	1	$\cdots$	1	1	0	0	$\cdots$	0	1	0	0	$\cdots$	0
R_{11}	1	0	1	$\cdots$	1	0	0	0	$\cdots$	0	0	0	0	$\cdots$	1
R_{12}	1	1	0	$\cdots$	1	0	0	0	$\cdots$	0	0	0	0	$\cdots$	0
$\vdots$	$\vdots$	$\vdots$	$\vdots$	$\vdots$	$\vdots$	$\vdots$	$\vdots$	$\vdots$	$\cdots$	$\vdots$	$\vdots$	$\vdots$	$\vdots$	$\cdots$	$\vdots$
R_{1u}	1	1	1	$\cdots$	0	0	1	0	$\cdots$	0	0	0	0	$\cdots$	0
R_2	1	0	0	$\cdots$	0	0	1	1	$\cdots$	1	1	0	0	$\cdots$	0
R_{21}	0	0	0	$\cdots$	1	1	0	1	$\cdots$	1	0	0	0	$\cdots$	0
R_{22}	0	0	0	$\cdots$	0	1	1	0	$\cdots$	1	0	0	0	$\cdots$	0
$\vdots$	$\vdots$	$\vdots$	$\vdots$	$\vdots$	$\vdots$	$\vdots$	$\vdots$	$\vdots$	$\cdots$	$\vdots$	$\vdots$	$\vdots$	$\vdots$	$\cdots$	$\vdots$

续表

	R_1	R_{11}	R_{12}	$\cdots$	R_{1u}	R_2	R_{21}	R_{22}	$\cdots$	R_{2v}	R_3	R_{31}	R_{32}	$\cdots$	R_{3w}
R_{2v}	0	0	0	$\cdots$	0	1	1	1	$\cdots$	0	0	1	0	$\cdots$	0
R_3	1	0	0	$\cdots$	0	1	0	0	$\cdots$		0	1	1	$\cdots$	1
R_{31}	0	0	0	$\cdots$	0	0	0	0	$\cdots$	1	1	0	1	$\cdots$	1
R_{32}	0	0	0	$\cdots$	0	0	0	0	$\cdots$	0	1	1	0	$\cdots$	1
$\vdots$	$\vdots$	$\vdots$	$\vdots$	$\cdots$	$\vdots$	$\vdots$	$\vdots$	$\vdots$	$\cdots$	$\vdots$	$\vdots$	$\vdots$	$\vdots$	$\cdots$	$\vdots$
R_{3w}	0	1	0	$\cdots$	0	0	0	0	$\cdots$	0	1	1	1	$\cdots$	0

表5-2 跨区域协同安置保障组织结构复杂网络图责任层与协调层间连接矩阵

	C_1	C_{11}	C_{12}	$\cdots$	C_{1u}	C_2	C_{21}	C_{22}	$\cdots$	C_{2v}	C_3	C_{31}	C_{32}	$\cdots$	C_{3w}
R_1	0	1	1	$\cdots$	1	1	0	0	$\cdots$	0	1	0	0	$\cdots$	0
R_{11}	1	0	1	$\cdots$	1	0	0	0	$\cdots$	0	0	0	0	$\cdots$	1
R_{12}	1	1	0	$\cdots$	1	0	0	0	$\cdots$	0	0	0	0	$\cdots$	0
$\vdots$	$\vdots$	$\vdots$	$\vdots$	$\cdots$	$\vdots$	$\vdots$	$\vdots$	$\vdots$	$\cdots$	$\vdots$	$\vdots$	$\vdots$	$\vdots$	$\cdots$	$\vdots$
R_{1u}	1	1	1	$\cdots$	0	0	1	0	$\cdots$	0	0	0	0	$\cdots$	0
R_2	1	0	0	$\cdots$	0	0	1	1	$\cdots$	1	1	0	0	$\cdots$	0
R_{21}	0	0	0	$\cdots$	1	1	0	1	$\cdots$	1	0	0	0	$\cdots$	0
R_{22}	0	0	0	$\cdots$	0	1	1	0	$\cdots$	1	0	0	0	$\cdots$	0
$\vdots$	$\vdots$	$\vdots$	$\vdots$	$\cdots$	$\vdots$	$\vdots$	$\vdots$	$\vdots$	$\cdots$	$\vdots$	$\vdots$	$\vdots$	$\vdots$	$\cdots$	$\vdots$
R_{2v}	0	0	0	$\cdots$	0	1	1	1	$\cdots$	0	0	1	0	$\cdots$	0
R_3	1	0	0	$\cdots$	0	1	0	0	$\cdots$		0	1	1	$\cdots$	1
R_{31}	0	0	0	$\cdots$	0	0	0	0	$\cdots$	1	1	0	1	$\cdots$	1
R_{32}	0	0	0	$\cdots$	0	0	0	0	$\cdots$	0	1	1	0	$\cdots$	1
$\vdots$	$\vdots$	$\vdots$	$\vdots$	$\cdots$	$\vdots$	$\vdots$	$\vdots$	$\vdots$	$\cdots$	$\vdots$	$\vdots$	$\vdots$	$\vdots$	$\cdots$	$\vdots$
R_{3w}	0	1	0	$\cdots$	0	0	0	0	$\cdots$	0	1	1	1	$\cdots$	0

表 5-3 跨区域协同安置保障组织结构复杂网络图整体关系矩阵

	R	C	E
R	0	1	0
C	1	0	1
E	0	1	0

网络类型：在跨区域协同复杂网络图中，鉴于每个图层所代表的网络图内部均具有较短路径以及集聚特性，因此各图层所示网络属于小世界网络；而未体现在图中的供应层又具有随机网络的特性，且图中隐含着的供应主体所代表的节点，具有一定优先选择性和增长性，故加上决策层和内含的供应层所组成的跨区域协同安置保障网络图属于小世界无标度网络。因本文研究侧重管理主体与执行主体间的关系，暂不考虑供应主体的影响和作用，可设定所构建的跨区域协同安置保障网络类型为小世界网络。

(四) 跨区域协同安置保障网络结构鲁棒性

1. 跨区域协同安置保障网络鲁棒性的内涵

跨区域协同安置保障网凸显的是不同组织和部门关于安置保障任务的彼此间关联，由上文分析可知，不同部门所代表节点因其节点特征的差异性在网络中体现出不同的地位和作用。在外部干扰因素——重要节点所含组织或部门间无法进行顺畅沟通导致信息不能有效传达——的影响下，跨区域协同安置保障网所体现的抗干扰和抗击打能力视为该网络的鲁棒性。其中，重要节点代表点度数或中介度较高的节点。以协调层为例，当节点 R_1 和 R_2 间的边受到攻击时，两个省级退捕渔民安置保障工作专班间没有直接信息交互，致使网络无法有效连通而导致信息传递失效。

2. 跨区域协同安置保障网失效模型

跨区域安置保障协同是出于实际情况的需要，而协同所体现的优势于组织结构而言，是精简组织成员，提升合作效率，加快信息传达速度，减少投入成本；将协同后的组织结构抽象为复杂网络图后，其优势则体现在密度、度分布、聚类系数、结构稳定性和抗攻击能力等指标上。因此，需要对所构建的复杂网络图进行演化机制和动力学机制方面的研究。复杂网络研究中，传播机理与动力学分析、相继故障分析、搜索、社团结构、同步、控制等分析过程均能较好地体现上述两方面内容。考虑到研究对象所具有的实际意义，本文选择相继故障模型进行分析。在很多实际网络中，一个或少数几个节点或边发生的故障（这种故障可能是随机发生的，也可能是由蓄意攻击造成的）会通过节点之间的耦合关系引起其他节点发生故障，这样就会产生连锁效应，最终导致相当一部分节点甚至整个网络的崩溃。这种现象就称为相继故障。

据此，可构建跨区域安置保障协同组织结构相继故障模型。假设跨区域安置保障协同组织网络含有 M 个节点，根据不同主体所起的作用对其进行赋值。其中，决策主体分配任务记为 1，未分配任务记为 0。是否分配任务则由节点与邻居节点间是否有连边决定；责任主体获取任务记为 1，未获取任务记为 0；协调主体发挥协调功能记为 1，未发挥协调功能记为 0；执行主体执行安置保障任务记为 1，未执行安置保障任务记为 0. 依随机攻击和蓄意攻击模型，攻击不同节点间的连边。若决策主体、一级责任主体、一级协调主体和一级执行主体中有 0 值出现，则此系统发生故障，需进行修复；二级责任主体、二级协调主体和二级执行主体中有 0 值出现，则需快速找到可替代节点以保证系统正常运转。按照上述过程，分析跨区域协同安置保障网络鲁棒性及其相关特征。

从安置保障活动实际实施过程可知，跨区域安置保障协同的前提是系统发生故障所在行政区划无法独自完成故障修复任务以及提供所需资源，需由其他区域供应所需资源并配合完成系统故障修复。供应能力体现的是修复能力，其他区域的决策主体、责任主体、协调主体和执行主体数量体现的是配合程度。诚如总量为 W 的安置保障任务需由三个省分别供应 W_1，W_2，W_3，方始退捕渔民安置到位。若在相继故障模型中，其他省份的决策、责任、协调和执行主体为 0，即未参与安置保障活动，未实现跨区域协同，则导致跨区域协同失败。

综上，所构建跨区域安置保障协同组织结构相继故障模型，在不同攻击模型下具有不同的鲁棒性。至于是否具有较强的容错能力——若遭受随机性攻击，网络是否不受影响或能在较短时间内修复，从而显示出较强的鲁棒性；抑或是抗攻击能力较弱——即若遭受蓄意攻击，如攻击诸如决策主体、一级责任主体和协调主体等特定节点，网络是否会迅速产生故障直至瘫痪，从而体现出较弱的鲁棒性等疑问。因本节研究内容较多从定性角度对跨区域协同安置保障复杂网络相关性质加以描述，所得结论也具有概述的特点。若要真正做到能较好回答协同后较之协同前的优势，以及优势产生的原因和具体量化程度等相关问题，则需通过实际案例加以辅助分析。

二、跨区域协同安置保障网络特征分析——以苏赣皖为例

（一）苏赣皖跨区域协同安置保障组织结构网络模型构建

图 5-2 所示复杂网络图来源于实际的安置保障活动，将其抽象为复杂网络图是为了更好地分析其组织结构特性。为此，将图 5-2（2）中的三个协同参与方分别设定为江苏、江西和安徽，以确定复杂网络图的节点数，进一步分析复杂网络图的性质，沿江 10 省市的跨区域协同安置保障网络将以此类推。其中，江苏省共有常州、淮安、南京、苏州、宿迁、泰州、无锡、徐州、扬州、镇江等 10 个地级市涉及退捕渔民安置任务，江西省共有赣州、吉安、景德镇、九江、南昌、上饶、鹰潭等 7 个地级市涉及退捕渔民安置保障任务，安徽省共有安庆、蚌埠、亳州、池州、滁州、阜阳、合肥、淮南、黄山、马鞍山、铜陵、芜湖等

12 个地级市涉及退捕渔民安置保障任务。为了便于计算和说明，假设上述 29 个市（区、县）均参与跨区域协同安置保障，且二级执行主体数量与二级责任主体数量相当。

当跨区域安置保障需求产生后，组织结构受协同效应的影响会发生相应的变化，因此，在此基础上依据跨区域协同安置保障运行模型对图形进行优化，即构建跨区域协同安置保障组织结构复杂网络图，此时最高协调主体与责任主体所代表节点间的交流加深，由弱关系变为强关系。协同效用产生作用后，三省形成了局部利益共同体，为完成安置保障任务，不同层面各自形成了以最高领导机构联盟为核心的协同安置保障圈。整体上，形成了以协调层为核心，责任层为支撑，执行层为先锋的跨区域协同安置保障系统。图 5-2（3）代表的是江苏省协调层子图，除了一级领导机构至二级机构为单向，二级机构间彼此连接。其他省内部与江苏省相同，协调层与执行层内三省的内部结构与江苏省责任层子图相同，不同省份间则不具有类似结构。图 5-2（2）所示组织结构具有使动作用，即能将该结构提起并放置在不同任务缺口处，执行此动作的机构为决策层。为此，可构建苏赣皖跨区域安置保障任务协同实施流程图，如图 5-3 所示。

由于反馈机制的存在，不同层级机构或层间的关系由单向变为双向，即苏赣皖跨区域协同安置保障组织结构复杂网络图最终成为无向图。据此，苏赣皖跨区域协同安置保障组织结构复杂网络图构建完毕，需对该网络图的不同特征进行分析，以确定该网络图所代表的组织结构是否稳定可行，并进一步分析协同前后组织结构的差异性。

（二）协同前后网络特征整体对比分析

1. 整体特征值

由于图 5-3 中节点较多，对其相关特征值的计算较为复杂，因此需用到相应的网络分析工具。而本研究中根据工具的适用性和易操作性，选择 UCINET6.645 版软件对其进行分析。在 Excel 中用数据矩阵的

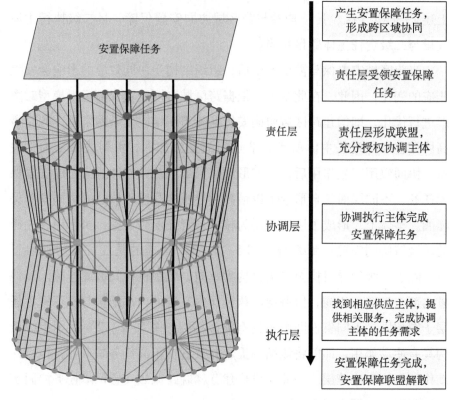

图 5-3　苏赣皖跨区域协同安置保障任务协同实施流程图

方式表示图 5-3 所示的关系，其中横纵向分别呈现顺序相同的 96 个节点所代表的变量，节点间的关系用数值 0 和 1 表示，即有关系标为 1，无关系记为 0。矩阵中 96 个节点的标记顺序如表 5-4 所示。

表 5-4　节点标记顺序

顺序	1	2	3	4	5	6	7	8	9	10	11	12
节点	JSR	JXR	AHR	JSC	JXC	AHC	JSE	JXE	AHE	JSR1	JSR2	JSR3
顺序	13	14	15	16	17	18	19	20	21	22	23	24
节点	JSR4	JSR5	JSR6	JSR7	JSR8	JSR9	JSR10	JXR1	JXR2	JXR3	JXR4	JXR5
顺序	25	26	27	28	29	30	31	32	33	34	35	36
节点	JXR6	JXR7	AHR1	AHR2	AHR3	AHR4	AHR5	AHR6	AHR7	AHR8	AHR9	AHR10

续表

顺序	37	38	39	40	41	42	43	44	45	46	47	48
节点	AHR11	AHR12	JSC1	JSC2	JSC3	JSC4	JSC5	JSC6	JSC7	JSC8	JSC9	JSC10
顺序	49	50	51	52	53	54	55	56	57	58	59	60
节点	JXC1	JXC2	JXC3	JXC4	JXC5	JXC6	JXC7	AHC1	AHC2	AHC3	AHC4	AHC5
顺序	61	62	63	64	65	66	67	68	69	70	71	72
节点	AHC6	AHC7	AHC8	AHC9	AHC10	AHC11	AHC12	JSE1	JSE2	JSE3	JSE4	JSE5
顺序	73	74	75	76	77	78	79	80	81	82	83	84
节点	JSE6	JSE7	JSE8	JSE9	JSE10	JXE1	JXE2	JXE3	JXE4	JXE5	JXE6	JXE7
顺序	85	86	87	88	89	90	91	92	93	94	95	96
节点	AHE1	AHE2	AHE3	AHE4	AHE5	AHE6	AHE7	AHE8	AHE9	AHE10	AHE11	AHE12

　　然后运用 UCINET 软件自带功能，将此 Excel 文件自动转化为 UCI-NET 软件所要求的格式并保存。对其进行 Netdraw 可视化分析，苏赣皖跨区域协同安置保障组织结构复杂网二维视图如图 5-4 所示。

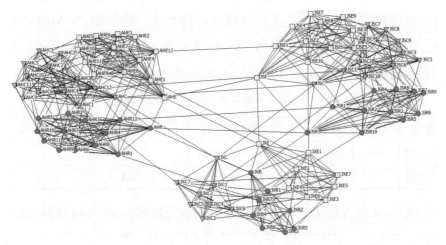

图 5-4　苏赣皖跨区域协同安置保障组织结构复杂网二维视图

注：图中圆形代表责任主体，下三角形代表协调主体，正方形代表执行主体；

1 代表决策层，2 代表责任层，3 代表协调层，4 代表执行层。

对图 5 - 4 中的节点进行编号，编号名称和所代表部门汇总如表 5 - 5 所示。

表 5 - 5　苏赣皖跨区域协同安置保障组织结构网络图节点编号与释义

编号名称	代表部门	隶属层级
JSR	江苏省政府	责任层
JSC	江苏省退捕渔民安置保障工作专班	协调层
JSE	江苏省省级政府职能部门	执行层
JXR	江西省政府	责任层
JXC	江西省退捕渔民安置保障工作专班	协调层
JXE	江西省省级政府职能部门	执行层
AHR	安徽省政府	责任层
AHC	安徽省退捕渔民安置保障工作专班	协调层
AHE	安徽省省级政府职能部门	执行层

每一层中依据市（区、县）级政府的数量进行相应编号，相邻省级政府所对应的市（区、县）级政府首尾相连，如 JSR1 与 AHR12 相连，JXR1 与 JSR10 相连，AHR1 与 JXR7 相连，其他层级依此类推。协同前后网络相关特征值对比结果如表 5 - 6 所示。

表 5 - 6　协同前后网络相关特征值对比分析

阶段	节点	度数	平均度数	密度	平均最短距离	聚类系数
协同前	96	302	3.146	0.033	2.623	0
协同后	96	1194	12.438	0.131	2.734	0.665

表 5 - 6 统计结果可知，伴随着协同效应发挥作用，协同后较之协同前，在度数、平均度数、密度、平均最短距离、聚类系数指标值上均有所增加。度数和平均度数的增加表示，在节点数不变的情况下，节点间的联系更加紧密，进而使整个网络的密度增大；平均最短路径的增加幅度不大，聚类系数从 0 增加至 0.665，表明协同后的图形更加紧凑，更能发挥功效。

2. 点度中心性对比分析

点度中心性反映的是网络中某一个部门与其他部门的联系程度，点度越大代表其与其他节点联系越多，在网络中的地位越重要。点度数对比分析，可通过同一节点协同前后度数的差异，反映其在整个网络中作用的变化情况。依次打开 UCINET→Network→Centrality and Power→Degree，分别导入协同前后的复杂网络矩阵数据，对其汇总排序后，形成表5-7和表5-8所示结果。

表5-7　点度中心性具体特征比较

排序	点		点度数		相对点度数	
	协同前	协同后	协同前	协同后	协同前	协同后
1	AHR	AHR，AHC，AHE	14	16	14.737	16.842
2	AHC，AHE	AHR1，AHR12，AHC1，AHC12，AHE1，AHE12	13	15	13.684	15.789
3	JSR	JSR，JSC，JSE，AHR2-AHR11，AHC2-AHC11，AHE2-AHE11	12	14	12.632	14.737
4	JSC，JSE	JSR1，JSR10，JSC1，JSC10，JSE1，JSE10	11	13	11.579	13.684
5	JXR	JSR2-JSR9，JSE2-JSE9，JSC2-JSC9	9	12	9.474	12.632
6	JXC，JXE	JXR，JXC，JXE	8	11	8.421	11.579
7	JSR1-JSR10，JXR1-JXR7，AHR1-AHR12	JXR1，JXR7，JXC1，JXC7，JXE1，JXE7	3	10	3.158	10.526
8	JSC1-JSC10，JXC1-JXC7，AHC1-AHC12，JSE1-JSE10，JXE1-JXE7，AHE1-AHE12	JXR2-JXR6，JXC2-JXC6，JXE2-JXE6	2	9	2.105	9.474

表5-8　点度中心性整体统计比较

统计指导	度数		相对度数		共享率	
	协同前	协同后	协同前	协同后	协同前	协同后
平均数	3.146	12.438	3.311	13.092	0.010	0.010
标准差	2.646	1.999	2.785	2.104	0.009	0.002
总和	302.000	1194.000	317.895	1256.842	1.000	1.000
方差	7.000	3.996	7.756	4.428	0.000	0.000
SSQ	1622.000	15324.000	1797.230	16879.779	0.018	0.011
MCSSQ	671.958	383.625	744.552	425.069	0.007	0.000
欧几里得范数	55.588	123.426	42.394	129.922	0.133	0.103
最小值	2.000	9.000	2.105	9.474	0.007	0.008
最大值	14.000	16.000	14.737	16.842	0.046	0.013

表5-7和表5-8结果显示，协同前后点度中心性具有如下差异：

①整体而言，各点度数均有所增加，即各节点间整体联系更为紧密。

②节点 AHC、AHE 较协同前增加2度。

③协同后，各层级二级机构节点的度数显著上升，即二级机构所代表节点间的内部联系更加紧密，二级机构的作用显著增强。

④连接节点 AHR1、AHR12、AHC1、AHC12、AHE1、AHE12 的度数较之于相应的其他二级机构节点度数要多1度，即不同区域的二级机构间也建立了联系。

3. 中介中心性对比分析

中介中心性反映的是特定部门承载不同部门间信息传达的重要程度，中介度越大代表特定部门的过渡作用越强，在网络中地位越高。依次打开 UCINET→Network→Centrality and Power→Freeman Betweenness→Node Betweenness，分别导入协同前后的复杂网络矩阵文件，对其汇总排序后，形成表5-9和表5-10所示结果。

表 5 - 9　中介中心性具体特征比较

排序	点		中介中心性		标准化中介中心性	
	协同前	协同后	协同前	协同后	协同前	协同后
1	AHR	AHR，AHC，AHE	359.000	397.250	8.040	8.897
2	JSR	JSR，JSC，JSE	249.333	360.917	5.584	8.083
3	AHC，AHE	JXR，JXC，JXE	230.000	280.167	5.151	6.275
4	JSC，JSE	AHR12，AHC12，AHE12	158.333	240.000	3.546	5.375
5	JXR	JSR1，JSC1，JSE1	122.333	232.000	2.740	5.196
6	JXC，JXE	AHR1，AHC1，AHE1	75.833	181.750	1.698	4.071
7	AHR1-AHR12	JXR7，JXC7，JXE7	21.667	161.750	0.485	3.623
8	JSR1-JSR10	JSR10，JSC10，JSE10	18.333	152.417	0.411	3.414
9	JXR1-JXR7	JXR1，JXC1，JXE1	13.333	140.417	0.299	3.145
10	AHC1-AHC12，AHE1-AHE12	AHR2-AHR11，AHC2-AHC11，AHE2-AHE11	6.333	22.167	0.142	0.496
11	JSC1-JSC10，JSE1-JSE10	JSR2-JSR9，JSC2-JSC9，JSE2-JSE9	5.333	21.167	0.119	0.474
12	JXC1-JXC7，JXE1-JXE7	JXR2-JXR6，JXC2-JXC6，JXE2-JXE6	3.833	19.667	0.086	0.440

表 5 - 10　中介中心性整体统计比较

统计指标	中介中心性		标准化中介中心性	
	协同前	协同后	协同前	协同后
均值	26.125	82.375	0.585	1.845
标准差	57.727	108.025	1.293	2.419
总和	2508.000	7908.000	56.170	177.111
方差	3332.380	11669.399	1.672	5.853
欧几里得范数	620.830	1331.046	13.904	29.811
最小值	3.833	19.667	0.086	0.440
最大值	359.000	397.250	8.040	8.897

表 5-9 和表 5-10 结果显示，协同前后中介中心性具有如下差异：

①整体而言，协同前后节点的中介中心性均有所提高，体现的是协同后节点间路径增多，经过某一节点的最短路径也随之增长，即协同后的信息传达方式较协同前显著增多。

②协同后 JSC、JXC、AHC 的中介度均有所增长，换言之，协同后协调主体的作用显著增强。

③二级机构跨区域相邻节点协调主体中心性要大于责任主体大于执行主体，即跨区域协同安置保障中二级协调主体的作用比二级责任主体和执行主体更为重要。

4. 小结

跨区域协同安置保障网整体特征值对比分析显示，协同后的组织结构连接更为紧密，稳定性更高，信息传达路径的选择性更多。点度中心性与中介中心性的分析结果显示，跨区域协同安置保障前后变化最大的是协调主体在跨区域安置保障活动中的作用明显增强，这一发现与本文的研究假设、立论基础和现实依据具有较高的吻合性。为了进一步描述协同前后各层级的变化情况，以说明不同主体在跨区域协同安置保障中所起的作用，可对不同层级和不同区域所代表的跨区域协同安置保障子网进行分析。

三、区域协同安置保障网分类对比与形成机理分析

(一) 层级整体对比分析

因选择的执行主体所形成的子安置保障联盟数量与协调主体和责任主体一致，不同层级在数量、规模和连接方式具有同质性，因而各层级协同前后具有相同的变化特征。因上一节中协调主体作用在协同后显著增强的研究发现，故选择协调层为代表进行分析，结果如表 5-11所示。

表 5 - 11 协调层协同前后对比分析

阶段	节点数	度数	平均度数	密度	平均最短距离	聚类系数
协同前	38	70	1.84	0.050	1.974	0
协同后	38	364	9.58	0.259	2.218	0.880

表 5 - 11 中，随着协同效果的形成，协同后协调层密度大幅增加，反映出协同后协调层内部联系更为紧凑；平均最短距离的小幅增长，是因为彼此关系紧密后可达路径增多，即平均最短距离计算公式中的分母值变大；而聚类系数从 0 增至 0.824，则表示从协同前的不连通到协同后的趋向基本完全连通。

（二）区域整体对比分析

在本研究的设定框架内，不同区域的组织结构在协同前后具有相同的变化，为了行文简洁，选取江苏省为分析目标，协同前后网络特征变化如表 5 - 12 至表 5 - 14 所示。

表 5 - 12 江苏省协同前后对比分析

阶段	节点数	度数	平均度数	密度	平均最短距离	聚类系数
协同前	33	104	3.152	0.099	2.621	0
协同后	33	396	12	0.375	1.625	0.697

表 5 - 13 江苏省协同前后点中心性对比分析

排序	点		点度数	
	协同前	协同后	协同前	协同后
1	JSR	JSR，JSC，JSE，JSR1-JSR10，JSC1-JSC10，JSE1-JSE10	12	12
2	JSC，JSE		11	
3	JSR1-JSR10		3	
4	JSC1-JSC10，JSE1-JSE10		2	

表 5 - 14 江苏省协同前后中介中心性对比分析

排序	点		点度数	
	协同前	协同后	协同前	协同后
1	JSR	JSR, JSC, JSE, JSR1-JSR10, JSC1-JSC10, JSE1-JSE10	249.333	10
2	JSC, JSE		158.333	
3	JSR1-JSR10		18.333	
4	JSC1-JSC10, JSE1-JSE10		5.333	

表 5 - 12 结果显示，协同后江苏省组织结构所代表的网络联系更为紧密，且与层级对比分析结果所不同的是，平均最短距离呈减小趋势，即不同节点间的信息传达更为迅捷和高效。表 5 - 13 和表 5 - 14 结果显示，不论是江苏省一级和二级责任主体、协调主体、执行主体在协同后，具有相同的重要程度，即江苏省所代表的子系统趋于平衡态。

前文中提到，协同学引导安置保障跨区域协同，可视为内部协同机制，而跨区域协同安置保障网的形成，则可看作外部协同机制，即阐释不同组织机构在协同过程中的彼此关联是如何形成的。节 5.2.1 所描述的安置保障任务在自上而下传达过程中，跨区域协同安置保障组织结构的建立，从整体上说明了跨区域协同安置保障网的构建思路。至于每个层级内部是如何形成图 5 - 2（3）所示结构，以及层级间如何产生联系，则需引入渗流理论（Percolation Theory）加以详细阐明。

（三）形成机理

就跨区域协同安置保障网的结构形成方式而言，分为两种：一种是不同行政区划间依安置保障任务形成特定组织结构后彼此产生交互关系，另一种是不同层级间形成特定组织结构后产生交互关系。若以实际安置保障过程而论，跨区域协同安置保障网的结构是上述两种方式同时发生并产生合力的结果。不同区域一级责任主体相互关联的同时，行政区划内的协调主体和执行主体依安置保障任务的需要同步关联。依需求区域的个数，所需资源的类型和量级，不同区域的一级协调主体和一级执行主体相互关联，最终形成不同跨区域协同安置保障管理模式所对应的跨区域协同安置保障网。图 5-2（2）为本研究所构建的理想态跨区域协同安置保障网，囊括了行政区划内所有部门。现实安置保障活动中，责任主体、协同主体和执行主体的数量依安置保障任务而定。因此，在分析跨区域协同安置保障网形成机理时，需充分遵循实际状态的要求。可通过运用渗流理论分析一般状态下单一行政区划或层级内的形成机理，并将其延伸至不同行政区划或层级间的描述。依特定安置保障任务所形成的跨区域协同安置保障组织结构，即为一般状态下的特定状态。

一般地，渗流理论研究范式包括点渗透和边渗透。对于点渗透，鉴于 Cohen 等人的研究表明，在幂律分布网络中，当 $p_k \sim k^{-\alpha}$（$2 < \alpha < 3$）时，网络始终存有一个巨连通分支，使点被渗透的临界概率 p_c 等于或小于零，即幂律网络对点随机删除具有较强的鲁棒性；以及本研究中网络节点所代表政府部门所具特性致使其不易被删除和替换，因此，本研究不予考虑，而将侧重点聚焦于边渗透。

以江苏省一级行为主体协同为例，构建图 5-5 所示协同前示意图。其中，节点 V_{JSR} 代表江苏省政府，节点 V_{JSC} 代表江苏省退捕渔民安置保障工作专班，节点 V_{JSE_1}，V_{JSE_2}，…，$V_{JSE_{10}}$ 代表江苏省发改委、江苏省农业农村厅、江苏省财政厅等执行主体，图中共 10 个节点。因为节点 V_{JSR}，V_{JSC} 均存有与其他两省省级同级部门间联系的可能性，所以多出两条边，节点 V_{JSE_1} 和 $V_{JSE_{10}}$ 各多出一条边的原因与之类似。

江苏省 4 安置保障活动跨区域协同前网络无聚类，按照 Bender 和 Canfield 对于无聚类网络渗透阈值的公式推演，其渗透阈值为：

$$p_c = \frac{\sum_k k p_k}{\sum_k k(k-1)p_k} \tag{5.9}$$

其中，k 为点度数，p_k 为点度为 k 的度分布，$p_k = N_k/N$，N_k 表示度

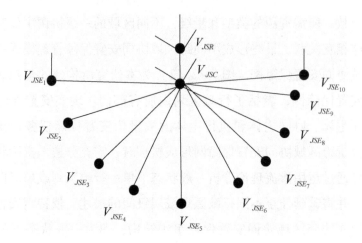

图 5-5 协同前江苏省安置保障网络示意图

数为 k 的节点数，N 为总节点数。对应图 5-5，k 与 p_k 的取值见表 5-15。

表 5-15 协同前江苏省安置保障网络度与度分布

度数 k	1	2	4	13
度分布 p_k	2/3	1/6	1/12	1/12

按照式（5.9）计算得出，图 5-5 的渗透阈值 $p_c = 0.172$。即当边占用率 $\phi > 0.172$ 时，网络完成渗透，信息可进行有效传播。

协同前后对比研究发现，跨区域协同的过程是聚类系数不断增大的过程，当聚类系数达到最大值时，反映在网络图中的效果是节点 V_{JSE_1}，V_{JSE_2}，…，$V_{JSE_{10}}$ 均彼此相连。按照此理想态，协同后江苏省的协同安置保障网络示意图如图 5-6 所示。

由协同前后网络整体和分类对比分析可知，不论以哪种方式形成跨区域协同安置保障网络结构，均为聚类系数由小变大，聚类性质由弱变强的过程。首先，分析跨区域协同安置保障网的一般状态。定义网络的度分布为 p_k，那么该网络度分布的生成函数则可表示为：

$$G_0(x) = \sum_{k=0}^{\infty} p_k x^k \tag{5.10}$$

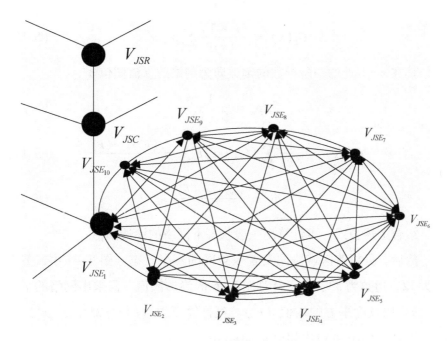

图 5-6　协同后江苏省跨区域协同安置保障网络示意图

该生成函数在 $x=0$ 处的一阶导数表示，节点度数为 k 的概率：

$$p_k = \frac{1}{k!} \times \frac{d^k G_0(x)}{dx^k} \bigg|_{x=0} \tag{5.11}$$

在 $x=1$ 处的一阶导数表示，网络的平均度：

$$\langle k \rangle = \sum_k k p_k = G_0'(1) \tag{5.12}$$

为了计算网络的渗流阈值，需引入余度的概念。节点间一般不会有唯一相连的边，即一个节点会与多个节点产生联系，因此每个节点除了与指定节点相连之外剩余的度数，简称余度。余度的分布函数为：

$$G_1(x) \sum_{k=0}^{\infty} Q_k x^k \tag{5.13}$$

其中，Q_k 是网络的余度分布，可表示为：

$$Q_k = \frac{(k+1) p_{k+1}}{\langle k \rangle} \tag{5.14}$$

余度分布的生成函数可转换为：

$$G_1(x) = \frac{(k+1)}{(k)} \sum_{k=0}^{\infty} p_{k+1} x^k \qquad (5.15)$$

其在 $x=1$ 处的一阶导数的倒数即为网络的渗流阈值 p_c：

$$p_c = \frac{1}{G_1'(1)} \qquad (5.16)$$

$$G_1'(1) = \frac{1}{\langle k \rangle} \sum_{k=0}^{\infty} k(k+1) p_{k+1} = \frac{\langle k^2 \rangle - \langle k \rangle}{\langle k \rangle} \qquad (5.17)$$

$$p_c = \frac{\langle k^2 \rangle - \langle k \rangle}{\langle k \rangle} \qquad (5.18)$$

结合上述公式，可计算出一般状态下网络的渗透阈值。

然后，分析跨区域协同安置保障网的理想状态。图 5-6 中，节点数为 12，边数为 53。为了计算图 5-6 的渗透阈值，需求出网络的平均度 $\langle k \rangle$ 以及度平方的均值 $\langle k^2 \rangle$。经计算可得 $\langle k \rangle = 25/3$，$\langle k^2 \rangle = 80$，所以图 5-6 的渗透阈值 $p_c = 0.116$。

协同前后对比分析可知，渗透阈值呈递减趋势，即随着聚类系数的增加，彼此间关系更为紧密，使得网络出现渗流现象所需的边占用率也随之逐渐减小。该现象解释的是，在跨区域协同过程中，因安置保障任务的需要，不同部门间的连线逐步增加，使得信息传达的最短路径和连接边所形成的阻碍不断减小，加快了信息传达的效率，从而促进了协同安置保障信息链的完整表达，进而推进了跨区域安置保障任务的快速精准实现。

四、跨区域协同安置保障网络鲁棒性分析

（一）边攻击模型的选取依据

运用渗流理论研究复杂网络的传播动力学机制的文献中，相关学者得出了点渗透建模条件下，幂律网络具有较好的鲁棒性，而研究边渗透模型下不同网络的鲁棒性的文献较少。不仅如此，整体而言，以点攻击

模型研究网络鲁棒性的文献较之边攻击模型也丰富很多。究其原因，研究"点"比研究"边"要更容易阐释其内在运行机理。在现实生活中，一个"点"可以代表一个人、一个城市、一家公司等。"点"所具有的特征多样性，有助于研究人员可以结合实际案例进行分析的同时，其研究成果也更具针对性。如通过仿真研究可以预测在哪个区域建立加油站能获得更高的利润，且一旦发生事故，对居民的生命和财产安全损害最小；删除哪个加油站不会对城市交通造成核心影响和威胁等。"边"则不具备如此丰富的多样性，只有在确定了"点"、"点"与"点"之间形成某种内在关联的基础上，"边"才具有其存在的价值和意义，这也导致了"边"研究范围的广度和深度没有"点"来得多和强。

　　话虽如此，"边"和"点"在理论研究上仍具有同样重要的地位和分量，只是侧重点不同罢了。以城市公共交通系统为例，若某趟公交车为区间车，只到达常规终点站前的某一站。对于等车人而言，面临着再等下一辆或在区间段终点站换车的选择，不论何种选择，均需要付出一定的成本，或是时间，或是金钱。在复杂网络鲁棒性研究领域，上述情况视为"边"的主动失效。与之对应的，则是"边"的被动攻击，即某一段路突然出现坍塌或车祸，使其不能正常运行。公交车则只能选择等待或绕行，乘车人依然会有成本损耗。若公交车在某一站点所代表的"点"不停站，依然会产生类似的效应。所以，选择"点"攻击、"边"攻击还是混合攻击，还需依据特定的研究对象而定。

　　回到本研究的主题上，跨区域协同安置保障网中每个节点均代表不同的职能部门，不存在被攻击导致被删除的现象。例如安徽省退捕渔民安置保障工作专班，节点的度数和中介度数均较高，在跨区域协同安置保障网中具有较高的地位和作用。若选择"点"攻击模型，将会是首要攻击节点。该节点被攻击后，功能失效，将被移除出整体网络，进而会导致跨区域协同安置保障网的整体失效。然而，这个节点为什么会被攻击以及如何失效的原因，解释上稍显牵强。政府职能部门不会凭空产生和消失，只会出现与其他职能部门没有联系的现象，即节点间的边会因某种原因被攻击而消失。因此，就跨区域协同安置保障网鲁棒性研究而言，选择"边"攻击模型具有较好的科学性、合理性和针对性。那么，合理解释节点间的连边因何种原因被攻击显得尤为重要。

前文研究发现跨区域协同安置保障网的形成过程，是聚类系数不断增加、渗流阈值不断减小、协同安置保障信息链不断完善的过程。从复杂网络研究角度而言，跨区域协同安置保障网彰显的是涵盖安置保障任务的信息不断传导的过程。所以，当节点间的信息因某些原因——技术或人为因素——不能正常传输时，节点间的边便失效并消失。下面具体分析这些原因。在认识到信息系统的重要性后，国家退捕渔民安置保障工作专班建立了退捕渔民实名制动态帮扶信息系统，并将账号密码按管理权限发放至各省，各省则按照信息系统的退捕渔民名单全力做好退捕渔民转产就业、技能培训、养老保险补贴等工作。建立信息系统离不开网络、电力和人三大因素。引起边失效的原因就有如某些省份未及时更新信息系统平台，导致退捕渔民安置保障信息存在滞后；网络出现程序问题，在信息发出和接收端口出现断点；电力系统瘫痪，致使网络无法正常运载；相关人员技术不过关，不能有效上传需发送的或处理所接收的信息，或意识不到位，在时效上有所延误。除了上述原因之外，还有很多因素均会在不同程度上，引起节点间的连接失效。基于此，本研究选择"边"攻击模型研究跨区域协同安置保障网鲁棒性。

（二）跨区域协同安置保障网络鲁棒性的度量指标

在进行网络鲁棒性研究时，鲁棒性度量指标的单一化常被学者所诟病。为了尽可能减少因度量指标单一造成分析结果有所误差，本研究在经过文献分析后，试图选取学者们常用的三类衡量指标，作为跨区域协同安置保障网络鲁棒性研究的度量指标。

1. 连通鲁棒性

综合相关学者关于网络鲁棒性的定义和测量方法可知，网络受到攻击致使部分节点或连边被删除后，仍能继续保持连通状态的能力视为网络连通鲁棒性；其度量指标较常用的是 Crucitte 等人提出的网络全局效率 E_{glob}，网络全局效率值越大，则其连通鲁棒性越强。E_{glob} 计算公式如下：

$$E_{glob} = \frac{1}{N(N-1)} \sum_{\substack{i,j \in V \\ i \neq j}} \frac{1}{l_{ij}} \tag{5.19}$$

式（5.19）中，N 代表网络总点数，V 为所有顶点的集合，l_{ij} 代表节点 i 到 j 的最短路径所经过的边数。将 E_{glob} 视为网络鲁棒性的第一类度量指标。

2. 节点数之比 G

Albert 等人在研究因特网的鲁棒性时发现，随着去除节点数占原总节点数之比 f 的增大，网络平均最短路径长度 l 表现出先增大后减小的变化情况，将网络平均最短路径长度增大到最大值时的 f_c 作为度量网络功能鲁棒性的指标，f_c 值越大，则网络的功能鲁棒性越强。而对于边攻击模型而言，在网络的边被不断攻击过程中，复杂网络的最大连通子图（giant connected component）也在不断变化，甚至出现网络不连通的现象。为此，将最大连通子图所含节点数 N_g 与总节点数 N 之间的比值 G，作为边攻击模型下网络鲁棒性的第二类度量指标。

$$G = \frac{N_g}{N} \tag{5.20}$$

当网络不连通时，选取不同连通分支所含的最大连通子图。G 值越大代表边攻击策略效果越弱，网络鲁棒性越强；G 值越小代表边攻击策略效果越强，网络鲁棒性越弱。

3. 边数之比 S

在上述两种鲁棒性衡量指标的基础上，为了进一步凸显边攻击的效用，结合混合攻击下网络保护策略的研究方法，采用边攻击后复杂网络最大连通子图的边数 N_e' 与攻击前原始最大连通子图的边数 N_e 之间的比

值 S，作为网络鲁棒性的第三类度量指标。

$$S = \frac{N'_e}{N_e} \tag{5.21}$$

网络被攻击后不连通时，选取方式与第二类度量指标相同。S 越大，攻击效果越弱，鲁棒性越强；反之，攻击效果越强，鲁棒性越弱。

上述三类指标虽然均能有效测度边攻击模型下网络的鲁棒性，且在内容和形式上均各有差异，然而，在本质上三者均反映的是攻击前后网络连通度之比。用前文的渗流理论解释，即攻击前后从一节点出发能延伸的最长距离之比。为此，学者们对网络聚类系数计算公式

$$\varphi = \frac{3N_\Delta(\text{网络中所有三角形的数量})}{N_3(\text{网络中所有三角形的数量})} \tag{5.22}$$

具有统一认识的基础上，结合上述三类指标的核心含义，本研究最终选用攻击前聚类系数 φ' 与原始网络聚类系数 φ 之比 σ，以及去除边数 e' 与总边数 e 之比 f_e，作为衡量跨区域协同安置保障网络鲁棒性的度量指标。

$$\sigma = \frac{\varphi'}{\varphi}$$

$$f_e = \frac{e'}{e} \tag{5.23}$$

（三）边攻击策略与边权

边攻击策略有三种类型，分别为随机攻击、边权由大到小攻击和边权由小到大攻击。为了有效执行攻击策略，需计算出跨区域协同安置保障网中不同边的权重，并对其进行排序。前文中已说明，本研究采用点-介边权赋值法：

$$w_{ij} = \alpha D_{ij}^\theta + (1 - \alpha) B_{ij}^\theta$$
$$D_{ij} = D_i \times D_j$$
$$B_{ij} = B_i \times B_j \tag{5.24}$$

其中，i，$j \in V$ 且 $i \neq j$，D_i 和 B_i 表示点 i 的度数和中介度，D_j 和 B_j 表示点 j 的度数和中介度，D_{ij} 表示不同节点度数的乘积，B_{ij} 表示不同节点中介度的乘积，α（$0 \leqslant \alpha \leqslant 1$）表示比重系数，$\theta$（$\theta > 0$）为权重参数，表示节点 i、j 间的联系强度。$\alpha = 0$ 时，边权仅与中介数有关，$\alpha = 1$ 时，边权仅与节点度有关。式（5.24）可视情况调节 α 和 θ 的值进而综合测定边的权重。

为了计算不同节点间连边的权重，需获得不同节点的点度和中介度，并求出其相应的乘积。表 5-7 和表 5-9 已统计得出图 5-3 所示跨区域协同安置保障网中各节点的度数和中介度数，其中点度共有 8 类，中介度共 12 类。该统计结果由 UCINET 软件处理图 5-3 所涵盖的邻接矩阵所得而来。因此，可将表 5-7 和表 5-9 的统计结果与邻接矩阵相对照，分别求出节点间的点度乘积 D_{ij} 和中介度乘积 B_{ij}。

为了便于表达，先依据类别计算出不同类别点间的 D_{ij} 和 B_{ij}，然后再根据类别中所包含节点以及图形的实际连接情况，确定最终的连边的 D_{ij}，以点度为例。

第一步：不同度数节点分类。

对节点度数依由小到大顺序排序，对相同度数节点归类后，分别编号为 #1，#2，…，#8；

#1 的度数 $D_{\#1} = 1$，依此类推，$D_{\#2} = 10$，$D_{\#3} = 11$，$D_{\#4} = 12$，$D_{\#5} = 13$，$D_{\#6} = 14$，$D_{\#7} = 15$，$D_{\#8} = 16$。

第二步：确定不同类别节点间的关系。

依图 5-3 所示关系，#1 与 #2、#3 间有关联，#2 与 #3、#5 有关联，#3 与 #6、#8 有关联，#4 与 #5、#6 有关联，#5 与 #6 有关联，#6 与 #7、#8 有关联，#7 与 #8 有关联。

第三步：计算不同类别间有关联节点度的乘积。

因为 4 度节点与 15 度节点相乘前后变化具有相同结果，所以不同类别间的乘积为对称矩阵，以下三角矩阵示意，见表 5-16。

表 5 - 16　不同类别节点间的点度乘积

	1	2	3	4	5	6	7	8
1	81							
2	90	100						
3	99	110	121					
4	0	0	0	144				
5	0	0	0	156	169			
6	0	0	154	168	182	196		
7	0	0	0	0	0	210	225	
8	0	0	176	0	0	224	240	256

第四步：确定类别间关联节点的关系。

从表 5 - 16 反映的结果可知，不同类别节点间具有不同的点度乘积，然而，并非同一类别中的所有节点均与其他类别具有关联关系，为了确定具体节点间的连边关系，还需依原始邻接矩阵对其进行细分。不同类别节点间点度乘积所涵盖的点对（边）详见附录 B 中表 B1，点对均用序号表示。

依据上述步骤，同理可得出不同类别节点和点对的中介度乘积（见附录 B 中表 B2）。有了 D_{ij} 和 B_{ij} 的值后，需确定比重系数 α 和权重参数 θ，方能计算出最终的边权 w_{ij}。对于跨区域协同安置保障网而言，节点的中介度数体现的是信息传达过程中，中介节点中转不同节点间信息传达的重要性，较之于点度而言，具有更为重要的实际价值。而 θ 的取值不影响边权的最终排序，因此，为了便于计算，设定权重参数 $\theta = 1$，比重系数 $\alpha = 0.25$。同时，鉴于中介度的乘积较大，对其取自然对数作为计算值，且为了结构的美观，对最后结果也取自然对数。式（5.24）转换成式（5.25）后，计算得出点对的边权由大到小排序如附录 B 中的表 B3 所示。

$$w'_{ij} = \ln\left\{\frac{1}{4}D_{ij} + \frac{3}{4}\ln B_{ij}\right\} \tag{5.25}$$

由表 B3 的结果可知，跨区域协同安置保障网中边权共有 36 类包含 597 条边。若每次攻击一条边，除了数据量太过庞大致使计算过程显得较为复杂之外，对于具有相同权重的边，如节点 57 至节点 66 所形成的三角矩阵，依次攻击后对网络整体结构几乎不产生影响。因此，本研究在选择攻击策略时，在选用上述三种攻击策略的同时，为了有效凸显边攻击模型下网络结构的变化情况，实行每次攻击具有相同边权连边的方式。

（四）仿真系统构建与分析

1. 随机攻击

设跨区域协同安置保障网所形成的邻接矩阵分别为 A，设定随机攻击模型的构建思路：

a：输入邻接矩阵 A；（说明：按照表 5.3 的原则构建邻接矩阵）

b：生成随机数，确定攻击边权及其包含的连边；

c：删除被攻击的连边；（说明：将矩阵 A 中所有被攻击连边对应的数值由 1 改为 0）

d：生成新的邻接矩阵 A_1；

e：计算 A_1 的 σ 和 f_e 值；

f：判定网络是否失效，如失效，则输出结果；未失效，则循环 a 到 f 的过程。

上述过程中，较为关键的环节是如何判定网络失效。一般情况下，认为网络的聚类系数为 0，即网络中最大连通分子不包含三角形结构时，网络失效。然而，在计算过程中发现，随机攻击模式下，会出现只有 1 个三角形，且三角形所含节点与网络中其他节点均未连接，甚至其他连接节点均为孤立节点的情况出现。按理说此种情况下，网络已失效，但聚类系数值却为 1，进而造成了聚类系数高于原始聚类系数的现象。为了避免上述现象的发生，在综合考虑网络鲁棒性的度量指标代表含义下，本研究认定，当受攻击后网络的密度——还存边数与原始边数和原始边数减 1 的乘积之比——小于协同前网络的密度 0.033 时，则网络失效。基于此，得出的 σ 和 f_e 间关系如图 5-7 所示。

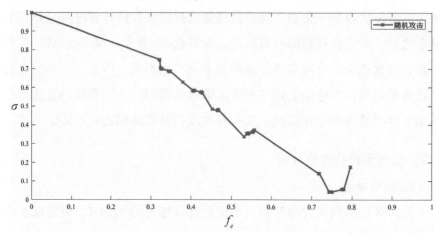

图 5-7　随机攻击模型下 σ 和 f_e 间关系图

分析随机攻击模型下网络鲁棒性指标 σ 和 f_e 间的关系可知，随着删除边数之比 f_e 的增加，整体而言，网络的聚集系数之比 σ 呈线性减小的趋势，网络鲁棒性较弱。在第 16 次攻击后，网络密度小于 0.033，网络失效。第 9 次至第 11 次攻击，以及第 13 次至第 15 次攻击之间聚类系数之比呈短暂微小上升趋势，是因为计算聚类系数时，出现了三元组个数减小量大于三角形个数减小量的情况。

2. 边权由大到小蓄意攻击

边权由大到小蓄意攻击模型的构建思路：

a：输入邻接矩阵 A；（说明：按照表 5-3 的原则构建邻接矩阵）

b：确定攻击边权及其包含的连边；（说明：依照表 B3 中边权值由大到小的排序，顺序攻击具有相同边权的连边）

c：删除被攻击的连边；（说明：将矩阵 A 中所有被攻击连边对应的数值由 1 改为 0）

d：生成新的邻接矩阵 A_1；

e：计算 A_1 的 σ 和 f_e 值；

f：判定网络是否失效，如失效，则输出结果；未失效，则循环 a

到 f 的过程。

得出的 σ 和 f_e 间关系如图 5-8 所示。

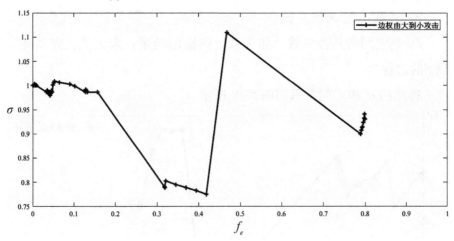

图 5-8　边权由大到小蓄意攻击模型下 σ 和 f_e 间关系图

图 5-8 显示，边权由大到小蓄意攻击初期，聚类系数之比 σ 值变化幅度不大，蓄意攻击后期，有所震荡，直至第 24 次攻击后，网络失效。整体而言，网络鲁棒性较强，受攻击后仍能保持结构的稳定性。第 13 次攻击后，σ 值骤减，对应表 $B3$ 可知，此时删除的边为节点 11～节点 18 所形成的三角矩阵、节点 40～节点 47 所形成的三角矩阵和节点 69～节点 76 所形成的三角矩阵，三角形个数减小量大于三元组个数的减小量。第 19 次攻击后，σ 值急剧增加，此时删除的是不同层级间二级机构的连边，三角形个数减小量小于三元组个数的减小量。

3. 边权由小到大蓄意攻击

边权由小到大蓄意攻击模型的构建思路：

a：输入邻接矩阵 A；（说明：按照表 5-3 的原则构建邻接矩阵）

b：确定攻击边权及其包含的连边；（说明：依照表 $B3$ 中边权值由小到大的排序，顺序攻击具有相同边权的连边）

c：删除被攻击的连边；（说明：将矩阵 A 中所有被攻击连边对应的

数值由 1 改为 0)

  d：生成新的邻接矩阵 A_1；

  e：计算 A_1 的 σ 和 f_e 值；

  f：判定网络是否失效，如失效，则输出结果；未失效，则循环 a 到 f 的过程。

  得出的 σ 和 f_e 间关系如图 5-9 所示。

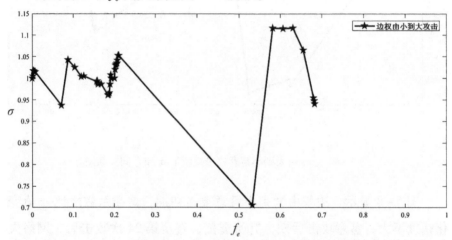

图 5-9   边权由小到大蓄意攻击模型下 σ 和 f_e 间关系图

  图 5-9 显示，在边权由小到大蓄意攻击模型下，聚类系数之比 σ 值震荡将为明显，但网络鲁棒性表现较好，在第 15 次攻击之前，σ 值均在 1 上下徘徊。在第 7 次和第 8 次，第 15 次和第 16 次攻击之间，依然出现了骤减和骤增的现象，直至第 22 次攻击后，网络整体密度小于 0.033，网络失效。

  为了进一步分析三种攻击策略的优劣，将其汇于一体，如图 5-10 所示，综合讨论。

  图 5-10 显示，三种攻击策略下，致使网络失效的效果而言，随机攻击效果最明显，网络表现出较弱鲁棒性；蓄意攻击策略整体效果一般，网络鲁棒性较强；其中，边权由小到大攻击下 σ 值的振幅（0.706 ~

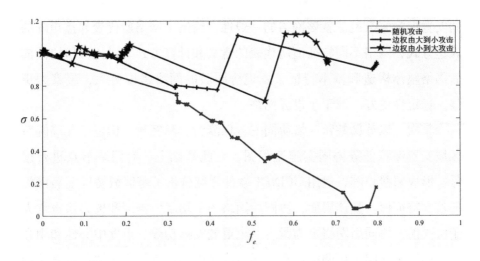

图 5 – 10　三种攻击策略下 σ 和 f_e 间关系图

1.117）要大于边权由大到小攻击模型（0.775～1.109），在攻击初期具有与随机攻击相类似的下降趋势，且所能承受的最大攻击次数也小于边权由大到小攻击模型。因此，边权由小到大攻击的效果要优于边权由大到小，而边权由大到小攻击所体现的网络鲁棒性要强于边权由小到大。

　　综上，与点攻击模型所得出的一般性结果——随机攻击策略下网络鲁棒性要优于蓄意攻击策略——不同，跨区域协同安置保障网边攻击策略显示，随机攻击较之于蓄意攻击更容易致使网络失效，从而表现出较差的鲁棒性。回归至网络中则体现出，本研究所构建的跨区域协同安置保障网在不同连边不遭遇随机攻击的情况下，具有较好的容错能力和自我修复能力。因其所涵盖的小世界特性，节点间可选择路径较多，当某条信息传达通道受阻后，多条可替代路径能使信息传播恢复正常，从而维持整个系统的稳定性。

五、本章小结

　　首先，依托复杂网络理论，结合前文的研究结论，构建了跨区域协同安置保障复杂网。就该网络的一般性，给出了网络所代表邻接矩阵的表达方式，网络不同特征值所代表的含义和计算方式，对比分析协同前后网络整体构造和基本特征，发现协同后的网络密度更大，凝聚力更强，稳定性更好，属于小世界网络。

其次，以苏赣皖跨区域协同安置保障为实际案例，构建了苏赣皖跨区域安置保障任务协同实施流程图。在此基础上，对网络节点进行编号，形成邻接矩阵，运用 UCINET 软件详细分析了跨区域协同前后网络的基本特征值。整体层面，协同后网络的平均度、密度和聚集系数均大于协同前，协同后网络更为紧凑，也更能发挥功效。点度中心性和中介中心性结果表明，协调机构在协同后网络中的作用较之于协同前显著增强。层级对比分析也进一步验证了该研究结果。

再次，以江苏省为例，运用渗流理论详细阐述了其形成机理。形成机理研究结果显示，协同后网络的渗流阈值小于协同前，即协同后网络更易连通，信息传播所需平均路径更短，传播效率更高。

最后，运用点-介赋权法计算不同连边的边权，并通过随机攻击、边权由大到小攻击和边权由小到大攻击三种攻击策略分析了网络的鲁棒性。鲁棒性分析结果表明，随机攻击对网络损伤较大，网络鲁棒性最弱；蓄意攻击对网络损伤相对较小，网络表现出较强的鲁棒性，且在网络失效方面，边权由小到大的攻击效果要大于边权由大到小。边权由大到小攻击策略下，网络鲁棒性最好，组织效率最高。

第六章

跨区域协同安置保障网络组织效率仿真研究

第四章和第五章分别阐释了序参量作用下跨区域协同安置保障系统状态协同度，以及协同后的组织结构网络鲁棒性，视为从理论部分阐明了跨区域协同安置保障网络组织效率的内因和外因。本章试图以不同类型跨区域协同安置保障管理组织模式为依托，仍以苏赣皖安置保障为例，运用 Simulink 仿真工具，详细描述苏赣皖三省微观层面的协同状态和安置保障能力，并结合 DEA-Malmquist 模型对不同组织模式的效率进行评价。

一、Simulink 仿真软件简介及选取依据

（一）Simulink 简介

Simulink 是一个在 Matlab 环境下运行，并集成于 Matlab 的，用于建模、仿真和分析动态系统（连续系统、离散系统和混合系统）的软件包。其核心控件包含三大块：可视化建模方式、解算器及参数配置。所具有的可视化、随时调整动态参数的特点，使其在控制、通信、交通、电力、军事等领域有较为广泛的应用。Simulink 包含诸多模块库，以本研究所用的 Matlab2017a 软件为例，包括含有 17 个子模块库的公共模块库（见图 6-1），以及共涵盖 187 个子模块库的 39 个专业模块库。这些模块所具备的强大功能，增加了将实际情境透过仿真系统进行更加细致和完整表达与分析的多重可能性，使得 Simulink 仿真软件备受众多研究人员的青睐。

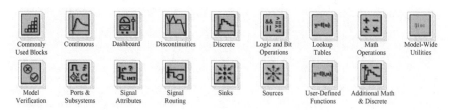

图 6-1　Simulink 公共模块库

（二）选取依据

系统仿真是描绘系统协同状态的常用方式，学者们运用 GIS、Anylogic、Matlab、Arena 等仿真软件开展了一系列研究，不断拓展仿真软件的研究应用范围。仿真软件的形式多样，但核心都是运用数学模型、参数控制和可视化图形对所构建的研究场景进行定量化投射，检验不同假设是否合理的同时，以期得到研究对象的最优解。最优解可以是某个参数，也可以是某种状态，具体情况视研究假设而定。安置保障跨区域活动要求和仿真软件的本质特征，为本研究运用仿真软件分析跨区域协同安置保障的运行机制和组织效率提供了较为重要的支撑。

本研究作为安置保障在跨区域层面运行机制的理论初探，选择合理的仿真软件显得尤为关键。首先，从创新性而言，安置保障领域还没有发表过运用 Simulink 分析安置保障的相关文献。其次，从功能性而言，GIS 软件较常运用于地理信息系统，较适合于研究安置保障物资供应的路径选择；Anylogic 作为商业软件，虽具备强大功能，应用基础却相对薄弱；Arena 软件，透过研究者实际操作的反映，在功效方面弱于 Simulink。最后，从操作性而言，本研究的主线，不论是跨区域安置保障协同机制，还是跨区域协同安置保障网传播机理，均有运用 Matlab 工具分析的相关文献做支撑，便于实现研究目的。此外，Simulink 在电力、供水和石油等系统中的运用，也给本研究提供了较为合理且有效的借鉴。基于上述分析，本研究选择 Simulink 仿真软件作为研究跨区域协同安置保障理论与实践的桥梁和媒介。

二、基于 Simulink 的跨区域协同安置保障网络仿真构建

（一）仿真逻辑

本节作为仿真研究的开篇，需充分反映所构建的跨区域协同安置保

障网如何完成安置保障活动。仿真逻辑如下：

第一步，设定总安置保障任务。在本研究中总安置保障任务可设定为初始值大于0，并随时间不断减少的状态函数，也可设定为常数。

第二步，确定受领子安置保障任务对象。运用快速构建复杂网络仿真模型的方法，结合受领子安置保障任务对象间产生连接的实际含义，生成子系统模块所代表的地方政府间的连接关系。

第三步，确定子安置保障任务的分配对象。结合子安置保障任务分配对象间产生连接的实际含义，生成子系统模块所代表的协调主体间的连接关系。

第四步，确定子安置保障任务的执行主体。结合执行主体间产生连接的实际含义，生成子系统模块所代表的执行主体间的连接关系。

第五步，分配总安置保障任务。运用总线选择器模块，将第一步生成的总安置保障任务，按照函数表达式的规定分配给三个代表协同参与方的子系统模块，可以是均分，也可以是差分。

第六步，分配子安置保障任务。按照第五步的方式，将协调主体所接受的子安置保障任务，依特定函数表达式所代表的方式分配给执行主体。

第七步，观察仿真结果。选择总线生成器模块与示波器模块，获得执行主体完成各自安置保障任务的结果，并将其与总安置保障任务进行对比。

基于以上分析，所构建的跨区域协同安置保障网 Simulink 仿真模型如图 6-2 所示。

构建完仿真模型不代表就能通过仿真运行得出本研究想要的结果，还需对不同模块的连接关系进行参数设定，以实现仿真的真正意义。为此，下一节将针对具象的研究问题，有针对性地设定相关控件的参数或表达函数，达到本章的研究目的。

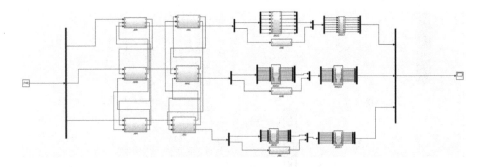

图 6 - 2　跨区域协同安置保障网 Simulink 仿真模型

（二）参数设置

作为 Simulink 仿真的三大核心要素之一，参数设置是否合理决定着研究对象能否准确表达。而不同的研究目的，使得模块所代表节点间具有各自相对应的连接关系，体现出参数设置的差异性。

受限于序参量数据来源的真实可靠性，仿真结果虽然存在与实际情况不相符的问题，随着后来者对跨区域协同安置保障问题研究的不断深入，定会找到更好的办法更大程度还原跨区域协同安置保障的实际状态。为了给后来者提供更多的铺垫，本研究试图给出跨区域协同安置保障子系统协同度仿真模型，以供参考。跨区域安置保障产生协同的核心是，不同区域所代表子系统内的序参量产生效用，引导子系统和整个系统有序协同。基于协同度函数的计算过程，可构建如图 6 - 3 所示仿真模型。

其中，子系统模块1、2、3分别代表江苏、江西和安徽。结合本研究在这一章所需解决的研究问题，对系统状态协同度参数设置如下。

1. 仿真状态参数设置

为使仿真结果更为准确，仿真情境的整体状态参数设置显得尤为重要。在本研究中相关参数设置为：仿真时间为10s，每0.1s时间间隔采样一次。解算器选择变步长、自动匹配的模式。

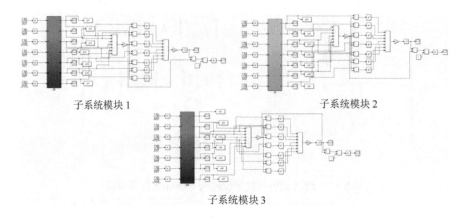

子系统模块1　　　　　　　子系统模块2

子系统模块3

图6-3　跨区域协同安置保障子系统协同度仿真模型

2. 序参量参数设置

每一个序参量均用随机数模块表示，并设定不同的 Intial Seed，使其均产生不同的随机数。以江苏省组织结构参数设置为例，如图6-4所示，其 Intial Seed 为0。在将随机数与子系统连接之前，为避免产生负数，中间加入 ABS 绝对值模块。输出端口连接示波器，观察输入的随机数变化情况。

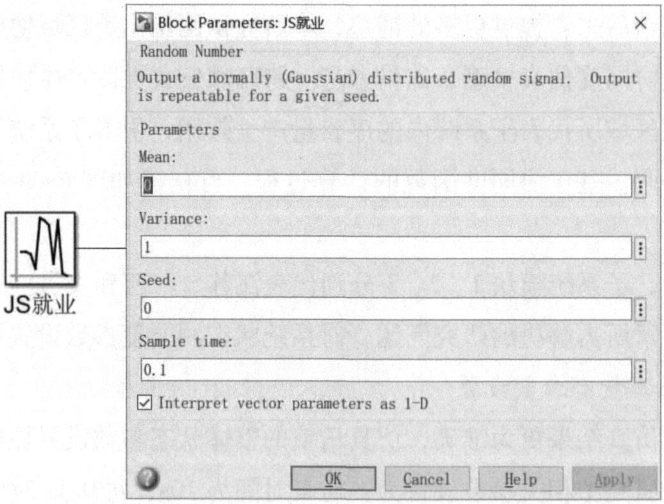

图6-4　江苏省就业参数值设置

3. 系统动态协同度参数设置

将序参量的输出结果按式（4.12）和式（4.13）进行运算，用示波器观察所得各子系统的协同度，如图6-5所示。

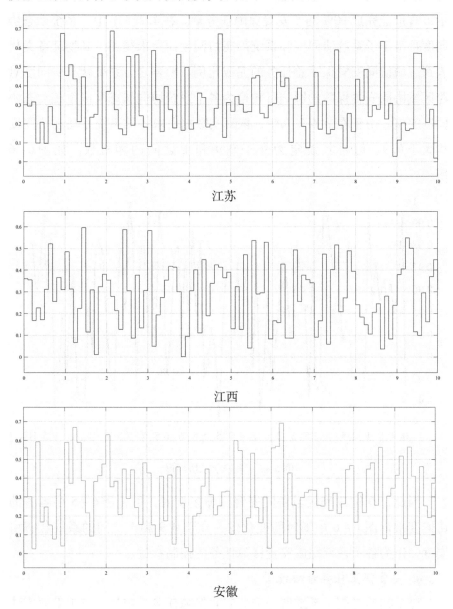

图6-5 随机数序参量形成子系统状态协同度

　　通过上述方法可得出随采样时间而变化的子系统状态协同度。子系统状态协同度的物理意义代表其对跨区域协同安置保障过程中各区域安置保障任务完成比例的影响程度，若子系统状态协同度为90%，则表示该省市能完成90%的子安置保障任务量。在4.2.3节中，系统动态协同度是基于子系统协同度和系统静态协同度而所求得的，其物理意义代表跨区域协同安置保障总任务的完成比例。换言之，系统状态协同度对跨区域协同安置保障的影响可转换为各子系统协同状态乘以系统动态协同度的值。由于在节4.2.3中，依真实数据所求得的系统月动态协同度均大于0.9，可将其设定为介于0.9和1之间的随机数，如图6-6所示。

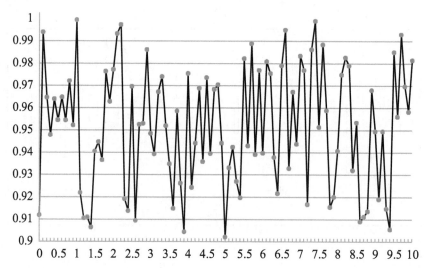

图6-6　系统状态协同度

　　因此，在构建跨区域协同安置保障模型时，可将图6-5中各省的协同度乘以图6-6中随时间变化的、介于0.9和1之间的系统状态协同度，作为各子系统完成安置保障任务的控制参量。

　　4.安置保障任务参数设置

　　鉴于初始时刻子系统所分配的安置保障任务为定值，可用常数模块表示，设输出值为［50，30，20］，即江苏省受领50度安置保障量，江西省受领 30 度安置保障量，安徽省受领 20 度安置保障量。依此设定，可观察不同参数设置所形成的子系统协同度对各区域完成安置保障任务的影响和变化。

（三）仿真结果

首先，观察各子系统完成安置保障任务情况，以苏赣皖分配安置保障任务量分别为 50、30、20 为例，结果如图 6-7 所示。

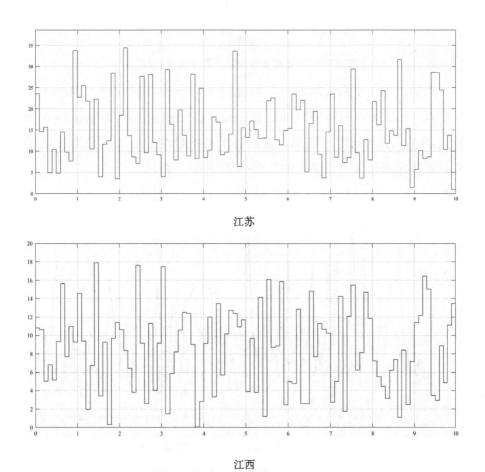

江苏

江西

图 6-7　子系统安置保障任务完成量

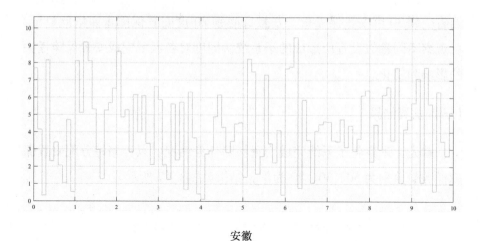

安徽

图 6-7　子系统安置保障任务完成量（续）

　　然后，将各子系统的输出结果分别运用 Simout 模块导入 Matlab 工作空间，形成带有时间序列的安置保障任务完成量。将其与图 6-6 所示结果（系统协同度）相乘，得出各子系统最终安置保障任务完成量和总安置保障任务完成量，如图 6-8 和图 6-9 所示。

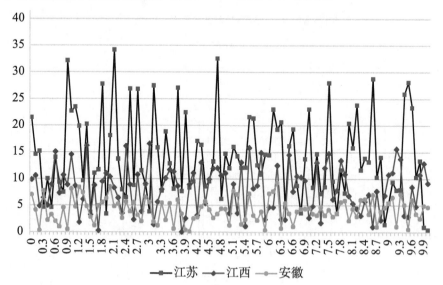

图 6-8　各子系统最终安置保障任务完成量

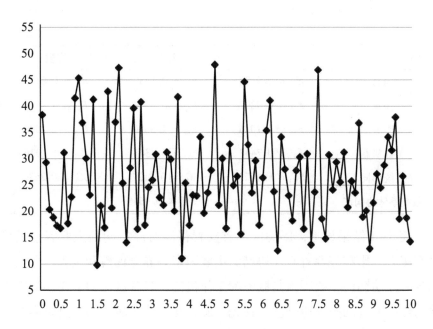

图6-9　各子系统总安置保障任务完成量

　　基于仿真模型获得各子系统最终安置保障任务完成量和总安置保障任务完成量的意义在于，通过观察不同采样时间节点子安置保障任务和总安置保障任务完成情况，可获知最大完成度对应的时间，以及该时刻各参数的设定值。依此可推断出不同序参量的作用效果，并有针对性地在安置保障准备过程中，提升该类序参量的作用强度，以求更好地实现跨区域协同及最大限度完成安置保障任务。如，在 $t=4.7$s 时（该时间为模型运行时间，下同），系统具有最大完成度，所对应的相关参数如表6-1所示。

表6-1　系统最大完成度对应参数（$t=4.7$s）

	江苏	江西	安徽
就业	$E_{11}=0.4152$	$E_{12}=0.9287$	$E_{13}=0.7026$
培训	$E_{21}=\mathbf{1.0694}$	$E_{22}=0.6773$	$E_{23}=0.0703$
养老保险	$E_{31}=0.5418$	$E_{32}=\mathbf{1.5912}$	$E_{33}=0.2956$

续表

	江苏	江西	安徽
信息	$E_{41} = 0.9188$	$E_{42} = 0.1480$	$E_{43} = 0.8323$
需求	$E_{51} = 0.9207$	$E_{52} = 0.5572$	$E_{53} = 0.1411$
服务	$\boldsymbol{E_{61} = 1.1026}$	$\boldsymbol{E_{62} = 1.5890}$	$\boldsymbol{E_{63} = 1.2525}$
工作机制	$E_{71} = 0.7447$	$E_{72} = 0.8361$	$\boldsymbol{E_{73} = 1.1026}$
子系统协同度	$SC_1 = 0.6725$	$SC_2 = 0.4129$	$SC_3 = 0.2530$
系统整体协同度		$SC_d = 0.9646$	

表 6-1 结果显示，影响江苏省安置保障有序协同的主要因素是培训和服务；影响江西省有序协同的主要因素是养老保险和服务；影响安徽省有序协同的主要因素是服务和工作机制；且各区域的主要影响因素合力影响系统的整体协同度。首先，服务均为跨区域协同的重要影响因素；其次，江苏省作为经济发展大省，工作岗位对技能要求相对较高；第三，江西省作为退捕渔民安置保障大省，渔民人数最多，大龄渔民的比例也较大，较为侧重于养老保险；最后，安徽省的工作机制是否顺畅在苏赣皖退捕渔民跨区域协同安置保障中具有重要作用。

三、跨区域协同安置保障管理组织模式仿真分析与效率评价

(一) 单区域 T 模式仿真与效率分析

1. 仿真分析

在 3 跨度跨区域协同安置保障过程中，当单一需求区域无法独立完成自我修复时，其他两个供应区域对需求区域进行安置保障资源支撑，即为单区域 T 模式。此时，各区域的责任主体和协调主体合并为协同主体，且需求区域协同主体为总指挥，指挥供应区域协同主体和执行主体完成安置保障任务。所构建的跨区域协同安置保障单区域 T 模式仿真模型如图 6-10 所示。

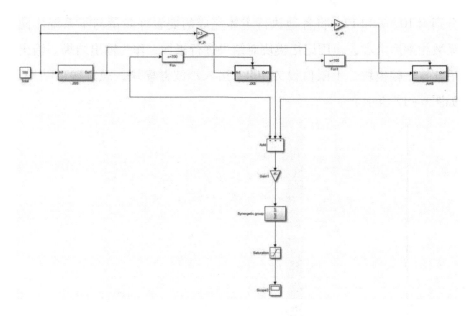

图 6-10　单区域 T 模式仿真模型

其中，设定江苏省为需求区域，江西省和安徽省为供应区域。总安置保障任务量为 100，江苏省独立承担安置保障任务比重 w_{js} 为 0.5，置于 JSS 模块内部。总安置保障任务量经过江苏省协同主体 JSS 处理后，因输出量小于 100，$u < 100$ 的判断条件使江西省和安徽省所代表的使能模块 JXS 和 AHS 发挥功效。JXS 模块的输入量为总安置保障量乘以分配权重 w_{jx}，AHS 模块的输入量为总安置保障量乘以分配权重 w_{ah}，JSS、JXS、AHS 三者之和等于总安置保障量，并将其输入由 JSS 所统一领导的三省市执行主体安置保障联盟。该安置保障联盟用封装子系统 Synergetic group 表示，具体构成如图 6-11 所示。在输入之前需要对其前后维度进行统一，用 Gain 模块进行转换。

图 6-11 中，上中下三个带阴影模块分别为江苏省、江西省和安徽省执行主体安置保障联盟。各区域因分配的安置保障任务量和执行主体数量不同，具有各自的分配系数。分配系数等于权重系数除以执行主体数。三省权重系数分别为 $w_{js} = 0.5$，$w_{jx} = 0.3$ 和 $w_{ah} = 0.2$，执行主体数

分别为 10、7 和 12。将各地执行主体完成的安置保障量与子系统协同系数相乘后求和，运用记忆模块对结果进行累加，作为输出结果。输出后连接限幅模块，上限值设为 100，接入示波器模块，观察输出结果，如图 6 – 12 所示。

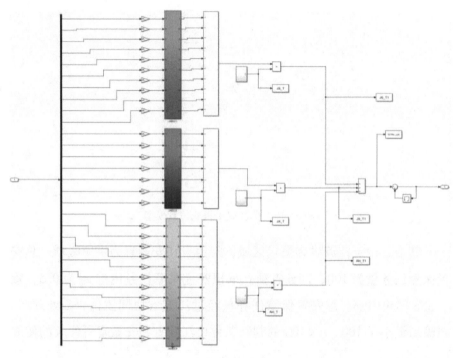

图 6 – 11　三省执行主体安置保障联盟

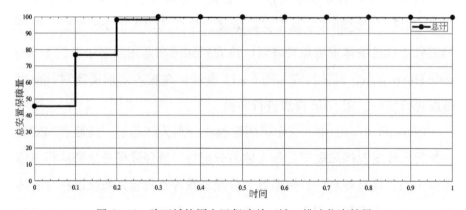

图 6 – 12　跨区域协同安置保障单区域 T 模式仿真结果

该结果并非跨区域协同安置保障 T 模式最终的安置保障结果，还需在此基础上乘以系统整体协同度，鉴于系统整体协同度介于 0.9 至 1 之间，乘积结果不影响累积安置保障任务输出量最终时刻的判定，因此可知，对于跨区域协同安置保障 T 模式而言，在 $t=0.3$s 时，达到最大上限 100，完成总安置保障任务。总安置保障任务完成时刻受三方面影响，一是各区域的分配系数，二是各区域的子系统协同度，三是跨区域系统整体协同度。设置三种影响因素不同的参数，将会得到不同的完成总安置保障任务的所需时间。研究结果说明，当单区域受损时，跨区域协同安置保障效果较好，能在较短时间内完成修复。

2. 效率评价

T 模式下，受子系统和整个系统的协同度影响，跨区域协同安置保障任务在 $t=0.3$s 时完成。为了探寻不同时刻子系统和整个系统的安置保障能力，可运用 DEA-Malmquist 方法对 T 模式仿真模型进行组织效率分析。

①确定决策单元

为了观察每一个采样时间间隔下，各子系统和整个系统的安置保障任务完成量，可将每一个采样时间间隔所对应的组织状态设为 DEA 模型的决策单元（见表 6-2）。

表 6-2　T 模式 DEA 模型的决策单元

决策单元	1	2	3	4	5	6	7	8
标签	JS_0	JX_0	AH_0	JJA_0	JS_0.1	JX_0.1	AH_0.1	JJA_0.1
决策单元	9	10	11	12	13	14	15	16
标签	JS_0.2	JX_0.2	AH_0.2	JJA_0.2	JS_0.3	JX_0.3	AH_0.3	JJA_0.3

②构建指标体系

依据跨区域协同安置保障 T 模式所涵盖的核心要义，将产出指标设为安置保障任务完成量，包括总安置保障任务完成量，江苏省、江西省和安徽省安置保障任务完成量；投入指标设为苏赣皖各子系统协同度、系统整体协同度，共 4 个指标。

③建立 DEA 模型

将 T 模式仿真模型中江苏省、江西省和安徽省的协同度、整体协同度、三省安置保障任务完成量、总安置保障任务完成量分别导出，可得出的汇总数据如表 6-3 所示。

表 6-3 　 T 模式 DEA 模型数据汇总

DMU	安置保障任务完成量	江苏省协同度	江西省协同度	安徽省协同度	整体协同度
JS_0	23.551566	0.4710	0.3610	0.5603	0.9815
JX_0	10.830753	0.4710	0.3610	0.5603	0.9815
AH_0	11.206346	0.4710	0.3610	0.5603	0.9815
JJA_0	45.588665	0.4710	0.3610	0.5603	0.9815
JS_1	38.213293	0.2932	0.3546	0.3021	0.9906
JX_1	21.468514	0.2932	0.3546	0.3021	0.9906
AH_1	17.248775	0.2932	0.3546	0.3021	0.9906
JJA_1	76.930581	0.2932	0.3546	0.3021	0.9906
JS_2	53.935651	0.3144	0.1685	0.0249	0.9127
JX_2	26.52411	0.3144	0.1685	0.0249	0.9127
AH_2	17.746987	0.3144	0.1685	0.0249	0.9127
JJA_2	98.206748	0.3144	0.1685	0.0249	0.9127
JS_3	58.841484	0.0981	0.2267	0.5930	0.9913
JX_3	33.325178	0.0981	0.2267	0.5930	0.9913
AH_3	29.606055	0.0981	0.2267	0.5930	0.9913
JJA_3	100	0.0981	0.2267	0.5930	0.9913

④模型求解分析

观察运行结果可知，DEA-Malmquist 模型共有五个评价指标，分别为 *effch*（效率变化）、*techch*（技术进步变化率）、*pech*（纯技术效率变化）、*sech*（规模率变化）和 *tfpch*（全要素生产率变化）。全要素生产率变化可分解为技术进步、纯技术效率变化和规模效率变化三个部分，即：

$$tfpch = effch \times techch = sech \times pech \times techch \qquad (6.1)$$

其中，若 $tfpch > 1$，表明其增长，反之则代表其下降；$effch$ 表示在投入要素不变的情况下，评价对象的实际产出与假设相同状态下的最大产出之比，若其大于 1，表明效率在改善，反之则在倒退；$techch$、$sech$、$pech$ 的变化状态与 $effch$ 相同，大于 1，表明提高，反之则下降。

结合 T 模式的 DEA-Malmquist 模型分析结果，分析各指标的变化情况。得出不同时间段的 TFP 变化指数，如表 6-4 所示，不同决策单元的 TFP 变化指数如表 6-5 所示。

表 6-4　T 模式不同时间段的 TFP 变化指数

时段	效率变化	技术进步变化率	纯技术效率变化	规模率变化	全要素生产率变化
2	1.007	2.288	1.000	1.007	2.305
3	0.964	4.294	1.000	0.964	4.138
4	1.213	0.374	1.000	1.213	0.453
平均值	1.056	1.542	1.000	1.056	1.629

表 6-5　T 模式 DMU 的 TFP 变化指数

公司	效率变化	技术进步变化率	纯技术效率变化	规模率变化	全要素生产率变化
1	1.044	1.542	1.000	1.044	1.611
2	1.119	1.542	1.000	1.119	1.727
3	1.064	1.542	1.000	1.064	1.641
4	1.000	1.542	1.000	1.000	1.542
平均值	1.056	1.542	1.000	1.056	1.629

表 6-4 结果显示，第 2 和第 3 时段的全要素生产效率变化均远大于前一时段，表现出较好的发展态势；第 4 时段的全要素生产效率变化指数却出现骤减，主要原因在于设定了产出上限，压缩了实际产出值，使得 $tfpch < 1$。表 6-5 结果显示，各决策单元的 TFP 指数均大于 1，表

现出较好的组织效率。

(二) 双区域 π 模式仿真与效率分析

1. 仿真分析

在 3 跨度跨区域协同安置保障过程中，当两个需求区域无法各自独立完成自我修复时，剩余的供应区域对两个需求区域进行安置保障资源支撑，即为双区域 π 模式。此时，供应区域协同主体为总指挥，指挥需求区域协同主体和执行主体完成安置保障任务。所构建的跨区域协同安置保障双区域 π 模式仿真模型如图 6-13 所示。

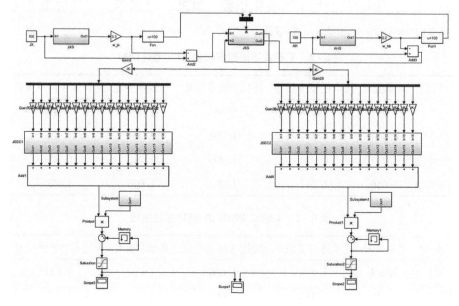

图 6-13　双区域 π 模式仿真模型

其中，设定江西省和安徽省为需求区域，江苏省为供应区域。江西省和安徽省的总安置保障任务量均为 100，江西省的完成系数 $w_{jx} = 0.3$，安徽省的完成系数 $w_{ah} = 0.2$。当 JXS 和 AHS 输出量小于 100 时，无法独立完成区域内安置保障任务，需要 JSS 进行支援。JSS 接收到其他两省市的使能信号后，针对两省市特定安置保障任务（两省市安置保障任务具有差异性），组织相关执行主体完成资源安置保障和供应。将执行主体输出结果之和乘以子系统协同度，并用记忆模块对结果进行累加，结果上限分别设为 70 和 80 的限幅模块后接至示波器，观察输出结果，如图 6-14 所示。因为安置保障任务不同，执行主体各异，两个子系统协同度也不相同，需对两个子系统的序参量设定不同的初始种子。

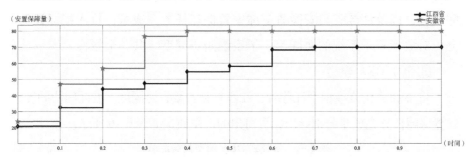

图 6-14　跨区域协同安置保障双区域 π 模式仿真结果

图 6-14 中，线条分别代表 JSS 对江西省和安徽省随时间变化的安置保障资源供应总量。在 $t=0.7s$ 时达到江西省所需供应量 70，$t=0.4s$ 时达到安徽省所需供应量 80。该结果说明，对于江西省和安徽省所需的两种不同安置保障资源类型，江苏省对安徽省的供给效果要好于对江西省。

2. 效率评价

π 模式下，受子系统和整个系统的协同度影响，江西省自身安置保障任务在 $t=0.3s$ 时完成，安徽省自身安置保障任务在 $t=1.4s$ 时完成，江苏省对江西省的供应任务 $t=0.7s$ 时完成，江苏省对安徽省的供应任务在 $t=0.4s$ 时完成。由于各子系统完成安置保障任务的时刻不一致，考虑到决策单元的同质性要求，运用 DEA-Malmquist 方法对江苏与江西、江苏与安徽两对组合分别进行组织效率分析。

①确定决策单元

仍将每一个采样时间间隔所对应的组织状态设为 DEA 模型的决策单元。π 模式下，决策单元分为两类，一类是以"江苏↔江西"为分析对象，共 8 个样本；另一类是以"江苏↔安徽"为分析对象，共 15

个样本。

②构建指标体系

依据跨区域协同安置保障 π 模式所涵盖的核心要义，将产出指标设为安置保障任务完成量，分别包括江苏省与江西省整体安置保障任务完成量，以及江苏省与安徽省整体安置保障任务完成量；投入指标设为分析对象涵盖子系统的协同度、子系统间协同度，共3个指标。

③建立 DEA 模型

将 π 模式仿真模型中江苏省、江西省和安徽省协同度，彼此间协同度，安置保障任务完成量分别导出，可得出的汇总数据如表6-6所示。

表6-6 π模式 DEA 模型数据汇总

DMU	安置保障任务完成量	江苏省协同度	江西省协同度	安徽省协同度	子系统间协同度
JS_JX_0	31.83151	0.4710	0.3610	/	0.755205
JS_JX_1	53.98334	0.2932	0.3546	/	0.9788
JS_JX_2	70.59108	0.3144	0.1685	/	0.960735
JS_JX_3	77.50105	0.0981	0.2267	/	0.964944
JS_JX_4	84.79098	0.2083	0.1725	/	0.959374
JS_JX_5	88.18558	0.0970	0.3115	/	0.961539
JS_JX_6	98.37053	0.2910	0.5212	/	0.864255
JS_JX_7	100	0.1961	0.2558	/	0.997837
JS_AH_0	26.14499	0.489035	/	0.560317	0.990802
JS_AH_1	50.54594	0.480423	/	0.302121	0.942697
JS_AH_2	60.39379	0.202139	/	0.024911	0.857904
JS_AH_3	82.56312	0.420871	/	0.592953	0.87311
JS_AH_4	86.59547	0.148166	/	0.168564	0.99043
JS_AH_5	87.58438	0.475327	/	0.247227	0.905321
JS_AH_6	88.1914	0.080543	/	0.151757	0.949782

续表

DMU	安置保障任务完成量	江苏省协同度	江西省协同度	安徽省协同度	子系统间协同度
JS_AH_7	88.50263	0.015664	/	0.077808	0.986733
JS_AH_8	89.87247	0.421836	/	0.34246	0.94263
JS_AH_9	90.03344	0.176822	/	0.040242	0.857742
JS_AH_10	92.39522	0.076148	/	0.590445	0.395983
JS_AH_11	93.88431	0.558085	/	0.372273	0.529537
JS_AH_12	96.56092	0.303579	/	0.669151	0.133775
JS_AH_13	98.92215	0.283167	/	0.590309	0.560989
JS_AH_14	100	0.237651	/	0.387464	0.981477

④模型求解分析

π 模式的 DEA-Malmquist 模型运行结果中，江苏↔江西间的 TFP 变化指数见表 6-7 和表 6-8，江苏↔安徽间的 TFP 变化指数如表 6-9 和表 6-10 所示。

表 6-7　π 模式不同时间段的 TFP 变化指数（江苏↔江西）

年	效率变化	技术进步变化率	纯技术效率变化	规模率变化	全要素生产率变化
2	1.000	1.888	1.000	1.000	1.888
3	1.000	1.832	1.000	1.000	1.832
4	1.000	1.694	1.000	1.000	1.694
5	1.000	0.861	1.000	1.000	0.861
6	1.000	1.134	1.000	1.000	1.134
7	1.000	0.679	1.000	1.000	0.679
8	1.000	1.350	1.000	1.000	1.350
平均值	1.000	1.267	1.000	1.000	1.267

表 6-8　π 模式 DMU 的 TFP 指数（江苏↔江西）

公司	效率变化	技术进步变化率	纯技术效率变化	规模率变化	全要素生产率变化
1	1.000	1.267	1.000	1.000	1.267

表6-9 π模式不同时间段的 TFP 变化指数（江苏↔安徽）

年	效率变化	技术进步变化率	纯技术效率变化	规模率变化	全要素生产率变化
2	1.000	2.656	1.000	1.000	2.656
3	1.000	4.362	1.000	1.000	4.362
4	1.000	0.278	1.000	1.000	0.278
5	1.000	1.847	1.000	1.000	1.847
6	1.000	0.591	1.000	1.000	0.591
7	1.000	2.388	1.000	1.000	2.388
8	1.000	2.233	1.000	1.000	2.233
9	1.000	0.200	1.000	1.000	0.200
10	1.000	3.064	1.000	1.000	3.064
11	1.000	0.408	1.000	1.000	0.408
12	1.000	0.473	1.000	1.000	0.473
13	1.000	1.526	1.000	1.000	1.526
14	1.000	0.533	1.000	1.000	0.533
15	1.000	0.943	1.000	1.000	0.943
平均值	1.000	1.039	1.000	1.000	1.039

表6-10 π模式 DMU 的 TFP 指数（江苏↔安徽）

公司	效率变化	技术进步变化率	纯技术效率变化	规模率变化	全要素生产率变化
1	1.000	1.039	1.000	1.000	1.039

分析表6-7至表6-10的统计数据，江苏↔江西、江苏↔安徽两类决策单元的 TFP 指数均大于1，整体而言组织有效。TFP 指数主要受技术进步变化率的影响。对于江苏↔江西组合而言，在 $t = 0.1s$ 取得最大 TFP 指数1.888，在 $t = 0.6s$ 取得最小 TFP 指数0.679。对于江苏↔安徽组合而言，在 $t = 0.2s$ 取得最大 TFP 指数4.362，在 $t = 0.8s$ 取得最小 TFP 指数0.200。从最大最小值的间距，以及 TFP 指数小于1的时段数来看，江苏↔江西的技术优势要大于江苏↔安徽。为此，加强安徽省自

身的信息化和智能化覆盖率，是提升跨区域协同安置保障 π 模式组织效率的关键。

（三）多区域 m 模式仿真与效率分析

1. 仿真分析

在 3 跨度跨区域协同安置保障过程中，当三个需求区域无法独立完成自我修复时，三个需求区域彼此间进行安置保障资源支撑，即为多区域 m 模式。此时，需求区域协同主体均为总指挥，指挥具有供应任务的区域协同主体和执行主体完成安置保障任务。所构建的跨区域协同安置保障多区域 m 模式仿真模型如图 6 - 15 所示。

其中，JXS、JSS、AHS 均用使能模块表示，且具有三个输入和输出端口。从上至下，输入端口 1 代表各区域需要完成安置保障任务量，均设为 100；输入端口 2 和 3 代表其他两区域需要该区域供应的安置保障量。输出端口分别接上各区域独立完成安置保障任务的比重系数，设 $w_{js} = 0.5$，$w_{jx} = 0.3$，$w_{ah} = 0.2$，后接使能模块判断条件 $u < 100$。用信号合成器，将其他两区域的使能信号汇入使能模块。运用 Add 模块计算各区域所需其他区域供应的安置保障量，即总安置保障任务量减去独立完成安置保障量。

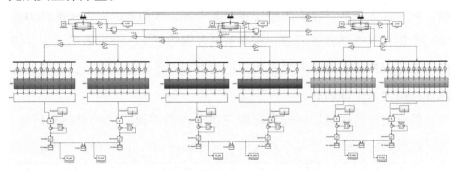

图 6 - 15　多区域 m 模式仿真模型

将所得结果分别乘以分配系数接至其他两区域的输入端口。具体分配方式为：分配系数均设为 0.5，JSS 模块输入端口 2 接入 JXS 模块输出端口 1 运算后的安置保障量 $S_{js\_jx} = 35$，输入端口 3 接入 AHS 模块输出端口 1 运算后的安置保障量 $S_{js\_ah} = 40$；JXS 模块输入端口 2 接入 JSS 模块输出端口 1 运算后的安置保障量 $S_{jx\_js} = 25$，输入端口 3 接入 AHS 模块输出端口 1 运算后的安置保障量 $S_{jx\_ah} = 40$；AHS 模块输入端口 2 接入 JSS 模块输出端口 1 运算后的安置保障量 $S_{ah\_js} = 25$，输入端口 3 接入 JXS 模块输出端口 1 运算后的安置保障量 $S_{ah\_jx} = 35$。然后，将 JSS、JXS 和 AHS 输出端口 2 和 3 分别接至各区域依据安置保障资源类型所组成的执行主体安置保障联盟，中间用 Gain 模块确保前后维度一致。将具有不同初始种子值的子系统协同度模块与各执行主体安置保障联盟输出结果相乘，运用记忆模块进行结果累加，接至示波器，观察最终输出结果，如图 6-16 所示。

图 6-16 从上至下分别代表江苏省、江西省和安徽省的相应安置保障供给量。江苏省在 $t = 0.8s$ 时，完成江西省所需安置保障量，$t = 0.6s$ 时，完成安徽省所需安置保障量；江西省在 $t = 1.1s$ 时，同时完成江苏省和安徽省所需安置保障量；安徽省在 $t = 1.6s$ 时，完成江苏省所需安置保障量，$t = 2.0s$ 时，完成江西省所需安置保障量。从安置保障量完成时间角度分析，江苏省的安置保障效果要大于江西省并且大于安徽省。对于江苏省所需特定类型安置保障资源，江西省的安置保障能力强于安徽省；对于江西省所需特定类型安置保障资源，江苏省的安置保障能力强于安徽省；对于安徽省所需特定类型安置保障资源，江苏省的安置保障能力强于江西省。

综合对比跨区域协同安置保障三类管理组织模式的仿真结果可知，单一区域的协同效果要好于双区域，好于多区域。在跨区域协同安置保障过程中，协同安置保障总指挥数量越少越明确，安置保障资源类型越契合，子系统协同度越高，越有助于跨区域协同作用的凸显。这也给跨区域实际安置保障工作带来启示，做好各省市的安置保障能力和潜力统计调查工作，完善信息化系统建设仍是跨区域安置保障工作当前和以后

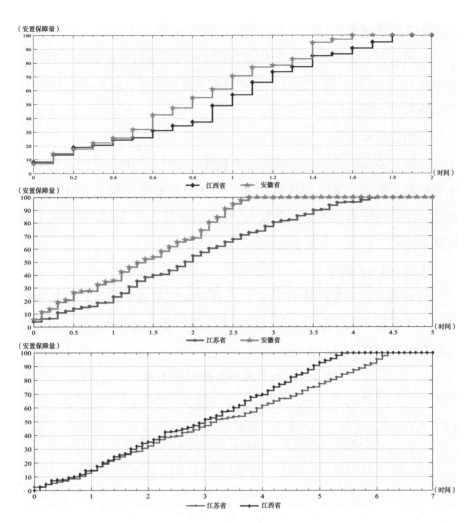

图 6-16　跨区域协同安置保障多区域 m 模式仿真结果

的核心。

2. 效率评价

m 模式下，受子系统和整个系统的协同度影响，各子系统完成所需安置保障量的时间具有一定差异性。以子系统完成安置保障任务所需最长时间为采样节点，运用 DEA-Malmquist 方法对 m 模式进行组织效率分析。

①确定决策单元

m 模式下，决策单元可视为每个采样时间间隔的整体状态。因为安徽省在 $t = 2.0s$ 时，方才完成江西省所需安置保障量，因此可将 DEA 模型的决策单元数量设定为 21 个。

②构建指标体系

m 模式体现的是子系统对其他子系统所需资源的供给能力，可将产出指标设为所有子系统的供给之和，子系统彼此间供给之和（江苏↔江西，江苏↔安徽，江西↔安徽）；投入指标设为子系统间协同度、系统整体协同度，共 4 个指标。

③建立 DEA 模型

将 m 模式仿真模型中江苏省、江西省和安徽省协同度，整体协同度，三省安置保障任务完成量，总安置保障任务完成量分别导出，可得出汇总数据如表 6-11 所示。

表 6-11　m 模式 DEA 模型数据汇总

DMU	总供给量	江苏↔江西供给量	江苏↔安徽供给量	江西↔安徽供给量	江苏↔江西协同度	江苏↔安徽协同度	江西↔安徽协同度	整体协同度
1	28.2691	12.4454	9.8533	5.9703	0.2802	0.0129	0.8344	0.0154
2	51.3451	19.8429	17.1459	14.3563	0.8419	0.1424	0.9295	0.1532
3	66.5334	25.5326	22.2858	18.7149	0.4170	0.8508	0.6061	0.4901
4	85.9407	31.6968	27.7759	26.4680	0.1087	0.7865	0.5963	0.1382
5	97.4114	36.6060	32.1305	28.6749	0.8814	0.9942	0.9470	0.8865
6	113.6786	40.1575	38.9859	34.5352	0.9288	0.6014	0.1235	0.1329
7	127.0882	46.3881	43.6423	37.0577	0.8961	0.7629	0.8505	0.8513
8	132.0338	50.4042	43.7357	37.8939	0.9593	0.6744	0.9890	0.6819
9	145.8226	55.6661	45.5929	44.5636	0.4058	0.8555	0.8812	0.4605
10	155.6989	58.8127	47.5597	49.3265	0.0125	0.3809	0.7179	0.0174
11	163.0226	63.2410	49.3758	50.4057	0.1945	0.2867	0.9825	0.1979

DMU	总供给量	江苏↔江西供给量	江苏↔安徽供给量	江西↔安徽供给量	江苏↔江西协同度	江苏↔安徽协同度	江西↔安徽协同度	整体协同度
12	175.1135	65.0000	52.5676	57.5459	0.2156	0.0141	0.6029	0.0234
13	179.4049	65.0000	54.2669	60.1380	0.0008	0.2455	0.7097	0.0011
14	183.4159	65.0000	57.0648	61.3510	0.0464	0.1349	0.9814	0.0472
15	187.3546	65.0000	57.8549	64.4998	0.7614	0.0802	0.2911	0.1053
16	190.4029	65.0000	59.5953	65.8076	0.9453	0.6082	0.8962	0.6435
17	191.8644	65.0000	60.0000	66.8644	0.7345	0.8487	0.4869	0.5737
18	195.1286	65.0000	60.0000	70.1286	0.3447	0.5388	0.7125	0.4837
19	197.1823	65.0000	60.0000	72.1823	0.3087	0.4992	0.6662	0.4634
20	199.3720	65.0000	60.0000	74.3720	0.0789	0.3338	0.3789	0.2082
21	200.0000	65.0000	60.0000	75.0000	0.0116	0.9387	0.9990	0.0117

④模型求解分析

m 模式的 DEA-Malmquist 模型运行结果中，TFP 变化指数如表 6-12和表 6-13 所示。

表 6-12　m 模式不同时间段的 TFP 变化指数

年	效率变化	技术进步变化率	纯技术效率变化	规模率变化	全要素生产率变化
2	1.000	0.557	1.000	1.000	**0.557**
3	1.000	0.753	1.000	1.000	**0.753**
4	1.000	2.616	1.000	1.000	2.616
5	1.000	0.350	1.000	1.000	**0.350**
6	1.000	3.113	1.000	1.000	3.113
7	1.000	0.432	1.000	1.000	**0.432**
8	1.000	1.081	1.000	1.000	1.081
9	1.000	1.511	1.000	1.000	1.511
10	1.000	6.778	1.000	1.000	6.778

续表

年	效率变化	技术进步变化率	纯技术效率变化	规模率变化	全要素生产率变化
11	1.000	0.307	1.000	1.000	**0.307**
12	1.000	4.638	1.000	1.000	4.638
13	1.000	4.007	1.000	1.000	4.007
14	1.000	0.182	1.000	1.000	**0.182**
15	1.000	0.465	1.000	1.000	**0.465**
16	1.000	0.331	1.000	1.000	**0.331**
17	1.000	1.158	1.000	1.000	1.158
18	1.000	1.236	1.000	1.000	1.236
19	1.000	1.095	1.000	1.000	1.095
20	1.000	2.455	1.000	1.000	2.455
21	1.000	2.531	1.000	1.000	2.531
平均值	1.000	1.115	1.000	1.000	1.115

表 6-13 m 模式 DMU 的 TFP 指数

公司	效率变化	技术进步变化率	纯技术效率变化	规模率变化	全要素生产率变化
1	1.000	1.115	1.000	1.000	1.115

表 6-12 和表 6-13 统计数据表明，整体而言，m 模式跨区域协同安置保障具有较好的组织效率，全要素生产率平均值为 1.115，基本能完成彼此间的安置保障供应任务。然而，受技术进步变化率的影响，较多时间段的 TFP 指数小于 1，说明维持彼此间充分供应的技术支持力度不够，还需在更便捷的信息传播渠道、更智能的资源运输工具等方面下功夫。

（四）跨区域协同安置保障组织效率综合评价

于跨区域协同安置保障而言，协同度和鲁棒性视为影响其组织效率的两大因素。然而，在本研究的情境范围内，跨区域协同安置保障网络鲁棒性较多呈现为一种定性状态。如边权由大到小攻击策略下，系统表现出较好的鲁棒性；随机攻击策略下，系统鲁棒性较差等。这种定性状

态致使评价跨区域协同安置保障不同管理组织模式的效率时，将 T 模
式、π 模式和 m 模式的网络结构鲁棒性默认为定值，从而仅关注协同
度对组织效率的影响。为了凸显鲁棒性对于组织效率评价的重要性，也
为了让研究更为丰富和全面，本文创造性地将 T 模式、π 模式和 m 模
式分别对应鲁棒性较强、鲁棒性适中和鲁棒性较弱三种宏观判断。为
此，设定三种不同模式的总安置保障任务量均为 100，并以完成总安置
保障任务量的时间作为衡量组织效率的具体指标。

　　当设定 Total 值为 100 时，T 模式保持不变（$t = 0.3$s 时，达到最大
值），π 模式中两个输入量均变为 50，m 模式三个输入量均变为 100/3，
汇总仿真结果如图 6 - 17 所示。

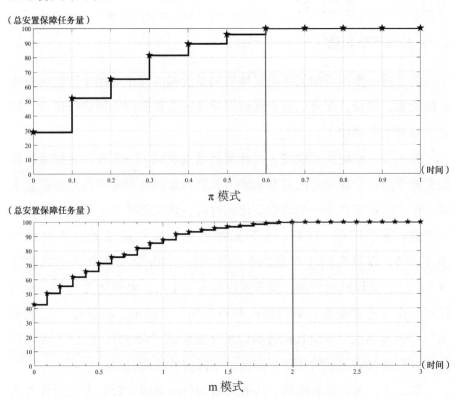

图 6 - 17　π 模式和 m 模式总安置保障任务量完成情况

图 6 - 17 结果显示，π 模式下完成总安置保障任务所需时间为 0.6s，m 模式为 2.0s。进一步，结合 T 模式的仿真结果可知，鲁棒性越强，完成安置保障任务所需时间越短，跨区域协同安置保障组织效率越高。进一步对比分析三种不同模式完成总安置保障任务量的时间可知，鉴于不同类型资源需要不同的职能部门协同完成，m 模式的内部协同次数要多于 π 模式，多于 T 模式，这也导致了 m 模式完成时间最长，T 模式完成时间最短。

四、跨区域协同安置保障实例仿真研究——以长江流域重点水域退捕渔民安置保障为例

（一）仿真模型构建

为了进一步阐明如何将跨区域协同安置保障理论应用于特定的安置保障资源，选择长江流域重点水域退捕渔民安置保障为例进行仿真，构建仿真模型步骤如下。

第一步，设定仿真情境。长江流域重点水域 17.97 名万退捕渔民需要安置保障，劳动年龄内有劳动能力和就业意愿的退捕渔民需要就业安置。由于就业意愿是一个动态变化的过程，致使需转产安置就业数为非固定值。鉴于江苏、江西、安徽退捕渔民安置数量较大（占总数的 56.87%），以截至 2021 年底的上述 3 省共计 10.22 万人作为总安置任务。其中，尤以江西为甚，需安置保障 65761 人，安置压力较大。设定江西省存在跨省就业、培训需求和户籍地、退捕地、参保地"三地分离"的退捕渔民，需向其他省份求援（双区域 T 模式），沿江 3 省均产生各自安置保障活动的同时，跨区域协同安置保障开启。

第二步，选取仿真模块。各省所需和所能提供安置能力数用常数模块表示，需要各省供应安置能力数用数学运算模块进行计算，使其他省份产生安置保障活动的条件用条件运算或函数模块表示，其他省份产生

安置保障活动用使能子系统模块表示。至于各省跨区域协同安置保障活动过程，与前文处理方式相同，分别用到增益模块、信号分解器模块、子系统模块、求和模块、乘积模块、记忆模块、限幅模块、示波器模块等。

第三步，确定连接关系。将所有模块按照设定的仿真情境所形成的仿真逻辑依次相连，并将三者之和与系统动态协同度的乘积作为输出结果，所形成的长江流域重点水域苏赣皖三省退捕渔民跨区域协同安置保障仿真模型如图 6–18 所示。

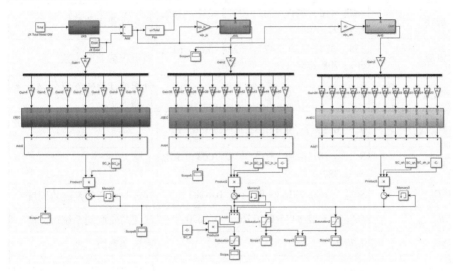

图 6–18　苏赣皖三省退捕渔民跨区域协同安置保障仿真模型

（二）仿真参数设定

鉴于江西省安置压力较大，假设江西省向江苏、安徽两省发出 800 个就业岗位的安置需求。依据江苏省 2021 年统计年鉴数据，2020 年度江西省全年城镇新增就业 46.17 万人。假设在 2020 年 12 月，江西省产生跨区域协同安置需求时，已完成城镇新增就业数占全年总数的比例为 99.9%～99.99%，每隔 0.01% 取一次值，则可得出不同占比下安置任务数。在对就业岗位安置保障任务分配比例上，分别设定江苏省为 0.1

至0.9，安徽省为0.9至0.1，子系统协同度按照4.2节的方法进行计算。在跨区域协同安置保障过程中，需考虑江苏省、安徽省分别与江西省的系统协同度。采样时间为10s，采样时间间隔为0.1s，相关仿真参数值汇总如表6-14所示。

表6-14 就业岗位跨区域协同安置保障仿真参数汇总

参数	价值	说明
总床位数	800	共需就业岗位数
比例	99.9%，99.91%，…，99.99%	已完成城镇新增就业数占比
现存	462，416，370，323，277，231，185，139，92，46	现存就业岗位数
供应	338，384，430，477，523，569，615，661，708，754	需供应就业岗位数
W_{jx_js}	0.1，0.2，…，0.9	分配给江苏省安置保障任务比例
W_{jx_ah}	0.9，0.8，…，0.1	分配给安徽省安置保障任务比例
SC	$SC_{JS} = 0.7429$，$SC_{JX} = 0.7063$，$SC_{AH} = 0.987$	子系统协同度
SC_{jx_js}	$SC_{JX\_JS} = 0.7915/0.9012 = 0.8783$	江苏与江西间系统协同度
SC_{jx_ah}	$SC_{JX\_AH} = 0.8476/0.9776 = 0.8670$	江西与安徽间系统协同度
SC_d	0.3740	系统动态协同度
上限	800	跨区域协同安置保障总量输出上限

（三）仿真结果分析

首先，检验江苏省和安徽省在就业岗位安置保障上对江西省的供应能力。将表6-14中的数值分别输入仿真模型，设已有床位占比为99.9%，$W_{JX\_JS} = W_{JX\_AH} = 0.5$，运行后所得结果如图6-19所示。

此时，江苏省和安徽省均在$t = 0.1s$时达到所需供应量169，但江苏省的供应量平均值要大于安徽省。进一步检验，在分配系数相同的情况下，设定不同已有占比，运行后所得结果与图6-19相类似，二者均在

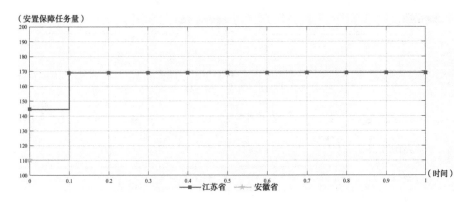

图6-19　就业岗位跨区域协同安置保障仿真结果（99.9%）

$t=0.1$s时达到所需供应量。以占比值为99.9%为例，结果如图6-20所示。

　　该情况反映出江苏省和安徽省在就业岗位安置保障方面，具有同等量级的供应能力。但是，从不同采样时间间隔的幅度变化可看出，在单位时间的安置保障能力上，江苏省要优于安徽省。

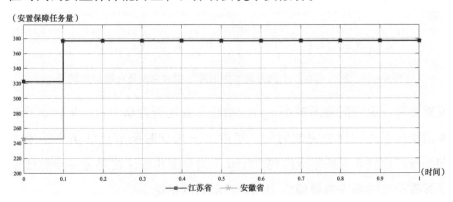

图6-20　就业岗位跨区域协同安置保障仿真结果（99.99%）

　　其次，检验同一占比下，对江苏省和安徽省赋予不同分配比例，对跨区域协同安置保障整体效用的影响。设已完成城镇新增就业数占比为99.9%，分配比例分别选取0.1、0.3、0.5、0.7和0.9，仿真结果如图6-21所示。

　　图6-21结果显示，随着江苏省分配的比例逐渐增加，跨区域协同

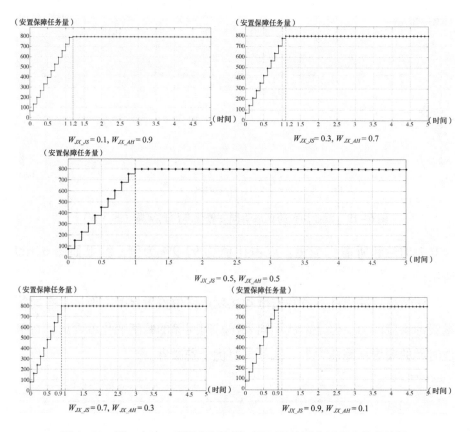

图6-21 同一占比、不同分配比例下跨区域协同安置保障仿真结果

安置保障完成时间逐渐减小，分配给江苏省比例为0.7和0.9的安置保障活动虽具有同样的完成时间，观察前一采样时间节点的仿真结果可知，分配比例0.9的完成度要大于0.7的分配比。该结果进一步验证了江苏省单位时间安置保障能力强于安徽省的结论。

最后，检验江苏省和安徽省被赋予特定分配比例下，不同占比对跨区域协同安置保障整体效用的影响。设 $W_{JX\_JS} = W_{JX\_AH} = 0.5$，占比分别为99.91%、99.93%、99.95%、99.97%和99.99%，仿真结果如图6-22所示。

图6-22结果显示，江西省现存就业岗位数越少，跨区域协同安置保障完成时间越小，由大至小分别为0.8s、0.5s、0.4s、0.3s和0.2s。

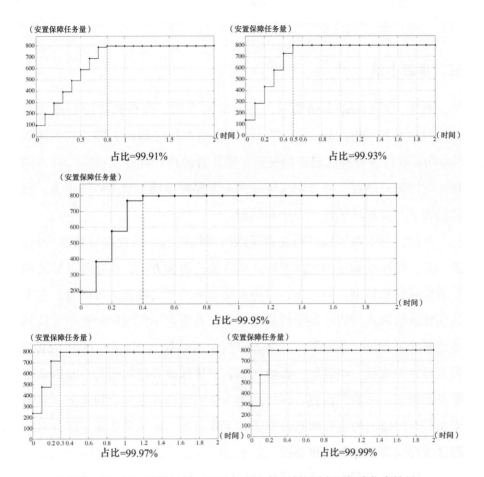

图 6-22　同一分配比例、不同占比下跨区域协同安置保障仿真结果

该结果说明，江西省在就业岗位安置保障方面，其安置保障能力要小于江苏省和安徽省。

至此，退捕渔民跨区域协同安置保障仿真分析结果表明，江苏省的单位时间安置保障能力要优于安徽省，江西省安置保障能力最小。若江西省存在跨区域就业岗位安置需求，分配给江苏省的安置保障任务越多，越有助于实现跨区域协同安置保障，并提升整体安置保障活动的组织效率。

五、本章小结

首先，对 Simulink 仿真软件进行简要介绍，分析其功能的适用范围。对比分析 GIS、Anylogic 和 Arena 等仿真软件的优劣势，阐明选取 Simulink 软件进行跨区域协同安置保障仿真的理论和现实依据。对不同模块功能进行解释，并以跨区域协同安置保障中第一阶段协同为例，具体描述了相关模块的使用方法和功能。

其次，基于跨区域协同安置保障网所构成组织结构进行仿真分析。第一步，按照所确定的仿真逻辑，结合快速连接方法，构建跨区域协同安置保障仿真模型。第二步，对仿真模型中的相关参数进行设置，主要运用随机数模块代表序参量的功效系数，并设定不同的初始种子，使其生成各异的数值。第三步，观察和分析仿真结果，在 $t = 4.7s$ 时，系统具有最大完成度。该时刻，影响江苏省安置保障有序协同的主要因素是服务和培训；影响江西省有序协同的主要因素是养老保险和服务；影响安徽省有序协同的主要因素是服务和工作机制。该结果凸显了服务对于跨区域协同安置保障的重要性。

再次，对不同类型的跨区域协同安置保障管理组织模式进行仿真。

（1）单区域 T 模式仿真结果显示，在 $t = 0.3s$ 时，达到最大上限100，完成总安置保障任务。总安置保障任务完成时刻受三方面影响，一是各区域的分配系数，二是各区域的子系统协同度，三是跨区域系统整体协同度。设置三种影响因素不同的参数，将会得到不同的完成总安置保障任务的所需时间。研究结果说明，当单区域产生安置保障需求时，跨区域协同安置保障效果较好，能在较短时间内完成修复，表现出较好的组织效率。

（2）双区域 π 模式仿真结果显示，对于江西省和安徽省所需的两种不同安置保障资源类型，江苏省对安徽省的供给效果要好于对江西省。组织效率方面，从最大最小值的间距，以及 TFP 指数小于 1 的时段数来看，江苏↔江西的技术优势要大于江苏↔安徽。为此，加强安徽省自身的信息化和智能化覆盖率，是提升跨区域协同安置保障 π 模式组织效率的关键。

（3）多区域 m 模式仿真结果显示，从安置保障量完成时间角度分析，江苏省的安置保障效果要大于江西省并且大于安徽省。对于江苏省所需特定类型安置保障资源，江西省的安置保障能力强于安徽省；对于江西省所需特定类型安置保障资源，江苏省的安置保障能力强于安徽省；对于安徽省所需特定类型安置保障资源，江苏省的安置保障能力强于江西省。整体而言，m 模式跨区域协同安置保障具有较好的组织效率，全要素生产率平均值为 1.115，基本能完成彼此间的安置保障供应任务。然而，受技术进步变化率的影响，较多时间段的 TFP 指数小于1，说明维持彼此间充分供应的技术支持力度不够，还需在更便捷的信息传播渠道、更智能的资源运输工具等方面下功夫。

综合对比跨区域协同安置保障三类管理组织模式的仿真结果可知，单一区域的协同效果和组织效率要好于双区域，好于多区域。协同安置保障总指挥数量越少越明确，安置保障资源类型越契合，子系统协同度越高，越有助于跨区域协同作用的凸显。做好各省市的安置保障能力和潜力统计调查工作，完善信息化系统建设仍是跨区域安置保障工作当前和以后的核心。

最后，结合长江流域重点水域退捕渔民安置保障活动的现实背景，将跨区域协同安置保障理论运用于实际案例，并假设江西省提出跨区域就业的安置保障需求，江苏、安徽两省作为就业岗位供应方参与跨区域协同，分析苏赣皖三省的退捕渔民安置保障能力，提出有效改善其组织效率的相关建议。分析结果显示：

（1）江苏省和安徽省在就业岗位跨区域安置保障上对江西省的供应能力方面，具有同等的供应能力。但是，从不同采样时间间隔的幅度变化可看出，在单位时间的安置保障能力上，江苏省要优于安徽省。

（2）同一占比下，对江苏省和江西省赋予不同分配比例，对跨区域协同安置保障整体效用的影响方面，随着江苏省分配的比例逐渐增加，跨区域协同安置保障完成时间逐渐减小。该结果进一步验证了江苏省单位时间安置保障能力强于安徽省的结论。对于江西省而言，在了解江苏省就业岗位跨区域安置最大供应能力后，可将较大比例安置保障任务分配给江苏省。

（3）江苏省和江西省被赋予特定分配比例下，江西省现存就业岗位越少，跨区域协同安置保障完成时间越小。该结果说明，江西省在就业岗位安置保障方面，其安置保障能力要小于江苏省和安徽省。

综合不同参数设定条件可知，江西省分配给江苏省的安置保障任务越多，越有助于提升跨区域协同安置保障组织效率。

第七章

结论、对策建议与未来展望

一、研究结论与成果

本文的研究结论与成果主要包含以下几方面：

第一，结合当前安置保障工作的实际情况，以及相关理论研究进展，引入协同学理论，提出了跨区域协同安置保障的概念。以不同类型安置保障资源所形成的协同安置保障行为主体集合为依托，以信息系统所构建的协同安置保障信息链为支撑，通过强化安置保障全过程中责任机构所形成的协同安置保障管理链，实现安置保障系统由无序至有序，并能快速精准完成安置保障活动。

第二，对跨区域协同安置保障的协同模式进行归类，提出了单区域 T 模式、双区域 π 模式、多区域 m 模式三种跨区域协同安置保障管理组织模式。单区域 T 模式包括，一个需求区域和两个供应区域。以需求区域省级工作专班为跨区域协同总指挥，指挥其他两省工作专班和三省执行主体所形成的安置保障联盟，完成跨区域协同安置保障总任务。双区域 π 模式包括，一个供应区域和两个需求区域。以供应区域省级工作专班为总指挥，指挥供应区域执行主体安置保障联盟，分别供应两需求区域所需类型的安置保障资源。多区域 m 模式包括，三个需求区域，同时也是三个供应区域，即三者之间互为补充。三个区域的省级工作专班均为跨区域协同安置保障总指挥，分别指挥各自行政区划内的执行主体安置保障联盟，完成自我安置保障需求外，同时供应其他两省所需的不同类型安置保障资源。在此基础上，通过扩充安置保障资源类型，结合图论知识，对多区域 m 模式进行了适当扩展。

第三，构建了跨区域协同运行模型，界定了模型运行的三个不同阶段，并结合协同神经网络算法的思想，运用协同序参量方程分析了实现不同阶段所需的关键条件，依此确定了一级响应、二级响应和三级响应状态。对比分析了跨区域协同前后安置保障组织结构的特征，跨区域协同后组织结构具有责任分工更加明确、工作效率更加高效、信息传达更加流畅的优势。即，阐明了跨区域协同安置保障的运行机制。

第四，选取了跨区域协同安置保障的序参量。基于安置保障政策文本分析，确定了影响安置保障的主要因素，包含就业、培训、养老保险、信息、需求、服务、工作机制等7种类型。运用内容分析法和KJ法得出，7类影响因素具有较高的信度，将其确定为影响跨区域协同的序参量。运用FMEA方法，对序参量进行排序，得出对跨区域协同安置保障影响最大的序参量是培训，影响最小的序参量是工作机制。即，确定了影响组织效率的内因。

第五，分析了跨区域协同安置保障协同度。描述了序参量功效系数、系统协同度、系统状态协同度、系统静态动态协同度的计算方式，结合苏赣皖退捕渔民安置保障相关数据，合理分析并确定了与序参量所对应的评价指标，得出苏赣皖三省虽保持着较高的整体协同度，却也呈现出状态协同度波动变化的结论，并对该结论出现的原因进行了有效阐释。即，构建了衡量内因影响程度的量化指标。

第六，界定了跨区域协同安置保障网的定义，阐述了跨区域协同安置保障网络的构建方式和特征值的计算公式。引入Ucinet软件，对比分析了苏赣皖跨区域协同安置保障网协同前后平均度数、密度、平均最短距离和聚类系数等特征值，发现协同后的组织结构连接更为紧密，稳定性更高，信息传达路径的选择性更多，协调主体在跨区域安置保障活动中的作用明显增强。跨区域协同前后层级对比分析和区域对比分析结果，也验证了上述结论。引入渗流理论，分析了江苏省在跨区域协同安置保障过程中组织结构的形成机理和安置保障信息的传播特征，得出协同后渗流阈值较协同前大幅减小，信息传达更为方便、高效。

第七，分析了跨区域协同安置保障网络的鲁棒性，即界定了影响组织效率的外因。运用点-介边权赋值法计算网络中连边的权重，采用随机攻击、边权由大到小攻击、边权由小到大攻击三种攻击模型，以攻击前后聚类系数之比，以及删除边数与总边数之比为衡量测度指标得出，致使网络失效的效果而言，随机攻击效果最明显，网络表现出较弱鲁棒性；蓄意攻击策略整体效果一般，网络鲁棒性较强；网络在边权由大到小攻击下所体现的鲁棒性要强于边权由小到大攻击。所构建的跨区域协同安置保障网在不同连边不遭遇随机攻击的情况下，具有较好的容错能力和自我修复能力。

第八，引入 Simulink 仿真软件，构建了跨区域协同安置保障网仿真模型，通过确定仿真逻辑，设置仿真参数，得出了系统最大完成度及其对应的时间节点。分析该时刻所对应的相关参数可知，影响江苏省安置保障有序协同的主要因素是信息化和法制；影响江西省有序协同的主要因素是利益和信息化；影响安徽省有序协同的主要因素是信息化和安置保障中心。对三类跨区域协同安置保障管理组织模式进行仿真分析和效率分析，结果显示，单区域 T 模式跨区域协同安置保障效果较好，组织效率最高，能在较短时间内完成修复任务。双区域 π 模式中，对于江西省和安徽省所需的两种不同安置保障资源类型，江苏省对安徽省的供给效果要好于对江西省。从安置保障量完成时间角度分析，江苏省的安置保障效果要大于江西省并且大于安徽省。多区域 m 模式中，对于江苏省所需特定类型安置保障资源，江西省的安置保障能力强于安徽省；对于江西省所需特定类型安置保障资源，江苏省的安置保障能力强于安徽省；对于安徽省所需特定类型安置保障资源，江苏省的安置保障能力强于江西省。进一步设定相同的安置保障任务，T 模式的完成时间要小于 π 模式和小于 m 模式，即在跨区域协同安置保障过程中，协同安置保障总指挥数量越少越明确，安置保障资源类型越契合，子系统协同度越高，组织效率越高，越有助于跨区域协同作用的凸显。

第九，以苏赣皖退捕渔民安置保障中就业岗位跨区域安置保障为例，通过设定仿真情境、选取仿真模块、确定连接关系构建了就业岗位跨区域协同安置保障仿真模型。结合江西省退捕渔民安置保障推进数据，以及计算得出的2020年12月苏赣皖三省间子系统状态协同度和系统安置保障协同度，设定仿真模型的相关参数得出，江苏省的单位时间安置保障能力要优于安徽省，江苏省就业岗位供应能力要强于安徽省，江西省安置保障能力最小。若江西省现存就业岗位数越少，分配给江苏省的安置保障任务越多，越有助于提升跨区域协同安置保障组织效率。

二、研究创新点

将不同行政区划内所推行的安置保障再集成，在跨区域层面做文章，是本研究理论与方法创新的逻辑起点。为了在实现跨区域协同安置保障物理意义——各行政区划如何出力并形成有效合力的基础上，真正实现其化学意义——各行政区划及其所涵盖职能部门间如何以自组织方式有效配合，即从形式到内容均能对现阶段安置保障发展进行创新，是本研究理论与方法创新的逻辑核心。而所构建的跨区域协同安置保障组织结构和运行机制，如何在全国范围内、在其他跨区域安置保障等实际工作中进行推广并应用，是本研究理论与方法创新的逻辑期望。

本研究的创新之处包括以下方面：

第一，以协同学为方法论指导，提出了跨区域协同安置保障的概念，并在此基础上创建了单区域 T 模式、双区域 π 模式、多区域 m 模式三类跨区域协同安置保障管理模式。在集成理论将同一行政区划内的安置保障活动进行高度抽象进而形成有效方法论的现实参照下，基于协同学理论所形成的跨区域协同安置保障理论可视为对集成理论的横向扩展，可视为安置保障研究方面又一新的顶层理论。其最大特征是在自组织功能的驱动下，不仅回答了"该怎么做"，同时也结合三类不同的跨区域协同安置保障管理组织模式，阐明了"如何去做"，为未来安置保障跨区域日益频繁这一大趋势，提供了理论支撑和方法指引。

第二，阐明了跨区域协同安置保障运行机制，创造性界定了影响跨区域协同安置保障组织效率的内因，确定了影响安置保障跨区域协同的序参量，并以协同度作为量化指标。对安置保障工作而言，序参量代表影响其有序运行的核心影响因素。序参量一词并不新鲜，但应用到跨区域协同安置保障中，则具有较为深刻的含义，其背后所反映的是当前及今后安置保障领域的体制性障碍、机制性梗阻和政策性创新问题。对影响安置保障进程的核心要素以序参量进行归纳，不仅从宏观层面使安置保障理论研究更具针对性，也能从实际操作过程中发现具有不同资源禀赋的区域所存在的薄弱环节。

第三，构建了跨区域协同安置保障网络模型，引入渗流理论分析了跨区域协同安置保障网信息传播机制，运用边攻击模型分析了跨区域协同安置保障网的鲁棒性，依此确定了影响跨区域协同安置保障组织效率的外因。跨区域协同安置保障网，作为跨区域协同安置保障理论的分层理论，不仅突出了安置保障工作专班所代表的协调主体在跨区域协同安置保障中的核心作用，也从理论上突破了安置保障传统组织架构。其构建思想为探索安置保障未来工作运行机制，强化安置保障工作专班的协调职能，提供了新的思路，可视化特征也有助于了解和掌握跨区域协同安置保障网的形成机理。作为分层理论的方法支撑，渗流理论阐明了网络中各边连接概率对信息传输的影响；鲁棒性作为协同外延所形成组织结构稳定性的衡量指标，能较好反映组织效率的变化情况；而边攻击模型则进一步说明了，如何在信息传播失效时，合理选择可替代传播路径。此举为跨区域协同安置保障实际工作可能会出现的沟通问题，提供了备选答案。

第四，结合 Simulink 仿真软件和 DEA-Malmquist 模型对三类跨区域协同安置保障管理组织模式的组织效率进行仿真分析和综合评价。此举可视为终端理论的方法支撑和创新，不仅拓展了跨区域协同安置保障的研究情境和范围，引入的仿真软件和评价方法也丰富了跨区域安置保障研究工具库。创造性地将 T 模式、π 模式和 m 模式设定为鲁棒性强、中、弱三个等级，从而将影响跨区域协同安置保障网组织效率的内因和外因在仿真平台上进行集成化分析。进一步，运用仿真模型分析了退捕渔民安置保障中苏赣皖三省在就业岗位方面的安置保障能力。此举充实了跨区域协同安置保障案例库的同时，研究结果也为未来再次发生类似活动，需要就业岗位安置时，在节省安置保障成本、提升安置保障效率、提高就业率方面，为决策部门提供了理论指引。

此外，长江流域重点水域退捕渔民安置保障工作紧贴中央要求、紧贴人社部门实际、紧贴退捕渔民需要，长江"十年禁渔"有效实施的关键就是退捕渔民不再非法捕捞、销售，对所从事的工作感到满意，社会和谐稳定，不发生群体性事件。本研究结果有助于针对性开展安置保障工作，提升整体安置效果，让更多退捕渔民上岸就业有出路，进一步支持长江"十年禁渔"决策贯彻实施。

三、研究局限

本研究虽在理论和方法上有所创新和突破，也获得了一定的研究结论和成果，不可否认且难以避免的是，在某些方面也存在一定的局限性，具体涵盖如下：

第一，运用 FMEA 方法对序参量进行排序时，虽然运用了熵权法处理数据，以期尽量克服主观因素所带来的误差，在对各序参量引起系统失效的影响值进行评分时，难免带有一定的主观意图，使得排序结果会有些许误差。

第二，在以苏赣皖为例，计算系统动态协同度过程中，由于缺乏序参量评价指标所对应的直接数据来源，选用了三省退捕渔民安置过程中相应的评价指标代替，所选择的评价指标是否能较好反映序参量的作用方面，存有一定的局限性。若随着安置保障工作的不断发展，安置保障工作者能有针对性地对各类序参量评价指标进行合理界定，将使研究结果更为精确。

第三，在对跨区域协同安置保障进行仿真分析时，所设定的场景及参数是否与实际情况高度契合，决定了仿真结果的准确性。仿真分析处理时，相关参数要么采用系统随机生成值，要么采用安置保障数据映射值进行计算，使得仿真结果无法百分之百与实际情况相贴合。

四、对策建议

党的二十大报告提出"推行草原森林河流湖泊湿地休养生息，实施好长江十年禁渔"，促进退捕渔民实现高质量充分就业是未来全力做好退捕渔民保障工作的重点和难点。就业是退捕渔民获得工资收入、保证生活水平、提高养老待遇最直接有效的生产方式。职业培训是提高退捕渔民劳动技能，促进高质量就业的重要途径。养老保险是解除退捕渔民后顾之忧，实现退捕渔民老有所养的主要支撑。农业农村部提出"一年起好步、管得住，三年强基础、顶得住，十年练内功、稳得住"，照此思路，退捕渔民安置保障工作仍需在信息化技术、帮扶服务、就业质量、培训项目、权益保障上下深功夫。结合协同序参量对退捕渔民跨区域协同保障的影响作用，带着对未来安置保障研究发展的憧憬，本研究提出以下几方面建议：

一是发挥信息技术优势。对已就业退捕渔民就业满意度如何、是否有新的技能培训需求、如何进一步提升其幸福感等问题，不能因为退捕渔民安置保障工作取得阶段性进展后有所松懈。建议加强乡镇级信息化基础设施建设，将退捕渔民实名制动态帮扶信息系统使用权限下放至乡镇级，每个乡镇派指定人员汇总各村退捕渔民的基本状况、就业状况、技能状况、参保状况，并加强培训指定人员操作信息系统能力，并专门负责信息系统更新与维护。同时，为使跟踪调查更为便捷高效，建议构建不同层级的跨区域数据共享机制。

二是提升帮扶服务准度。集中攻坚阶段，以面上任务为主，尽可能在较大比例范围内，实现退捕渔民转产就业。持续推进阶段，需着力于关键"点"，动态掌握同一地区不同年龄段、不同技能水平，尤其是50岁以上大龄退捕渔民的服务需求，提高帮扶服务精度。将大数据技术运用于就业服务中，聚焦灵活就业人员，持续提供更为优质的就业岗位。

三是合理开发培训项目。以乡镇为单位，对退捕渔民培训需求进行摸底，结合各地资源禀赋和地理环境，就地就近开发能为退捕渔民带来稳定收入的技能培训项目，提高就业稳定性。与人社部门认定的职业培训机构协商，化"集中式"为"散点式"，针对培训需求较集中、人数较多的乡镇，派遣专业团队赴乡开展"下沉式"培训。

四是提高转产就业质量。实现高质量充分就业是新发展阶段的重要任务目标，退捕渔民转产就业也不例外。在就业帮扶、职业培训等相关政策向退捕渔民大力倾斜的基础上，提高退捕渔民就业质量，让其获得更好的就业环境、更高的工资收入，成为下一阶段工作的重要任务。结合乡村振兴战略和共同富裕目标的总体要求，开展促进产业带动退捕渔民就业、培训稳定退捕渔民就业、服务保障退捕渔民就业方面的专题研究。

五是维护渔民合法权益。建议专门组织科研团队，加强对养老保险补贴、职业培训补贴、社会保险补贴、创业担保贷款"三贴一款"落实情况的调研与核查，尤其是对退捕渔民中灵活就业人员的社会保险补贴落实情况开展专题调研，从政策宣讲、身份认定、参保意愿、经办服务等方面进行全面评估分析，确保符合条件的退捕渔民更大范围享受政策红利。

六是加大典型宣传力度。意识影响决策，决策影响行为。随着禁渔期不断延长，长江水域生态环境将得到有效恢复和改善，各类鱼种的数量也会激升，给退捕前后收入差距较大渔民带来诱惑，给禁捕工作带来挑战。建议加强分析研判，对各地总结出的拓宽就业渠道、丰富培训类型等典型经验，涌现出的就业创业优秀代表，提高宣传等级，加大宣传力度，辅以嘉奖通报，积极营造渔民愿意上岸、上岸后生活幸福指数显著提高的良好氛围。同时，研究出针对性捕捞、特许捕捞等方式，维持长江水生生物系统平衡。

五、未来展望

退捕渔民安置保障工作影响深远，我们需要清晰且充分认识到做好退捕渔民安置保障工作对我国就业工作实践及劳动保障理论研究所形成的重要启示和价值。不能因为其不受主流媒体关注而被边缘化，亦不能因其体量相对小而认为其安置相对简单。在中国式现代化新征程中，退捕渔民深刻践行人与自然和谐共生；在共同富裕前进路上"一个都不能少"，退捕渔民也不例外；在新发展阶段，推动高质量发展进程中，退捕渔民以身作则，为长江经济带生态环境绿色发展作出了较大牺牲和贡献。不仅如此，抽象退捕渔民跨区域协同保障模式，也可为高校毕业生、农民工等重点群体，其他传统行业在产业转型升级中被动淘汰群体，以及其他流域退捕渔民提供方法论指导和工作范式参考。具体而言，可将其归纳为"七步保障法"。

第一步，创机制。按照党中央、国务院重大决策部署，积极组建跨部门协同工作专班，明确牵头部门和成员单位，以及各部门主要工作任务。各部门受领任务后，分头行动，各自按需成立工作专班或工作小组，构建纵横交错的跨区域协同保障网络。

第二步，摸底数。具体到人社部门，首要任务是获得需安置保障对象的翔实统计数据，方可进一步开展安置保障服务。实际操作时，会遇到安置保障对象信息不准确的问题，耗费大量人力物力去核实。因此，在与其他部门交接数据时，应尽可能要求数据精准度。

　　第三步，建系统。结合信息化技术，将所获数据上网，实现管理链网络化集成。具体到每一个安置保障对象，均需涵括姓名、性别、身份证号、就业状态、培训状态、参保状态等相关内容。

　　第四步，出政策。依据不同安置对象的实际特征，出台差异化安置保障政策，确保不同年龄、学历、技能水平的安置保障对象均在政策覆盖范围内。政策类型应包括就业、培训、参保、劳动关系的多个维度。

　　第五步，勤调度。政策实施后，需对各省落实情况进行调度，一般而言，选择周调度的频率。一方面，了解实际进展，另一方面，根据各省反映情况，及时调整优化保障政策。

　　第六步，多调研。工作小组专项调研，工作专班联合督查，国务院大督查，旨在掌握安置保障工作实际推进情况及安置保障对象的切实需求，进而推进整体系统优化，促进安置保障任务高质量完成。

　　第七步，重宣传。选树典型代表，推广典型经验，充分发挥其引领示范效应，既能获得社会大众更广范围关注，又能提高各省工作成就感和积极性，还能增强部分安置对象的荣誉感，进而提升整体安置对象的思想政治水平。

参考文献

Aletras V, Kontodimopoulos N, Zagouldoudis A, et al. , "The short-term effect on technical and scale efficiency of establishing regional health systems and general management in Greek NHS hospitals", *Health Policy*, 2007, 83 (2-3): 236-245.

Alexander D, "The study of natural disasters, 1977—1997: Some reflections on a changing field of knowledge", *Disasters*, 1997, 21 (4): 284-204.

Avena-Koenigsberger A, Misic B, Sporns O, "Communication dynamics in complex brain networks", *Nature Reviews Neuroscience*, 2018, 19 (1): 17.

Barabási A L, Albert R, "Emergence of scaling in random networks", *Science*, 1999, 286 (5439): 509-512.

Barreau D K, "Context as a factor in personal information management systems", *Journal of the American Society for Information Science*, 1995, 46 (5): 327-339.

Beer A, Ayres S, Clower T, et al. , "Place leadership and regional economic development: a framework for cross-regional analysis", *Regional Studies*, 2018, 4 (1): 1-12.

Bender E A, Canfield E R, "The asymptotic number of labeled graphs with given degree sequences", *Journal of Combinatorial Theory*, Series A, 1978, 24 (3): 296-307.

Broadbent S R, Hammersley J M, *Percolation processes: I. Crystals and mazes. Mathematical Proceedings of the Cambridge Philosophical Society*, Cambridge University Press, 1957, pp. 629-641.

Callaway D S, Newman M E, Strogatz S H, et al. , "Network robustness and fragility: Percolation on random graphs", *Physical Review Letters*, 2000, 85 (25): 54-68.

Calvert S C, Snelder M, "A methodology for road traffic resilience analysis and review of related concepts", *Transportmetrica A: Transport Science*, 2018, 14 (1-2): 130-154.

Carro I G O, Valdés R M A, García J M C, et al. , "The influence of the air traffic network structure on the occurrence of safety events: A data-driven approach", *Safety Science*, 2019, 113 (1): 161-170.

Chen J D, Yang K, "Petri net model for enterprise's organizational efficiency of marketing environment risk management process", *Dynamics of Continuous Discrete and Impulsive Systems-Series: A Mathematical Analysis*, 2006, 13 (s1): 1147 – 1150.

Chen L C, Lu W M, Yang C, "Does knowledge management matter? Assessing the performance of electricity distribution districts based on slacks-based data envelopment analysis", *Journal of the Operational Research Society*, 2009, 60 (11): 1583 – 1593.

Cheng Y, Tao F, Xu L, et al., "Advanced manufacturing systems: supply—demand matching of manufacturing resource based on complex networks and Internet of Things", *Enterprise Information Systems*, 2018, 12 (7): 780 – 797.

Chimhundu C, de Jager K, Douglas T, "Sectoral collaboration networks for cardiovascular medical device development in South Africa", *Scientometrics*, 2015, 105 (3): 1721 – 1741.

Cohen R, Havlin S, Ben-Avraham D, "Efficient Immunization Strategies for Computer Networks and Populations", *Physical Review Letters*, 2003, 91 (24): 247 – 901.

Cornelius S, Coronges K, Gonçalves B, et al., *Complex Networks IX. Proceedings of the 9th Conference on Complex Networks CompleNet*, Berlin: Springer, 2018.

Coupet J, "Exploring the link between government funding and efficiency in nonprofit colleges", *Nonprofit Management and Leadership*, 2018, 29 (1): 65 – 81.

Crucitti P, Latora V, Marchiori M, et al., "Error and attack tolerance of complex networks", *Physical A: Statistical mechanics and its applications*, 2004, 340 (1 – 3): 388 – 394.

Dai L, Derudder B, Liu X, "The evolving structure of the Southeast Asian air transport network through the lens of complex networks, 1979—2012", *Journal of Transport Geography*, 2018, 68 (1): 67 – 77.

De Bruijn H, Ten Heuvelhof E, *Management in networks*, London: Routledge, 2018.

Dorogovtsev S N, Mendes J F F, Samukhin A N, "Giant strongly connected component of directed networks", *Physical Review E*, 2001, 64 (2): 025101.

Doucouliagos H, Laroche P, *Human resource practices, unionization and the organizational efficiency of French industry*, Bingley: Emerald Group Publishing Limited, 2006, pp. 67 – 102.

Dudek-Burlikowska M, "Monitoring of the production processing in a metallurgical company using FMEA method", *Archives of Metallurgy and Materials*, 2017, 62 (4): 2089 – 2094.

Ellis P M, *Measuring Organizational Efficiency with Data Envelopment Analysis: The Horace*

Mann Insurance Company, Emerald Group Publishing Limited, 2006.

Embertson M K, "The importance of middle managers in healthcare organizations", *Journal of Healthcare Management*, 2006, 51 (4): 223 – 232.

Erdos P, Rényi A, "On the evolution of random graphs", *Publications of the Mathematical Institute of the Hungarian Academy of Sciences*, 1960, 5 (1): 17 – 60.

Essam J W, Gwilym K M, "The scaling laws for percolation processes", *Journal of Physics C: Solid State Physics*, 1971, 4 (10): L228.

Fattahi R, Khalilzadeh M, "Risk evaluation using a novel hybrid method based on FMEA, extended MULTIMOORA, and AHP methods under fuzzy environment", *Safety Science*, 2018, 102 (1): 290 – 300.

Fayol H, *General and industrial management*, Cambridge: Ravenio Books, 2016.

Foster J, Wild P, "Economic evolution and the science of synergetics", *Journal of Evolutionary Economics*, 1996, 6 (1): 239 – 260.

Fournier G M, Mitchell J M, "New evidence on the performance advantages of multihospital systems", *Review of Industrial Organization*, 1997, 12 (5 – 6): 703 – 718.

Gao Y H, Chang X, He L Q, et al. , *Theoretic Analysis & Study on Automobile EMC Based on the Synergetics Theory*, IOP Publishing, 2006, pp. 117 – 121.

Goltsev A V, Dorogovtsev S N, Mendes J F F, "Percolation on correlated networks", *Physical Review E*, 2008, 78 (5): 051105.

Grabowskia A, Kosiński R A, "Percolation in real on-line networks", *Acta Physica Polonica B*, 2010, 41 (5): 1135 – 1142.

Guajardo S A, "Assessing organizational efficiency and workforce diversity: An application of data envelopment analysis to New York City agencies", *Public Personnel Management*, 2015, 44 (2): 239 – 265.

Haken H, *Advanced Synergetics*, Berlin: Springer, 1983.

Haken H, *Advanced synergetics: Instability hierarchies of self-organizing systems and devices*, Medford: Springer Science & Business Media, 2012.

Haken H, *Synergetic computers and cognition: A top-down approach to neural nets*, Medford: Springer Science & Business Media, 2013.

Haken H, "Synergetics – an Interdisciplinary Approach to Phenomena of Self-organization",

Geoforum, 1985, 16 (2): 205 – 211.

Haken H, *Synergetics: An introduction*, Berlin: Springer, 1977.

Haken H, "Synergetics: An overview", *Reports on Progress in Physics*, 1989, 52 (1): 515 – 553.

Haken H, "Towards a Quantum Synergetics: Pattern Formation in Quantum Systems far from Thermal Equilibrium", *Physica Scripta*, 1985, 32 (1): 274 – 276.

Hecht A, "Synergetics—a possible promise of thinking for better understanding of the pathological processes", *Wiener Medizinsche Wochenschrift*, 1991, 141 (16): 364.

Hetty-Van-Emmerik I J, Euwema M C, "The aftermath of organizational restructuring: Destruction of old and development of new social capital", *Journal of Managerial Psychology*, 2008, 23 (7): 833 – 849.

Hirsch P M, Michaela D S, "Organizational restructuring and its consequences: Rhetorical and structural", *Annual Review of Sociology*, 2006, 32 (1): 171 – 189.

Jantsch E, *The self-organizing universe: Scientific and human implications of the emerging paradigm of evolution*, Oxford: Pergamon press, 1980.

JIANG S, LAMBERT E G, ZHANG D, et al. , "Effects of work environment variables on job satisfaction among community correctional staff in China", *Criminal Justice and Behavior*, 2016, 43 (10): 1450 – 1471.

Jumarie G, "Systems, Catastrophe, Chaos, Synergetics—A unified approach via information of deterministic functions", *Systems Analysis Modelling Simulation*, 1989, 6 (5): 323 – 362.

Kaluza p, Kölzsch A, Gastner M T, et al. , "The complex network of global cargo ship movements", *Journal of the Royal Society Interface*, 2010, 7 (48): 1093 – 1103.

Khaustov A, Redina M, Khaustova N, et al. , "Pollution of grounds with oil and petroleum products from the point of view of synergetics (kinetic approach)", *International Multidisciplinary Scientific GeoConference: SGEM*, 2016, 5 (2): 619 – 626.

Kim D H, Eisenberg D A, Chun Y H, et al. , "Network topology and resilience analysis of South Korean power grid", *Physical A: Statistical Mechanics and its Applications*, 2017, 465: 13 – 24.

Kshivets O, "Synergetics, artificial intelligence, and complex system analysis in recognition of phase transition early-invasive lung cancer", *Journal of Clinical Oncology*, 2008, 26 (15_ suppl): 22183 – 22183

Li C, Wang H, Xie X, et al. , "Tiered transferable pollutant pricing for cooperative control of air quality to alleviate cross-regional air pollution in China", *Atmospheric Pollution Research*, 2018, 9 (5): 857–863.

Li P Y, Wu J H, Qian H, "Groundwater quality assessment based on entropy weighted osculating value method", *International Journal of Environmental Sciences*, 2010, 27 (3): 31–34.

Lin Y H, Tsai K M, Shiang W J, et al. , "Research on using ANP to establish a performance assessment model for business intelligence systems", *Expert Systems with Applications*, 2009, 36 (2): 4135–4146.

LOMBARD M, Snyder-Duch J, Bracken C C, "Content Analysis in Mass Communication: Assessment and Reporting of Intercoder Reliability", *Human Communication Research*, 2002, 28 (4): 587–604.

Lopez-Cabrales A, Valle R, Herrero I, "The contribution of core employees to organizational capabilities and efficiency", *Human Resource Management*, 2006, 45 (1): 81–109.

Luna S, Pennock M J, "Social media applications and emergency management: A literature review and research agenda", *International Journal of Disaster risk Reduction*, 2018, 28 (1): 565–577.

Ma Y, Cheng G, Liu Z, et al, "Fuzzy nodes recognition based on spectral clustering in complex networks", *Physica A: Statistical Mechanics and its Applications*, 2017, 465 (1): 792–797.

Mahmood M A, "Evaluating organizational efficiency resulting from information technology investment: an application of data envelopment analysis", *Information Systems Journal*, 1994, 4 (2): 93–115.

Michalski M, Montes-Botella J L, Narasimhan R, "The impact of asymmetry on performance in different collaboration and integration environments in supply chain management", *Supply Chain Management: An International Journal*, 2018, 23 (1): 33–49.

Mirzasoleiman B, Babaei M, Jalili M, et al, "Cascaded failures in weighted networks", *Physical Review E*, 2011, 84 (2): 046114.

Mitnitski A B, Rutenberg A D, Farrell S, et al, "Aging, frailty and complex networks", *Bio Gerontology*, 2017, 18 (4): 433–446.

Newman M E, Strogatz S H, Watts D J, "Random graphs with arbitrary degree distributions and their applications", *Physical Review E*, 2001, 64 (2): 026118.

Pavlidis V F, Savidis I, Friedman E G, *Three-dimensional integrated circuit design*, Oxford: Newnes, 2017.

Saha S, "GARO framework: A genetic algorithm based resource optimization for organizational efficiency", *IEEE Systems Journal*, 2013, 7 (4): 889 – 895.

Schwartz N, Cohen R, Ben-Avraham D, et al. , "Percolation in directed scale-free networks", *Physical Review E*, 2002, 66 (1): 015104.

Scott J, *Social network analysis: a handbook* (2nd ed), London: Sage Publications, 2000.

Sexton T R, Herbert F L, "Measuring efficiency in the presence of head-to-head competition", *Journal of Productivity Analysis*, 2012, 38 (2): 183 – 197.

Silva M M, de Gusmão A P H, Poleto T, et al. , "A multidimensional approach to information security risk management using FMEA and fuzzy theory", *International Journal of Information Management*, 2014, 34 (6): 733 – 740.

Sözbilir F, "The interaction between social capital, creativity and efficiency in organizations", *Thinking Skills and Creativity*, 2018, 27 (1): 92 – 100.

TAYLOR F W, *Scientific management*, London: Routledge, 2004.

Teo H H, Tan B C Y, Wei K K, et al. , "Reaping EDI benefits through a pro-active approach", *Information & Management*, 1995, 28 (3): 185 – 195.

Tranos E, Gheasi M, Nijkamp P, "International migration: a global complex network", *Environment and Planning B: Planning and Design*, 2015, 42 (1): 4 – 22.

Tsiotas D, Polyzos S, "Analyzing the Maritime Transportation System in Greece: a Complex Network Approach", *Networks and Spatial Economics*, 2015, 15 (4): 981 – 1010.

Tudor E, MUNTEANU S M, Iamandi I E, "Assessing the economic efficiency of companies in Romania in relation with their sport involvement", *Economic Computation & Economic Cybernetics Studies & Research*, 2015, 49 (3): 1 – 18.

Valdano E, Fiorentin M R, Poletto C, et al. , "Epidemic Threshold in Continuous-Time Evolving Networks", *Physical Review Letters*, 2018, 120 (6): 068302.

Vázquez A, Moreno Y, "Resilience to damage of graphs with degree correlations", *Physical Review E*, 2003, 67 (1): 015101.

Vecchio F, Miraglia F, Piludu F, et al. , "Small World architecture in brain connectivity and hippocampal volume in Alzheimer's disease: a study via graph theory from EEG data", *Brain Imaging and Behavior*, 2017, 11 (2): 473 – 485.

Wandelt S, Sun X, Zanin M, et al., "QRE: quick robustness estimation for large complex networks", *Future Generation Computer Systems*, 2018, 83 (1): 413 – 424.

Wang D, Che W W, Yu H, et al., "Adaptive Pinning Synchronization of Complex Networks with Negative Weights and Its Application in Traffic Road Network", *International Journal of Control, Automation and Systems*, 2018, 16 (2): 782 – 790.

Wang W X, Chen G R, "Universal robustness characteristic of weighted networks against cascading failure", *Physical Review E*, 2008, 77 (2): 026101.

Wasserman S, Faust K, *Social networks analysis: methods and applications*, Cambridge: Cambridge University Press, 1994.

Watts D J, Strogatz S H, "Collective dynamics of 'small-world' networks", *Nature*, 1998, 393 (6684): 440.

Weidlich W, "Physics and social science—the approach of synergetics", *Physics Reports*, 1991, 204 (1): 1 – 163.

Wruck K H, "Financial distress, reorganization, and organizational efficiency", *Journal of Financial Economics*, 1990, 27 (2): 419 – 444.

Wu N L, *The maximum entropy method*, Medford: Springer Science & Business Media (Vol. 32), 2012.

Yang C H, Lin H Y, Chen C P, "Measuring the efficiency of NBA teams: Additive efficiency decomposition in two-stage DEA", *Annals of Operations Research*, 2014, 217 (1): 565 – 589.

You K, Tempo R, Qiu L, "Distributed algorithms for computation of centrality measures in complex networks", *IEEE Transactions on Automatic Control*, 2017, 62 (5): 2080 – 2094.

Zakydalsky T, "Editor's Introduction", *Russian Studier in Philosophy*, 2004, 43 (2): 3 – 4.

曹堂哲:《政府跨域治理协同分析模型》,《中共浙江省委党校学报》2015 年第 2 期。

常进雄:《城市化进程中失地农民合理利益保障研究》,《中国软科学》2004 年第 3 期。

陈斌,楚俊峰,陈福集:《基于直觉模糊多属性决策的政府购买公共就业服务供应商选择研究》,《中国管理科学》2012 年第 S2 期。

陈关荣:《复杂网络及其新近研究进展简介》,《力学进展》2008 年第 6 期。

陈力:《美国公共就业服务鸟瞰》,《中国人才》2008 年第 5 期。

陈诗一，武英涛：《环保税制改革与雾霾协同治理——基于治理边际成本的视角》，《学术月刊》2018 年第 10 期。

陈廷贵，刘芳：《资源衰退背景下长江中下游渔民退捕意愿分析》，《中国渔业经济》2019 年第 3 期。

崔文岩，孟相如，康巧燕等：《基于复合边权重的加权复杂网络级联抗毁性优化》，《系统工程与电子技术》2017 年第 2 期。

党新益，姚远：《稳定、改革与发展的协同效应》，《科学技术与辩证法》1994 年第 4 期。

丁兆罡：《高校公共就业服务个人自愿供给对就业水平影响机理的实证研究》，《运筹与管理》2015 年第 3 期。

杜栋，苏乐天：《论"协同管理学"学科之创建》，《科技进步与对策》2015 年第 22 期。

范剑勇，王立军，沈林洁：《产业集聚与农村劳动力的跨区域流动》，《管理世界》2004 年第 4 期。

范姣艳：《外国公共就业服务机构的职能与作用评析——兼评我国〈就业促进法〉的相关规定》，《工会论坛（山东省工会管理干部学院学报）》2009 年第 5 期。

范维澄：《国家突发公共事件应急管理中科学问题的思考和建议》，《中国科学基金》2007 年第 2 期。

方鸿雁，潘园园，孙华通等：《快速构建复杂网络仿真模型的算法研究》，《青岛大学学报（工程技术版）》2017 年第 2 期。

封铁英，仇敏：《新形势下公共就业服务体系创新：框架、要素与效率》，《人文杂志》2012 年第 6 期。

冯洁：《"互联网＋"公共就业服务的新发展》，《中国市场》2016 年第 38 期。

耿建军：《关于协同组合预测方法的探讨》，《统计与决策》2008 年第 19 期。

耿林：《协同学思想与行政管理》，《软科学》1995 年第 4 期。

古中和，刘正昆：《自组织理论与发展中国家现代化进程中的若干问题——开放、发展、改革与稳定、进步的契合》，《吉林大学社会科学学报》1999 年第 4 期。

郭斌：《京津冀科技协同创新绩效体系重构——基于文献编码的复杂网络分析》，《中央财经大学学报》2016 年第 6 期。

郭治安：《协同学入门》，四川人民出版社 1988 年版。

何剑彤：《基于协同理论的专业学位研究生培养模式系统结构与机制研究》，大连海事大学 2015 年博士学位论文。

靳祯，罗晓峰：《复杂网络传播动力学研究进展》，《山西大学学报（自然科学版）》2017 年第 3 期。

黎鹏：《区域经济协同发展及其理论依据与实施路径》，《地理与地理信息科学》2005 年第 4 期。

李安楠，邓修权，赵秋红：《分形视角下的非常规突发事件应急组织动态重构——以 8·12 江西港爆炸事件为例》，《管理评论》2016 年第 8 期。

李岸，粟亚亚，乔海曙：《中国股票市场国际联动性研究——基于网络分析方法》，《数量经济技术经济研究》2017 年第 8 期。

李浏清：《全方位公共就业服务助劳动者就业——访中国劳动和社会保障科学研究院研究员莫荣》，《中国人力资源社会保障》2018 年第 2 期。

李明高，杜鹏，朱宇婷等：《城市轨道交通换乘节点与网络运行效率关系研究》，《交通运输系统工程与信息》2015 年第 2 期。

李文琦：《论中国城乡一体化进程中的公共就业服务体系建设》，《云南行政学院学报》2012 年第 6 期。

李钊，郭燕慧，徐国爱等：《复杂网络中带有应急恢复机理的级联动力学分析》，《物理学报》2014 年第 15 期。

李震，黄华波：《公共就业服务市场化 受益者向顾客的转变——澳大利亚劳动力市场改革的启示》，《中国人力资源开发》2002 第 2 期。

林德根，梁静：《现代管理的实质是协同管理》，《求实》2009 年第 2 期。

刘蓓林，苏卉，张文天：《基于复杂网络的区域协调发展评价分析》，《商业时代》2014 年第 22 期。

刘海莺，林木西：《公共就业服务述评：由 2010 年诺贝尔经济学奖生发》，《改革》2010 年第 12 期。

刘海莺，张华新：《国外公共就业服务制度研究综述》，《兰州学刊》2011 年第 9 期。

刘厘平：《政府网上公共职业介绍服务应用系统分析和设计》，《信息化建设》2004 年第 8 期。

刘龙腾，易智慧，刘子飞等：《长江流域重点水域渔民退捕需要面对的若干问题——基于洞庭湖区湘阴县和汉寿县的实地调研》，《中国渔业经济》2019 年第 4 期。

刘英基：《大数据时代的社会冲突治理创新研究》，《中国特色社会主义研究》2016 年第 1 期。

刘羽枫，刘佩瑶：《我国城镇残疾人公共就业服务问题研究》，《安徽农学通报》2016 年第 12 期。

刘子飞，韩杨：《长江退捕渔民转产就业政策：目标、进展与建议——基于长江禁捕典型省域的调查》，《农业经济问题》2021 年第 8 期。

卢盛：《基于复杂网络理论的航空货运系统鲁棒性分析》，吉林大学 2014 年硕士学位论文。

鲁兴启，王琴：《管理科学研究方法的条件性问题》，《科学学研究》2004 年第 S1 期。

路淑芳：《协同学与机构改革》，《理论学习与研究》1992 年第 4 期。

罗吉，戈华清：《论跨区域调水的环境补偿》，《环境保护》2002 年第 11 期。

吕友清：《劳动力跨区域流动的对策研究》，《理论与改革》1999 年第 2 期。

麻宝斌，董晓倩：《中国公共就业服务均等化问题研究》，《东北师大学报（哲学社会科学版）》2009 年第 6 期。

马骏，唐方成，郭菊娥等：《复杂网络理论在组织网络研究中的应用》，《科学学研究》2005 年第 2 期。

马永堂：《国外促进就业的政策措施》，《中国劳动》2004 年第 9 期。

倪坤晓，何安华：《专业渔民退捕后的转产困惑及建议——基于对江西省双钟水产场的调查》，《农村工作通讯》2020 年第 13 期。

潘雄锋：《城市建设和经济协同发展系统灰色关联分析与建模》，《科技管理研究》2005 年第 10 期。

钱洁，徐艳晴：《协同学视阈下社会公共安全协同供给的运行模型》，《中共浙江省委党校学报》2015 年第 6 期。

沈兰，高忠文：《"土地换保障"的两种养老保险模式研究》，《农村经济》2007 年第 5 期。

宋乐：《基于双重网络的关联事件传播规律研究》，山东师范大学 2018 年硕士学位论文。

宋敏，丁宁宁：《公共就业服务制度的发展及策略浅议》，《山东经济》2003 年第 4 期。

宋明岷：《失地农民"土地换保障"模式评析》，《福建论坛（人文社会科学版）》2007 年第 7 期。

苏东海，罗强强，王莉娜：《民族地区失地农民社会保障的现状及对策——以宁夏银川市为例》，《宁夏大学学报（人文社会科学版）》2008年第3期。

孙娜，夏正云，施建强等：《智能电网中基于复杂网络的电力光传输网抗毁性分析》，《应用科学学报》2018年第6期。

陶经辉，郭小伟：《基于总成本和碳减排的物流园区与产业园区协同选址》，《中国管理科学》2018年第12期。

完颜娟，韩华，章鹏等：《混合攻击下的网络保护策略研究》，《河南科技大学学报（自然科学版）》2018年第4期。

汪小帆，李翔，陈关荣：《复杂网络——理论与应用》，清华大学出版社2006年版。

王得新：《我国区域协同发展的协同学分析——兼论京津冀协同发展》，《安徽经贸大学学报》2016年第3期。

王光栋，李余华：《中部地区农村劳动力跨区域流动的特征》，《统计与决策》2004年第12期。

王国和，曹建强，沃云：《土地换保障——嘉兴市土地征用制度改革纪实》，《浙江国土资源》2003年第1期。

王海港，李伟巍，罗凤金：《什么样的农民容易上访？——对失地农民上访倾向的实证分析》，《世界经济文汇》2010年第2期。

王克达，庞晓波，王姗姗：《金融危机对全球股票市场的传染研究：基于复杂网络分析方法》，《世界经济研究》2018年第4期。

王小琪：《对政府促进就业的几点探讨》，《四川行政学院学报》2004年第4期。

王彦红：《公共就业服务信息化建设的几点思考》，《经济师》2017年第4期。

王阳：《推进公共就业创业服务均等化的政策建议——对江苏省苏州市的调查和启示》，《中国经贸导刊》2019年第10期。

魏丽华：《苏赣皖产业协同水平测度及分析》，《中国流通经济》2018年第7期。

温海红，刘华，刘晶晶等：《失地农民社会养老保险现状分析——基于西安市长安区的调查》，《西安交通大学学报（社会科学版）》2007年第1期。

温俊萍：《政府购买公共就业服务机制研究》，《中国行政管理》2010年第10期。

吴金闪，狄增如：《从统计物理学看复杂网络研究》，《物理学进展》2004年第1期。

徐维祥，彭霞，张荣：《跨区域群体投资模式研究》，《中国工业经济》2005年第2期。

杨海龙，楚燕洁：《失地农民社会认同问题比较研究——以长春三类失地农民调查为例》，《经济与管理研究》2009 年第 9 期。

杨建民，张宁：《复杂网络演化的自组织现象》，《上海理工大学学报》2005 年第 5 期。

杨婧，刘玉龙，李欣：《江西省鄱阳湖退捕渔民转产转业影响因素研究》，《中国渔业经济》2019 年第 4 期。

杨世琦，高旺盛：《农业生态系统协调度测度理论与实证研究》，《中国农业大学学报》2016 年第 2 期。

杨杨，李金荣，陈廷贵：《长江中上游流域重点水域禁捕补偿政策满意度及影响因素研究》，《中国环境管理》2021 年第 4 期。

叶青：《基于复杂网络理论的轨道交通网络脆弱性分析》，《中国安全科学学报》2012 年第 2 期。

于双奇：《协同治理视角下农民工公共就业培训问题研究》，山东大学 2019 年硕士学位论文。

张海枝：《我国公共就业服务均等化水平的统计评价》，《统计与决策》2013 年第 24 期。

张宏军：《公共就业服务均等化及其实现路径》，《商业经济研究》2015 年第 10 期。

张华初：《我国公共职业介绍服务的现状与发展》，《江西社会科学》2003 年第 7 期。

张立荣，冷向明：《协同语境下的公共危机管理模式创新探讨》，《中国行政管理》2007 年第 10 期。

章冬斌：《欧洲国家公共就业服务中的职业生涯规划指导实践与启示》，《学术论坛》2010 年第 10 期。

赵昌平，郑米雪，范厚明：《金融危机后全球货物贸易复杂网络演化与中国响应战略》，《大连海事大学学报》2017 年第 2 期。

赵渺希，魏冀明，吴康：《京津冀城市群的功能联系及其复杂网络演化》，《城市规划学刊》2014 年第 1 期。

郑露曦，张向前：《美国公共就业培训及启示》，《亚太经济》2009 年第 2 期。

周奕：《失地农民社会养老保险参与意愿及其影响因素——基于长沙市 465 份调查数据》，《湖南农业大学学报（社会科学版）》2015 年第 5 期。

竺淑琴：《澳大利亚公共就业服务模式》，《中国劳动》2006 年第 12 期。

附录 A　部门文件

A1 人力资源社会保障部办公厅　发展改革委办公厅
财政部办公厅
农业农村部办公厅关于做好长江禁捕退捕渔民安置保障
集中攻坚专项工作的通知
人社厅明电〔2020〕35号

上海、江苏、安徽、江西、湖北、湖南、重庆、四川、贵州、云南省（市）人力资源社会保障厅（局），发展改革委，财政厅（局）、农业农村厅（委）：

为深入贯彻习近平总书记关于长江禁捕和渔民安置保障工作的重要批示精神，落实党中央、国务院决策部署及《国务院办公厅关于切实做好长江流域禁捕有关工作的通如》（国办发明电〔2020〕21号）要求，从现在开始到今年年底，开展退捕渔民安置保障集中攻坚专项工作，努力确保退捕渔民上岸就业有出路，生活有保障。有关事项通知如下：

一、**切实提高思想认识**。长江流域重点水域禁捕是为全局计、为子孙谋的重大决策，抓好退捕渔民安置保障是做好禁捕工作的根本所在。沿江省市人力资源社会保障、发展改革、财政、农业农村部门要切实增强"四个意识"，坚决做到"两个维护"，把退捕渔民安置保障工作作为当前重大政治任务，按照当地党委政府安排，立足职责，密切配合，全面抓好落实。要加强组织领导，摆上重要日程，主要负责同志亲自过问，分管负责同志靠前指挥，定期研究调度，开展集中攻坚，确保领导到位、责任到位、工作到位。

二、尽快组建工作专班。有禁捕退捕渔民安置任务的地区，省、市、县三级要依托长江禁捕工作协调机制，建立由人力资源社会保障、农业农村部门牵头，发改、财政等有关部门参与的安置保障专项工作组。人力资源社会保障部门内部要建立就业、培训、养老、农保、信息等相关业务领域参与的工作机制，明确专人负责推动工作。各省市专项工作组成员名单和联络员联系方式请于 7 月 20 日下班前反馈长江禁捕退捕工作专班安置保障组。

三、抓紧做好信息衔接。7 月底退捕渔船渔民建档立卡"回头看"工作结束后，农业农村部将锁定退捕渔民信息并提供人力资源社会保障部，人力资源社会保障部将建立退捕渔民安置保障实名制动态帮扶信息系统（以下简称信息系统，具体部署和要求另行通知），并及时把渔民信息整体提供给各地人力资源社会保障部门。各地要通过数据比对、实地走访、电话抽查等方式，抓紧对退捕渔民信息进行核实校验，有缺项漏项的，及时补充完善，录入信息系统并动态更新安置信息，做到应登尽登、不落一人。"回头看"期间，各地人力资源社会保障部门要不等不靠，主动加强与本地农业农村部门信息衔接，对已确定的退捕渔民，提早做好相关就业需求和社保状况摸排。

四、制定专项攻坚方案。沿江省市人力资源社会保障部门要根据本地区退捕渔民数量、分布、年龄结构、技能水平，会同发改、财政、农业农村部门制定有针对性的安置保障攻坚方案。攻坚方案要以今年底为完成节点，明确退捕渔民调查摸底、分类帮扶、培训服务、就业创业、社会保障、资金补助等内容，明确责任主体和工作要求。要倒排工期、挂图作战，分解任务、传导压力、狠抓落实，确保工作取得实效。

五、全力推进转岗就业。支持退捕渔民就业创业，各地人力资源社会保障部门主动配合农业农村部门挖掘一批涉渔岗位，对渔业企业、种养殖场吸纳退捕渔民就业的，按规定落实资金补贴、税收减免等政策；对从事渔业创业的，加大创业培训、创业指导和跟踪服务，落实场地支持、创业担保贷款等政策。有序引导转产就业，对有转产就业意愿的，主动发放就业服务清单和就业政策明白纸，至少提供 1 次政策宣讲，1 次就业指导，1 次职业培训和 3 次职业介绍。退捕渔民较多的地区，要集中开展专项招聘活动。通过农业生产、工程建设、企业吸纳、扶贫车间等拓宽大龄、身有残疾，长期失业和专业以捕鱼为生计的退捕渔民就业渠道，符合条件的要及时认定为就业困难人员，落实就业援助政策。对通过市场渠道确实难以就业的，按规定通过配合农业农村部门设置的护渔员协助巡护等公益性岗位托底安置。对达到法定退休年龄但尚未达到领取养老保险待遇条件、有就业意愿的，要及时提供就业服务。

六、全面落实社保政策。对达到法定退休年龄或领取养老金条件的，要核查参保情况，及时兑现社保待遇。优化社保经办服务，及时引导退捕渔民按规定参加职工基本养老保险或城乡居民基本养老保险，探索参照被征地农民社会保障政策，可将有关补助资金用于符合条件的退捕渔民养老保险等社会保险缴费补贴，做到应保尽保。对生活特别困难、患有重大疾病、无就业能力的渔民，要积极协调民政等部门纳入救助范围。

七、建立定期调度机制。7 月 20 日起，建立对各地退捕渔民安置保障工作周调度制度，对工作进展慢的进行通报。重点调度各地退捕渔民安置工作进展、各地党委政府及相关部门部署推动安置保障工作情况、推动安置保障工作经验做法和问题建议，并通过实名制动态帮扶信息系统及时更新安置进度。各地要高度重视，明确专人负责此项工作，

并将负责人员名单及联系方式反馈给工作专班安置保障组，于每周四下
班前将周调度情况与电子版一并报送到安置保障组邮箱。

人力资源社会保障部办公厅

发展改革委办公厅

财政部办公厅

农业农村部办公厅

2020 年 7 月 17 日

A2 人力资源社会保障部办公厅关于加快做实长江禁捕退捕渔民安置保障有关帮扶工作的函

上海、江苏、安徽、江西、湖北、湖南、重庆、四川、贵州、云南省（市）人力资源社会保障厅（局）：

近期，沿江十省市人力资源社会保障部门认真贯彻党中央、国务院关于长江禁捕退捕工作决策部署和部里工作要求，主动担当、积极作为，扎实推进退捕渔民安置保障，各项工作取得积极进展，但也存在进展不平衡、实名制帮扶不到位等问题。为进一步做好退捕渔民安置保障工作，确保年底前能就业的全帮扶、该参保的全参保、社保待遇全兑现，现就有关情况通知如下：

一、准确掌握帮扶对象信息。组织精干力量，对照部退捕渔民实名帮扶系统的渔民信息，通过实地摸排、服务提供、数据比对，准确掌握退捕渔民的基本情况，确保全部联系到每一个人。对在校学生、无劳动能力、无就业意愿、领取养老保险待遇人员之外的其他退捕渔民，要抓紧摸排就业意愿，作为重点就业帮扶对象，形成渔民基本情况清单。要合理把握有无就业意愿的标准，重点看渔民是否想就业、过去一段时间有无求职行为、近期如有合适岗位是否愿意就业，对三种情形全部为否的退捕渔民，可认定为无就业意愿，并请退捕渔民确认。对暂无就业意愿的，后续要按月定期跟踪，动态更新其就业需求。

二、及时更新实名制系统。实名制信息系统是退捕渔民安置保障工作的支撑平台，也是检验工作成效的重要依据。各地要加快进度，通过将就业失业信息系统、社保信息系统数据比对导入等方式，推动周调度统计数据与实名制信息系统数据合一，确保前期已实现转产安置的渔民信息在 9 月 24 日前更新到位，后续转产安置的渔民信息第一时间更新到位。从 10 月起，部里将以实名制信息系统自动生成的数据，对各地安置保障工作进度进行周调度周通报。

三、抓紧制定安置计划和方案。对纳入就业精扶范围的退捕渔民，各地要根据渔民年龄、技能、意向、区域分布，抓紧制定细化安置计划和方案，预估企业吸纳、劳务协作、自主创业、灵活就业、公益岗位等渠道可能安置的人数，鼓励各地结合实际拓宽扶贫车间、社区服务等就业岗位，做好就业渠道和资金需求测算。对因退捕渔民个人原因，经多次培训服务、职业介绍、兜底帮扶等措施仍难以安置的，要列出清单、明确原因。要深入分析工作中存在的困难和问题，形成困难清单、政策需求清单。

四、打造好宣传报道专栏。部里将会同部属媒体开设"长江禁捕退捕渔民安置保障集中攻坚在行动"专栏，动态跟踪各地工作情况，及时宣传自主就业创业的渔民典型。请各地及时报送有关经验做法、挖掘推荐渔民就业创业典型案例，配合做好相关宣传报道。要加强舆情监测，密切关注涉及退捕渔民安置保障的问题和舆情，及时回应社会关切，妥善处置热点问题，避免矛盾激化和舆论炒作。

各地退捕渔民基本情况清单、安置保障计划及困难和需求清单请于 9 月 24 日前报部就业促进司。

人力资源社会保障部办公厅

2020 年 9 月 21 日

A3 人力资源社会保障部 财政部 农业农村部
关于切实做好长江流域退捕渔民养老保险工作的通知
人社部发〔2020〕82 号

上海、江苏、安徽、江西、湖北、湖南、重庆、四川、贵州、云南省（市）人力资源社会保障厅（局）、财政厅（局）、农业农村厅（委）：

为深入贯彻习近平总书记重要指示批示精神，落实党中央、国务院决策部署，按照《国务院办公厅关于切实做好长江流域禁捕有关工作的通知》（国办发明电〔2020〕21 号）等文件要求，全面落实退捕渔民养老保险政策，切实做好退捕渔民养老保险工作，现就有关事项通知如下：

一、切实做到应保尽保。 沿江各地要全面落实养老保险政策，优化养老保险经办服务，及时引导退捕渔民按规定参加基本养老保险。农业农村部门建档立卡的退捕渔民对象中，男满 60 周岁、女满 55 周岁及以上的未参加基本养老保险的退捕渔民，统一纳入城乡居民基本养老保险；男未满 60 周岁、女未满 55 周岁的，按规定参加企业职工基本养老保险或城乡居民基本养老保险，对符合养老金领取条件的，要及时发放基本养老保险待遇，保障退捕渔民老年基本生活。

二、全面落实养老保险缴费补贴政策。 沿江各地要抓紧出台并切实落实养老保险缴费补贴政策，有条件的地区，探索参照被征地农民社会保障政策，给予参加城乡居民基本养老保险和以灵活就业人员身份参加职工基本养老保险的退捕渔民等额养老保险缴费补贴。已经在用人单位就业和领取职工基本养老保险待遇的退捕渔民原则上不再给予养老保缴费补贴。

退捕渔民的养老保险缴费补贴标准，由各地根据经济社会发展水平、综合财力和当地基本生活成本等情况综合考虑，可以依据本省城乡居民基本养老保险最高缴费档次或灵活就业人员基本养老保险最低缴费基数的一定比例确定。有条件的地区，可参照被征地农民养老保险补贴标准确定。补贴年限不超过 15 年。

退捕渔民参加城乡居民基本养老保险，补贴可以逐年或一次性记入城乡居民养老保险个人账户；退捕渔民以灵活就业人员身份参加职工基本养老保险，先缴费后补贴，补贴用于帮助缴费。

各地要结合现有政策资金渠道多方筹集资金，省级财政要加大对任务重、财力困难的市县资金支持力度，确保养老保险缴费补贴资金及时足额到位。对外省户籍的退捕渔民，由禁捕地安排补贴资金，户籍地配合做好养老保险经办服务。

三、加强组织领导和工作调度。沿江各省（市）要切实提高政治站位，高度重视退捕渔民养老保险工作，倒排工期、挂图作战，明确责任主体和工作要求，确保完成退捕渔民养老保险应保尽保目标任务。各级人力资源社会保障、财政、农业农村部门要加强协同配合，人力资源社会保障部门商财政等部门制定退捕渔民养老保险缴费补贴标准，负责做好退捕渔民养老保险参保缴费和待遇发放的经办管理服务工作；农业农村部门负责建档立卡退捕渔民对象名单确定，配合做好养老保险缴费补贴政策落实；财政部门做好经费保障。各地要结合实际，做好政策衔接工作。

沿江各省（市）要加强工作调度，及时更新退捕渔民安置保障实名制动态帮扶系统，对工作进度慢或政策落实不到位的地方加大督促力度。按月上报本省应保尽保和落实养老保险缴费补贴的工作进展情况，于每月 5 日前将上月工作进展情况传真报送人力资源社会保障部农村社会保险司。

人力资源社会保障部

财政部

农业农村部

2020 年 11 月 2 日

A4 人力资源社会保障部办公厅　财政部办公厅 农业农村部办公厅关于进一步加强长江禁捕退捕 渔民转产就业重点帮扶工作的通知 人社厅发〔2020〕109 号

上海、江苏、安徽、江西、湖北、湖南、重庆、四川、贵州、云南省（市）人力资源社会保障厅（局）、财政厅（局）、农业农村厅（委）：

为坚决贯彻习近平总书记关于长江禁捕退捕工作的系列重要指示批示精神，落实党中央、国务院重大决策部署，聚焦长江禁捕退捕渔民转产安置重点难点，进一步加强退捕渔民转产就业重点帮扶工作，现就有关事项通知如下：

一、**切实提高政治站位**。做好退捕渔民转产就业工作是推进长江禁捕工作顺利实施的重中之重。各地人力资源社会保障、财政、农业农村部门密切配合，精准摸排，强化政策服务，多渠道开发岗位，取得积极成效。但也还存在部分退捕渔民尚未转产就业，部分已转产退捕渔民就业稳定性不高、收入较低等问题。各地要切实提高政治站位，将退捕渔民转产就业作为重大政治任务，坚持省负总责、市县抓落实的工作机制，层层压实责任，多措并举，聚力攻坚，集中冲刺，确保年底前有劳动能力和就业意愿的退捕渔民就业帮扶到位，确保零就业退捕渔民家庭动态清零。

二、**明确重点帮扶对象**。各地要对照退捕渔民实名制动态帮扶信息系统，将尚未转产就业及就业后再次失业的退捕渔民、灵活就业但收入低于当地最低生活保障水平的退捕渔民、零就业家庭的退捕渔民等纳入重点帮扶对象。通过数据比对、集中摸排、上门走访等方式，详细了解其就业能力、就业意愿，建立重点帮扶台账，并实现动态更新。

三、强化重点帮扶举措。各地要根据重点帮扶对象就业安置需求，推荐技能培训项目和就业岗位信息。要广泛动员相关企业、组织、扶贫车间等，发挥经营性人力资源服务机构、行业协会等作用，确定一批退捕渔民就业基地，募集组织一批无年龄限制、无技能要求的爱心岗位，定向安置退捕渔民就业。对于外省户籍的退捕渔民，由禁捕地负责就业安置，对有回乡意愿的，由禁捕地向户籍地通报相关信息，户籍地做好就业安置工作。

四、用好公益性岗位。各地要以县为单位，根据重点帮扶退捕渔民的数量、年龄、技能等因素，合理确定公益性岗位规模。结合乡村振兴战略的实施，聚焦满足城乡基层公共管理服务需求，用好水利设施建设与维护、河湖巡查与管护、河塘清淤整治和保洁、保安、便民服务等岗位，确保有就业能力、有就业意愿、未享受基本养老保险待遇、年龄偏大的退捕渔民和零就业家庭中的退捕渔民可以及时上岗。安置退捕渔民的公益性岗位补贴标准根据实际工作时间等因素确定，全日制岗位补贴参照当地城镇职工最低工资标准，非全日制岗位补贴参照当地小时最低工资标准。省级人力资源社会保障部门要在 2020 年 12 月 10 日前，将本省退捕渔民公益性岗位开发和安置情况报人力资源社会保障部。

五、畅通问题反映渠道。各地要组织市县向退捕渔民发放就业政策服务明白卡、口袋书，记载退捕渔民就业安置政策、服务内容、联系人及方式。要公布咨询投诉电话、邮箱、信箱等，对涉及就业和社会保险方面的合理诉求尽快受理解决，一时难以解决的加强跟踪服务，对不合理诉求做好"一对一"政策解释和思想疏通。要加强舆情收集，定期梳理督查线索、信访举报等相关问题，制定风险防范措施和处置预案。要稳妥解决规模性、群体性事件，防止矛盾激化和事态扩大。

六、加强组织领导。各地要层层建立结对帮扶制度，省级退捕渔民安置保障工作专班要明确专人联系重点区县，市级工作专班干部要联系重点乡镇，县级工作专班干部要包重点村，乡镇村基层服务平台工作人员要包重点户，确保领导到位、责任到位、工作到位。要强化地方财政资金保障责任，统筹使用好就业补助资金等各类资金，优先保障退捕渔民转产安置工作，并向安置任务重、财政困难大的区县倾斜。要及时更新退捕渔民安置保障实名制动态帮扶系统。要加大就业安置政策和经验做法的宣传力度，深入挖掘推广转产就业退捕渔民的先进典型和事迹，营造良好舆论氛围。

人力资源社会保障部办公厅

财政部办公厅

农业农村部办公厅

2020 年 11 月 23 日

A5 人力资源社会保障部　国家发展改革委　财政部　农业农村部 关于实施长江流域重点水域退捕渔民安置保障工作 推进行动的通知
人社部发〔2021〕34号

上海、江苏、安徽、江西、湖北、湖南、重庆、四川、贵州、云南省（市）人力资源社会保障厅（局）、发展改革委、财政厅（局）、农业农村厅（委）：

2020年长江流域重点水域退捕渔民安置保障集中攻坚取得阶段性成效。与此同时，部分地方就业扶持措施针对性不强，部分渔民安置还不到位，就业稳定性有待提高。2021年起，长江重点水域全面实施"十年禁渔"，为巩固拓展安置保障成果，助力实施全面禁捕，确保广大渔民退得出、稳得住、能致富，现就持续实施退捕渔民安置保障工作推进行动有关事宜通知如下：

一、把握安置保障工作总体要求。坚持以习近平新时代中国特色社会主义思想为指导，深入贯彻党中央、国务院关于长江禁捕退捕工作的决策部署，突出问题导向和效果导向，保持安置保障政策不变、力度不减，建立健全工作长效机制，巩固拓展安置保障成果，帮助已就业人员稳定就业、有就业意愿的未就业人员及早就业，努力确保就业帮扶及时到位、技能培训全面落实、社会保障应保尽保、困难兜底应扶尽扶，实现退捕渔民上岸就业有出路、长远生计有保障。

二、建立动态精准帮扶机制。依托实名制信息系统，实施退捕渔民安置保障状况动态监测，定期开展回头看，加强上门走访、数据比对、电话回访，动态跟踪就业状态、社保缴纳和需求变化。对有就业需求的退捕渔民，建立重点帮扶台账，"一人一策""一户一策"制定帮扶方案，至少提供 1 次政策宣讲、1 次就业指导、3 次职业介绍。退捕渔民较为集中的地区，要设立 1 个安置保障联系点，每季度举办 1 次专场招聘会。提升服务的精准性，有针对性地筛选推介用人单位和就业岗位，提高岗位适配度，不得设置不符合渔民特点的年龄、学历等门槛。

三、千方百计拓展就业渠道。 支持各地结合县域经济发展，培育壮大优势特色产业，建立一批退捕渔民就业基地，挖掘一批适合的爱心岗位，拓展就地就近就业空间。引导退捕渔民自主创业，按规定落实税费减免、场地安排、创业担保贷款及贴息、一次性创业补贴和创业培训等支持政策，优先安排入驻返乡入乡创业园、创业孵化基地等创业载体。充分发挥各类公共就业和人才服务机构、经营性人力资源服务机构、劳务经纪人等作用，为有外出务工意愿的退捕渔民搭建信息对接平台，开展有组织劳务输出，按规定给予就业创业服务补助。及时将就业困难退捕渔民纳入援助范围，统筹用好公益性岗位，优先保障大龄困难退捕渔民和零就业家庭退捕渔民及时上岗。

四、大力开展针对性技能培训。 坚持市场导向，根据退捕渔民实际，合理设置培训内容，量身定制培训方案，突出急需紧缺实用技能培训，特别是适合渔民的水产养殖、水产加工、水上运输等培训。适应渔民居住分散、时间难固定等情况，灵活安排培训时间，探索线上培训等模式，送技上门、送课到家。落实退捕渔民免费职业技能培训政策，对其中符合条件的脱贫人口、零就业家庭人员、就业困难人员等，在培训期间按规定给予生活费（含交通费）补贴，支持培训机构为退捕渔民开展项目制培训、开设培训专班。提升培训实效，适当延长培训时间，采用浅显易懂的授课方式，增加技能实操训练，适当减少理论内容考核，力争使有培训需求的退捕渔民至少掌握 1 门实用技能。

五、做好退捕渔民社会保障工作。 全面落实退捕渔民养老保险政策，优化经办服务，及时了解参保续保情况，引导其按时缴费、长期缴费，持续推进退捕渔民应保尽保。落实养老保险缴费补贴政策，对

"三地分离"退捕渔民，按规定给予养老保险缴费补贴。对符合养老金领取条件的，要及时发放基本养老保险待遇，保障退捕渔民老年基本生活。及时将生活特别困难、患有重大疾病、无就业能力的退捕渔民按规定纳入相关帮扶政策和社会救助体系，切实兜牢保障底线。

六、加强安置保障工作组织领导。各地要坚持把退捕渔民安置保障作为重大政治任务，列入重要议事日程，健全省负总责、市县抓落实的工作机制，优化政策供给，强化部门协同，及时研究解决重大问题，并纳入对市县禁捕工作的考核范围。保持安置保障专班、结对帮扶机制不变，结合实际优化人员配置，做到工作不断、队伍不散。压实地方资金保障责任，按规定统筹用好现有各类资金渠道，重点加大对安置任务重、财政困难大的县市倾斜力度。

七、加强信息报告和宣传引导。按月调度安置保障进度和政策服务落实情况，重点跟踪未安置渔民及失业渔民再就业情况、养老保险持续缴纳情况。健全退捕渔民安置保障风险排查机制，设立咨询投诉电话，强化与信访、宣传等部门对接，梳理信访集中、舆论关注、矛盾突出的问题，做到接诉即办。充分利用各类新闻媒体，大力宣传退捕渔民安置保障的优惠政策、经验做法和工作成效，广泛挖掘典型案例，讲好退捕渔民就业创业故事，引导退捕渔民转变就业观念，营造良好舆论氛围。

各地要按照要求，切实抓好落实，实时更新实名制帮扶安置进展，动态报送工作进度、典型素材。对工作中的突出问题、意见建议，以及因安置保障引发的群体性问题，要按规定第一时间报告。

人力资源社会保障部　国家发展改革委

财政部　农业农村部

2021 年 5 月 30 日

附录 B　点介边权值统计结果

表 B1　不同类别节点间点度乘积涵盖点对（边）

类别	点度乘积	点对
#1#1	81	21～25，50～54，79～83 所形成的三角矩阵
#1#2	90	（20，21～25），（21～25，26），（49，50～54），（50～54，55），（78，79～83），（79～83，84）
#1#3	99	（2，21～25），（5，50～54），（8，79～83）
#2#2	100	（20，26），（49，55），（78，84），（20，49），（20，78），（49，78），（26，55），（26，84），（55，84）
#2#3	110	（2，20），（2，26），（5，49），（5，55），（8，78），（8，84）
#3#3	121	（2，5），（2，8），（5，8）
#3#6	154	（2，1），（5，4），（8，7）
#3#8	176	（2，3），（5，6），（8，9）
#4#4	144	11～18，40～47，69～76 所形成的三角矩阵
#4#5	156	（10，11～18），（11～18，19），（39，40～47），（40～47，48），（68，69～76），（69～76，77）
#4#6	168	（1，11～18），（4，40～47），（7，69～76）
#5#5	169	（10，19），（39，48），（68，77），（10，39），（10，68），（39，68），（19，48），（19，77），（48，77）
#5#6	182	（1，10），（1，19），（4，39），（4，48），（7，68），（7，77）
#6#6	196	（1，4），（1，7），（4，7），28～37，57～66，86～95 所形成的三角矩阵
#6#7	210	（27，28～37），（28～37，38），（56，57～66），（57～66，67），（85，86～95），（86～95，96）
#6#8	224	（1，3），（4，6），（7，9），（3，28～37），（6，57～66），（9，86～95）
#7#7	225	（27，38），（27，56），（27，85），（38，67），（38，96），（56，67），（56，85），（67，96），（85，96）
#7#8	240	（3，27），（3，38），（6，56），（6，67），（9，85），（9，96）
#8#8	256	（3，6），（3，9），（6，9）

表 B2　不同节点间中介度乘积

排序	中介度乘积	点对
1	386.7909	21～25 所形成的三角矩阵，50～54 所形成的三角矩阵，79～83 所形成的三角矩阵，（21～25，50～54），（21～25，79～83），（50～54，79～83）
2	448.0419	11～18 所形成的三角矩阵，40～47 所形成的三角矩阵，69～76 所形成的三角矩阵，（11～18，40～47），（11～18，69～76），（40～47，69～76）
3	491.3759	28～37 所形成的三角矩阵，57～66 所形成的三角矩阵，86～95 所形成的三角矩阵，（28～37，75～66），（28～37，86～95），（57～66，86～95）
4	19716.93	（20，49），（49，78），（20，78）
5	21401.94	（19，20），（48，49），（77，78）
6	23230.94	（19，48），（19，77），（48，77）
7	26163.06	（26，55），（26，84），（55，84）
8	29398.06	（26，27），（55，56），（84，85）
9	33033.06	（27，56），（27，85），（56，85）
10	53824	（10，39），（10，68），（39，68）
11	57600	（38，67），（38，96），（67，96）
12	78493.55	（2，5），（2，8），（5，8）
13	130261.1	（1，4），（1，7），（4，7）
14	157807.6	（3，6），（3，9），（6，9）
15	2761.581	（20，21～25），（49，50～54），（78，79～83）
16	3181.137	（21～25，26），（50～54，55），（79～83，84）
17	3226.211	（10，11～18），（39，40～47），（68，69～76）
18	4028.852	（27，28～37），（56，57～66），（85，86～95）
19	4910.744	（11～18，19），（40～47，48），（69～76，77）
20	5320.08	（28～37，38），（57～66，67），（86～95，96）
21	5510.044	（2，21～25），（5，50～54），（8，79～83）
22	7639.53	（1，11～18），（4，40～47），（7，69～76）
23	8805.841	（3，28～37），（6，57～66），（9，86～95）

续表

排序	中介度乘积	点对
24	22712.44975	(20, 26), (49, 55), (78, 84)
25	35360.74	(10, 19), (39, 48), (68, 77)
26	39340.21	(2, 20), (5, 49), (8, 78)
27	43620	(27, 38), (56, 67), (85, 96)
28	45317.01	(2, 26), (5, 55), (8, 84)
29	55009.89	(1, 19), (4, 48), (7, 77)
30	55680	(10, 38), (39, 67), (68, 96)
31	72200.19	(3, 27), (6, 56), (9, 85)
32	83732.74	(1, 10), (4, 39), (7, 68)
33	95340	(3, 38), (6, 67), (9, 96)
34	101117	(2, 1), (5, 4), (8, 7)
35	111296.3	(2, 3), (5, 6), (8, 9)
36	143374.3	(1, 3), (4, 6), (7, 9)

表 B3　边权排序

排序	边权值	点对
1	3.207548439	21～25 所形成的三角矩阵, 50～54 所形成的三角矩阵, 79～83 所形成的三角矩阵, (21～25, 50～54), (21～25, 79～83), (50～54, 79～83)
2	3.347890446	(20, 21～25), (49, 50～54), (78, 79～83)
3	3.351612994	(21～25, 26), (50～54, 55), (79～83, 84)
4	3.440762456	(2, 21～25), (5, 50～54), (8, 79～83)
5	3.478680654	(20, 49), (49, 78), (20, 78)
6	3.481947574	(20, 26), (49, 55), (78, 84)
7	3.485203849	(26, 55), (26, 84), (55, 84)
8	3.567700084	(2, 20), (5, 49), (8, 78)
9	3.570689163	(2, 26), (5, 55), (8, 84)
10	3.655919152	(2, 5), (2, 8), (5, 8)

排序	边权值	点对
11	3.68834	(19, 20), (48, 49), (77, 78)
12	3.694277682	(26, 27), (55, 56), (84, 85)
13	3.703242438	11~18 所形成的三角矩阵，40~47 所形成的三角矩阵，69~76 所形成的三角矩阵，(11~18, 40~47)，(11~18, 69~76)，(40~47, 69~76)
14	3.80797935	(10, 11~18), (39, 40~47), (68, 69~76)
15	3.814947751	(11~18, 19), (40~47, 48), (69~76, 77)
16	3.853186069	(2, 1), (5, 4), (8, 7)
17	3.8857985	(1, 11~18), (4, 40~47), (7, 69~76)
18	3.907812759	(19, 48), (19, 77), (48, 77)
19	3.914121164	(10, 19), (39, 48), (68, 77)
20	3.920390025	(10, 39), (10, 68), (39, 68)
21	3.964899352	(2, 3), (5, 6), (8, 9)
22	3.982442457	28~37 所形成的三角矩阵，57~66 所形成的三角矩阵，86~95 所形成的三角矩阵，(28~37, 75~66)，(28~37, 86~95)，(57~66, 86~95)
23	3.983160664	(1, 19), (4, 48), (7, 77)
24	3.989012546	(1, 10), (4, 39), (7, 68)
25	4.042095236	(10, 38), (39, 67), (68, 96)
26	4.057559065	(1, 4), (1, 7), (4, 7)
27	4.072881325	(27, 28~37), (56, 57~66), (85, 86~95)
28	4.076425516	(28~37, 38), (57~66, 67), (86~95, 96)
29	4.140152154	(3, 28~37), (6, 57~66), (9, 86~95)
30	4.159725668	(27, 56), (27, 85), (56, 85)
31	4.16297553	(27, 38), (56, 67), (85, 96)
32	4.166214865	(38, 67), (38, 96), (67, 96)
33	4.172923283	(1, 3), (4, 6), (7, 9)
34	4.225232441	(3, 27), (6, 56), (9, 85)

续表

排序	边权值	点对
35	4.228276551	(3，38)，(6，67)，(9，96)
36	4.290142252	(3，6)，(3，9)，(6，9)

后　记

　　为保护长江水域生态环境，党中央从为长远计、为子孙谋的长远角度出发，决定自 2021 年 1 月 1 日起，全面实施"长江十年禁渔"计划。以世代捕鱼为业的"武陵人"，将告别水面、洗脚上岸，开启新的生活。为了实现退捕渔民"退得出、稳得住、能小康"的目标，党中央有关部门出台了一系列政策文件确保退捕渔民"上岸就业有出路、长远生计有保障"。2020 年 7 月，人力资源和社会保障部成立长江禁捕退捕安置保障组工作专班，本人有幸作为专班成员，开展各项退捕渔民安置保障工作。在国家发展改革委、财政部、农业农村部等部门的协同配合下，以及沿江 10 省市 6000 多名人社同仁的共同努力下，人力资源和社会保障部如期打赢退捕渔民安置保障攻坚战，圆满完成符合就业安置条件的退捕渔民均得到妥善安置，符合参保条件的退捕渔民均已参保的既定目标。

　　为了在劳动保障理论及政策研究领域留下退捕渔民安置保障的"身影"，让"渔舟唱晚"在学术界继续"摇曳"，本人结合相关理论研究基础和退捕渔民安置保障工作实际，撰写了这本《退捕渔民跨区域协同保障研究》，以期让政府、高校、科研院所、企业及社会大众等广大读者全面了解国家实施长江"十年禁渔"计划的出发点和落脚点，针对性开展退捕渔民就业帮扶工作进展及成效，以及沿江 10 省市在推进退捕渔民安置保障工作中涌现出的特色经验做法。本书所提炼出的"跨区域协同保障"理论倘若能对劳动保障相关问题开展跨学科、跨专业、跨领域研究提供助力，并贡献人社领域的方法论智慧，那将是本人莫大的荣幸。

　　本书得以顺利出版，离不开人力资源和社会保障部就业促进司的大力支持，离不开中国劳动和社会保障科学研究院领导和同事们的关心和帮助，离不开出版社编辑们对本书认真审校的辛勤付出，在此一并表示衷心感谢！学识有限，仓促成文，纰漏之处在所难免，尚祈读者和专家指正。